A 01819

£ 18

D1436725

AFRICAN
RAINBOW

De Mirella Ricciardi

Adieu l'Afrique

Éditions Albin Michel
1971

Mirella et Lorenzo Ricciardi

AFRICAN RAINBOW

A TRAVERS L'AFRIQUE EN BATEAU

Traduit de l'anglais par
Évelyne Chatelain, Gabriel Pospisil et Yves Sarda

ALBIN MICHEL

Mirella Ricciardi a utilisé pour ses photographies des pellicules Fuji (100 ASA),
des appareils Olympus OM2 et des objectifs 70-250 et 35-70 ainsi qu'un grand angle (21 mm).

Édition originale anglaise :
AFRICAN RAINBOW
Copyright © 1989 by African Rainbow Ltd

Ebury Press, a division of Century Hutchinson Ltd, Londres

Traduction française :
© Éditions Albin Michel S.A., 1989
22, rue Huyghens - 75014 Paris

Les extraits du *Livingstone's Lake* d'Olivier Ransford sont reproduits avec l'aimable autorisation de John Murray Ltd (Éd.) et les extraits de *The River Congo*, de Peter Forbath, avec l'aimable autorisation de Secker & Warburg Ltd.
Photographie p. 239 : Don Mac Cullin, droits réservés.

Tous droits réservés. Toute reproduction, même partielle, de cet ouvrage est interdite. Une copie ou reproduction par quelque moyen que ce soit, photographie, photocopie, microfilm, bande magnétique, disque ou autre, constitue une contrefaçon passible des peines prévues par la loi du 11 mars 1957 sur la protection des droits d'auteur.

ISBN 2-226-03770-5

SOMMAIRE

Ce livre est dédié aux peuples d'Afrique et à tous ceux qui, sur tous les fronts, luttent pour préserver l'environnement.

« L'exploration de régions inviolées procure un plaisir sans limites. On escalade avec empressement la moindre hauteur dans l'espoir de voir s'ouvrir de nouveaux horizons, on traverse chaque forêt avec la forte présomption qu'à son orée nous sera révélée quelque merveille de la nature. L'on attend avec impatience le périple du lendemain qui nous conduira, espérons-nous, vers de nouvelles découvertes. Le voyageur réellement épris de ''Nature vierge'', où peut-il en jouir autant qu'en Afrique? Elle y est multiple, mystérieuse, fantastique et sauvage, déployant des charmes si puissants et des humeurs si étranges... »

H.M. STANLEY

L'ITINÉRAIRE

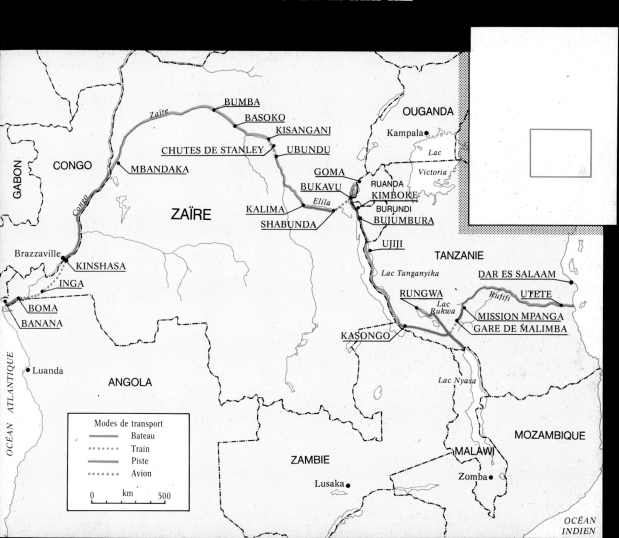

PRÉFACE

MIRELLA :

NOUS, LES RICCIARDI, SOUFFRONS DE CE QUE BAUDELAIRE appelait le « spleen » ou encore de « l'horreur de rester chez soi », comme le dit une fois à notre propos l'écrivain Bruce Chatwin, récemment disparu. Ce n'est qu'à moitié vrai car je suis du signe du Cancer, dont les natifs sont attachés à leur demeure ; mais il existe aussi un proverbe italien qui dit : « Dieu les a créés, puis il les a assortis. » Ce qui est la stricte vérité en ce qui nous concerne, Lorenzo et moi, puisque nous sommes tous deux des voyageurs invétérés, atteints du même « spleen » ; ce qui a occasionné maintes crises, car nous avons toujours tendance à désirer nous trouver à l'endroit où nous ne sommes pas, mais qui nous a aussi conduits à mener une vie intéressante et variée.

Quelque bonne fée doit avoir autrefois soufflé à ma mère attentionnée de me mettre un appareil-photo entre les mains, pour que j'en fasse l'usage qu'elle réservait à l'argile et aux crayons. Ma mère était artiste et m'a transmis une partie de ses talents. Sans avoir jamais appris à dessiner, j'ai hérité de son sens esthétique et l'appareil-photo est devenu mon outil de travail. En ce sens, elle m'a sauvé la vie. Si je devais maintenant transmettre quelque chose à mes enfants, ce serait : « Découvrez une activité qui vous plaît, tenez-vous-y et excellez-y, car il n'y a rien de plus gratifiant ni de plus curatif qu'une occupation divertissante et absorbante, surtout si elle vous permet en outre de gagner votre vie. »

Du Niger au Nil, de la péninsule Arabique à la côte orientale de l'Afrique et aujourd'hui, dans cette traversée de l'Afrique en bateau, périple de plus de huit mille kilomètres sur les fleuves et les lacs de l'équateur, ma quête d'images m'a davantage apporté que la plupart des autres choses de la vie, tout en dotant mes voyages d'un but.

Je me souviens encore très clairement de ma découverte de Djenné, au Mali, lors de l'un de mes précédents voyages en Afrique. Après un trajet de plusieurs heures dans un taxi-brousse, dans la chaleur et la poussière de midi, la Grande Mosquée se dressa fièrement devant nous, épousant la couleur brunie du sable du désert. C'était jour de marché. Les habitants, en flots colorés, vaquaient à leurs affaires, drapés de robes flottantes et abrités sous de grands chapeaux ; les longues boucles d'oreilles d'or pur des femmes étincelaient au soleil.

Quelques années plus tard, au Soudan, sur une mauvaise route qui reliait Boré et Juba en longeant le Nil, j'aperçus un parc à bétail et un campement Dinka sur la rive du fleuve, que les fumées du soir voilaient d'un brouillard transparent. Les eaux parfaitement calmes reflétaient la scène en la dédoublant. Je demeurai un long moment silencieuse, redoutant presque de voir s'évanouir cette vision ; je saisis mon appareil-photo. Je porte encore en moi cette image. Une pluie d'orage balayait le désert, précédée d'un vent violent qui souleva le sable, fit tourbillonner les fumées et effaça momentanément le tableau. Les grands Dinkas, au corps nu, couraient en tous sens dans le campement pour arrimer le toit de leurs cases avec des lanières de cuir, puis ils se serrèrent les uns contre les autres en s'abritant. Leur comportement avait quelque chose d'intemporel et de rituel. Je sentais l'arrivée de la pluie — cette pluie, sacrée pour les Africains, en particulier pour les peuplades nomades, car elle leur apporte la vie.

Je suis née en Afrique — au Kenya. En 1930, mon père et ma mère y achevèrent un safari qui avait duré un an et qui les avait amenés à traverser à pied l'ancien Congo belge. Ma mère était française ; sa famille, très connue, possédait à Paris *Le Matin*, premier quotidien français de l'époque. Son père, Philippe Bunau-Varilla, avait été nommé, à vingt-sept ans, ingénieur en chef du projet du canal de Panama par Ferdinand de Lesseps. Le succès de l'entreprise lui avait procuré d'énormes bénéfices. La position sociale de la famille modela chez ma mère sa conception de la vie : tout en étant fière de la richesse et des réalisations de son père et de son oncle (copropriétaires du *Matin*), elle n'avait que dédain pour un monde où l'intelligence d'une femme devait se plier devant l'égoïsme masculin. Après deux mariages ratés, elle s'installa dans un atelier d'artiste à Montparnasse où elle vécut seule, se consacrant à son art et prenant des cours avec Auguste Rodin. Ce fut dans cet atelier qu'elle fit la connaissance de mon père, Mario Rocco. C'était un Napolitain qui s'était farouchement opposé à l'ascension de Mussolini ; il avait été condamné pour cette raison à dix ans d'exil.

Répondant à l'invitation du baron Empain, président fortuné et principal actionnaire des mines de cuivre du Katanga, mes parents se rendirent au Congo belge en 1928. Après leur safari, ils atteignirent le Kenya où naquit leur premier enfant, mon frère Dorian. Je suivis dix-huit mois plus tard et, dix-huit mois après, ce fut le tour de ma sœur Oria.

Mes parents achetèrent 2 500 hectares de terre sur les bords du lac Naivasha dans

La mosquée de Djenné se dressa devant nous.

— Page suivante —
J'aperçus un parc à bétail et un campement Dinka, installés au bord du Nil.

11

la grande Rift Valley, et c'est là, dans ce cadre paradisiaque, que nous avons grandi. Nous y avons mené une existence insouciante, digne d'un conte de fées, au milieu d'animaux domestiques et de bêtes sauvages, parmi les Africains souriants. Le lac Naivasha était le réservoir de toutes sortes d'oiseaux aquatiques, de poissons et de nénuphars. Nous avons grandi comme les arbres et les fleurs qui nous entouraient, naturellement. Notre vie ne connaissait ni discipline ni restrictions. Nous ne parlions que le swahili et quand, par la suite, une nounou autrichienne vint nous rejoindre, notre vocabulaire s'enrichit de mots allemands, anglais, français et italiens.

Quand la Deuxième Guerre mondiale éclata, mon père — étranger et ennemi dans cette colonie anglaise — fut interné loin de nous, pendant cinq ans, dans un camp de concentration en Afrique du Sud. A son retour, c'était un homme brisé, aux cheveux blancs et édenté ; il ne devait jamais pardonner aux Anglais ces mauvais traitements et ne se remit jamais entièrement de cette épreuve.

A dix-huit ans, je quittai le Kenya. Nous avions fait nos études dans les écoles coloniales réservées aux Blancs et je fus envoyée dans une école d'art en Angleterre. Je m'enfuis un an plus tard à Paris où, comme ma mère me le suggéra, j'appris la photographie auprès de Harry Meerson, grand photographe de mode. La photographie devint mon moyen d'expression et je lui dois plusieurs des épisodes les plus marquants de ma vie, en particulier ma rencontre avec mon mari.

J'avais vingt-six ans quand Lorenzo entra dans ma vie. Il m'engagea comme photographe de plateau pour un film sur lequel il travaillait au Kenya, intitulé *Dio Nero, Diavolo Bianco* (« Dieu noir, diable blanc »). Il me demanda en mariage trois jours après notre rencontre ; nous avons traversé ensemble trente années mouvementées, partageant les bons et les mauvais moments et beaucoup, beaucoup d'aventures. Nous partageons fondamentalement le même goût de l'errance, la même soif inextinguible pour les couleurs, les sensations et les horizons nouveaux, propres à tout authentique voyageur. Peut-être que si je ne l'avais jamais rencontré, je serais devenue une femme d'intérieur, satisfaite de son rôle de mère — mais il m'a fait boire l'élixir de la découverte et a réveillé toutes mes prédispositions innées.

Ma vie en Afrique m'a beaucoup appris, tout en me plaçant dans une situation à la fois avantageuse et désavantageuse. J'ai appris à apprécier et respecter les modes simples de survie et mes valeurs en ont été modifiées. Mais, en même temps, j'ai développé une impossibilité à communiquer, un malaise né peut-être de la confrontation excessive avec des façons de vivre si variées. Je suis devenue beaucoup plus spectatrice que partie prenante. Les Blancs nés en Afrique sont partout des étrangers ; c'est leur commun dénominateur. Peu ont compris pourquoi. La plupart développent, par autodéfense, un sens critique souvent mêlé d'arrogance et refusent la

— Page précédente —
Cassala, Soudan : les peuples d'Afrique vivent en accord avec leur environnement.

tolérance et la compréhension. J'ai appris certaines choses sur moi-même et mes frères humains d'un chimpanzé femelle. Je retrouvais en elle l'instinct animal qui existe en chacun de nous et que les inhibitions culturelles nous enseignent à contrôler. C'est peut-être pour cette raison que les chimpanzés nous inspirent tant d'affection. Nous voyons en eux tout ce qu'il y a encore d'instinctif en nous et cela nous touche. Les primitifs ont un contact plus étroit avec la Nature. Alberto Moravia a observé : « L'Africain ne danse pas simplement par plaisir ; sa danse est l'expression d'un esprit communautaire... En Afrique, tout le monde danse ; l'on danse comme on vit et la danse s'insère presque normalement dans les gestes quotidiens. Chaque forme d'art est l'expression de ce qui est réprimé et c'est peut-être pourquoi les Africains peuvent danser sur n'importe quel son... ils précèdent la musique alors que nous autres Européens sommes précédés par elle. » Les mélopées monotones, le partage de la joie comme de la douleur font partie intégrante de cet esprit communautaire ; les Africains y puisent la force qui les lie à leurs instincts fondamentaux.

En Afrique, les individus vivent intensément en accord avec leur environnement et les brusques sautes d'humeur de la Nature ne les perturbent pas. Cette fusion de l'homme et de son environnement fut ce qui me séduisit dans l'expédition African Rainbow de Lorenzo, cette traversée de l'Afrique, de l'océan Indien à l'Atlantique. J'étais curieuse d'étudier au plus près le fond du problème. La navigation fluviale vous met en contact avec un monde moins accessible, pourtant plus authentique, non encore contaminé par le XXe siècle. Plus nous nous éloignions des centres commerciaux, plus les gens que nous rencontrions se montraient hospitaliers et généreux. Les difficultés des voies de communication font ressortir le meilleur de l'individu car elles créent une interdépendance qui lie les hommes les uns aux autres.

: LORENZO

Je suis né en prison. Quand ma mère ressentit les premières douleurs, la clinique de la prison San Vittore de Milan était l'endroit le plus proche susceptible de l'accueillir. Elle se rendait à Paris, où j'avais été conçu et où j'aurais dû naître. C'était le 11 mai 1930 ; je suis donc du signe du Taureau. Je suis également le seul rejeton mâle d'une vieille famille napolitaine ; je suis peut-être baron, probablement comte et, à coup sûr, un vagabond. Je suis né neuf ans après le mariage de mes parents et je fus plus que le bienvenu. Bien des années plus tard, mon père me confia en plaisantant que le seul plaisir que je lui aie jamais procuré dans sa vie remontait à neuf mois avant ma naissance.

Ma mère mourut quand j'avais sept ans. Un médecin avait confondu péritonite et maladie de foie et l'avait soignée à coups d'aspirine ; quatre jours plus tard, elle était morte. Je partis vivre chez ma grand-mère maternelle près de Gênes sur la Riviera italienne. Elle m'adorait, mais une trop grande adoration ne fait pas d'un petit garçon un homme. Heureusement pour moi, elle avait une bonne à l'ancienne mode, appelée Luigina, revêche et solide paysanne, qui cuisinait mieux, marchait plus vite et criait plus fort que quiconque. Elle m'emmenait faire avec elle de longues balades sur les collines de Ligurie. Quand j'étais hors d'haleine, nous faisions halte et nous asseyions sur la terre rouge, à l'ombre de grands pins parasols, et je contemplais en contrebas la mer bleu foncé en me demandant ce qu'elle pouvait bien dissimuler.

Je fus littéralement plongé dans la religion catholique. Mais à l'âge de huit ans, on me dit que j'avais quelque chose de diabolique. Il m'arrivait souvent pendant la messe de souffler dans mon sifflet de marine pour tuer mon ennui mortel ; par ailleurs, je chantais des airs joyeux aux enterrements et je pleurais pendant les cérémonies de mariage. Une fois, après avoir tiré un coup de carabine à air comprimé dans les fesses d'un soldat, je fus dûment exorcisé au cours d'un interminable rituel, où je fus aspergé d'eau bénite et laissé pendant des heures agenouillé sur les dalles glacées du Sanctuaire de l'Amour divin, près de Gênes.

Je pris près tôt conscience que les Gambarotta (i. e. jambes cassées), ma famille maternelle, étaient très colorés tandis que du côté paternel régnaient la stabilité et le bon sens que je n'ai jamais réussi à acquérir. Le père de mon père prit sa retraite de l'armée en 1918 avec le grade de général ; il mourut à cent ans quand, pour ma part, j'en avais déjà trente. Mon père, officier d'ordonnance du prince de Galles, fut blessé au cou par un fragment de bombe, à la jambe par une balle, avant de recevoir en pleine poitrine une pluie de médailles, British Military Cross comprise. Les guerres créaient fréquemment l'événement dans ma famille.

En 1939, en traversant à vélo la voie de chemin de fer qui sépare la Riviera italienne du littoral méditerranéen, j'entendis la voix puissante et impérieuse de Mussolini annoncer dans un auto-radio des environs le début de la Deuxième Guerre mondiale. « *La dichiarazione di guerra è gia partita* », beuglait-il. Je pédalai à fond vers la maison pour annoncer la nouvelle à ma grand-mère et à Luigina. « Oh mon Dieu ! » s'écrièrent-elles d'une seule voix, et ma grand-mère ajouta, les larmes aux yeux : « Nous l'avons bien cherché. » Tout ce qui devait se passer au cours des cinq années suivantes semblait se refléter dans ses yeux.

Durant un bombardement aérien, la maison voisine de la nôtre fut touchée. Nous partîmes à la campagne où ma grand-tante Carolina possédait une ferme. Nous vivions entourés d'hectares de forêts, de collines, et de rivières qui les sillonnaient. Mon père m'offrit son fusil, sa cartouchière et de l'argent pour acheter des filets de pêche. Bastiano, neveu de Luigina, jeune paysan robuste de dix-huit ans, devint mon compagnon inséparable. J'avais environ onze ans. Du lever au coucher du soleil, nous chassions et ramenions à la maison lièvres, perdrix, cailles, poissons et écrevisses que l'art culinaire de Luigina transformait en plats fantastiques. Nous traversions le Pô à la nage, dormions dans la forêt et attrapions le poisson à mains nues. Je tuai mon premier canard sauvage et le recul du fusil, un calibre douze, bleuit mon épaule pendant une semaine. A cette heureuse époque, je m'endormais difficilement, attendant de voir poindre le jour suivant. Autour de nous, la guerre s'éternisait. La maison de Gênes fut sérieusement endommagée et l'appartement de mon père, à Milan, complètement détruit. L'armée allemande en retraite fit sauter notre magnifique villa près de Pistoia, dans les collines toscanes : elle était bourrée de biens de famille amassés pendant des siècles (dont d'irremplaçables antiquités) et on ne nous donna qu'une demi-heure pour vider les lieux. Mes racines étaient coupées. Après la mort de ma grand-mère, j'allai vivre avec mon père, à Milan, dans son nouvel appartement. Je me revois aller à l'école en patins à roulettes, la vitesse estompant la grise laideur de ma ville natale.

J'étais timide et maladroit. Un jour que je dînais dans la superbe maison de mon ami Roberto Gancia, je renversai un verre de vin rouge sur la nappe de lin blanc. Il se fit un silence de mort tandis que tout un chacun gardait les yeux fixés sur la tache qui s'élargissait. Je pris alors une décision. Je ferais le tour du monde en auto-stop, escaladerais l'Everest, traverserais le Pacifique, me baignerais dans le Gange et nagerais dans l'Amazone. A Tahiti, j'écouterais le ressac battre les récifs tout en faisant la cour à une vahiné. Je pourrais alors peut-être renverser un verre de vin sans désirer me terrer dans un trou et mourir.

Quelques semaines plus tard, j'étais loin ; après un tour du monde qui dura deux ans, je rentrai à Milan car je devais prendre des décisions concernant mon avenir. Mon père m'acheta un appartement, situé au-dessus de son agence de publicité, mais il aurait aussi bien pu m'offrir une cage dorée aux barreaux d'argent. J'aurais pu y passer toute ma vie sans mettre le nez dehors. Je m'enfuis et lui écrivis une lettre où je le suppliais d'essayer de comprendre. Ce qu'il fit. Il vendit tristement son affaire qui était florissante. J'étais son unique enfant et mes possibilités d'intégration à la société du «Où êtes-vous allé cet été ?» et du «Où irez-vous cet hiver ?» étaient minces.

Je décidai toutefois que si je désirais voyager, mieux valait avoir un but. Un ami de mon père me procura du travail au sein d'une équipe de cinéma qui partait à Hong Kong ; quelques semaines plus tard, je posai le pied en Chine. Sur le vapeur du retour, je tombai amoureux pour la première fois de ma vie. Ce fut un choc. Très vite, je me sentis prisonnier. La dame en question était d'origine pakistanaise, de Karachi. Elle voyageait avec 365 saris, un pour chaque jour de l'année. Elle me raccompagna à Milan où j'espérais que l'été de notre amour passerait l'hiver ; mais nous avions laissé derrière nous le soleil, le décor tropical, le bruit du ressac et le balancement des palmes. J'avais dénudé mon rêve et il mourut de froid.

C'est alors que je fus engagé pour filmer un « travelogue », intitulé *A Trip to Paradise* (*Un voyage au Paradis*). J'embarquai sur un paquebot à destination d'Haïti, de la Jamaïque et de Puerto Rico. Je fus plutôt consterné quand je vis monter à bord les autres passagers : 600 vieilles dames américaines, âgées de soixante à quatre-vingts ans, qu'escortaient une kyrielle de malles bourrées de costumes de plage, de bikinis et de blouses transparentes. A l'escale de Port-au-Prince, je décidai de rester à terre sous prétexte de filmer le départ du bateau. J'installai mon trépied au bout de la jetée et regardai avec soulagement le *SS Atlantic* disparaître à l'horizon.

Je fus assistant-réalisateur à Rome pendant quelques années, ce qui m'entraîna au Kenya pour filmer les flamants du lac Nakuru. Un soir de désœuvrement, je me rendis avec mon équipe à l'Equator Club de Nairobi. Nous y trouvâmes quelques charmantes prostituées de couleur en compagnie de leurs maquereaux tirés à quatre épingles. Au-dessus du bar étaient accrochées quelques photos saisissantes de magnifiques guerriers masaï et samburu. Le patron de la boîte de nuit me raconta que l'Italienne qui avait pris ces photos était l'une de ses amies. Il me tendit son numéro de téléphone sur un bout de papier. Je formai le numéro sur le cadran du récepteur posé à l'une des extrémités du bar : une voix de femme, chaude, grave et intelligente me répondit. Deux jours après, je rencontrai cette voix et, deux mois plus tard, je l'épousai. Nous avons eu deux filles, Marina et Amina. Plus tard, *Vanishing Africa*, le livre de Mirella, renfermerait toutes les photos que j'avais vues dans ce bar et qui m'avaient mené jusqu'à elle.

Un coup heureux en Bourse me rendit possesseur d'une somme importante. Je fis l'acquisition d'un bateau de pêche diesel muni d'un *flying bridge*, conçu pour la pêche au gros. Après l'avoir baptisé *Samaki* (poisson, en swahili), je l'expédiai par mer à Kilifi, au nord de Mombasa, sur le littoral oriental de l'Afrique ; Mirella et moi y avions acheté une maison donnant sur l'océan Indien. Je perdis bientôt le reste de l'argent aussi facilement que je l'avais gagné et je fus contraint de louer *Samaki* pour subvenir à mes besoins. Je devins un pêcheur professionnel, mais passé une certaine période, l'impatience me gagna.

A Kilifi, un bac effectue la traversée de la crique qui coupe en deux la route menant à Malindi et à la frontière somalienne au nord. Notre maison, bâtie sur un site stratégique qui surplombe l'entrée de la crique, a été autrefois la résidence du sultan de Kilifi. Plus loin dans les terres, la crique s'élargit et forme un lagon ceint de mangroves et de cocotiers vert sombre. Dans le sable du bord de l'eau, nous avons déterré d'anciens fragments de majolique chinoise et de verre vénitien et jusqu'à des morceaux de squelette ; ceux, peut-être, de nos prédécesseurs, les Arabes qui arrivèrent en Afrique mille ans avant les Portugais de Vasco de Gama et les Européens de l'ère victorienne.

Ce fut là, par l'un de ces après-midi immobiles où un voile de chaleur ensevelit toute chose, à cette période de l'année où la côte orientale de l'Afrique retient son souffle, saison silencieuse d'entre les moussons, ce fut là donc, en 1982, que l'idée me vint de traverser le continent africain d'un océan à l'autre et par bateau, autant que faire se pouvait. Les fleurs pourpres et blanches des bougainvillées et les grands baobabs qui entourent la maison se détachaient sur le ciel pâli par la chaleur, paraissant à bout de force, séchés sur pied. Je lisais le *Journal de H.M. Stanley*. De temps à autre, je jetais un regard vers la mer et l'entrée de la crique, marquée par un récif, à travers les vastes arches de la véranda. Un rideau de pluie obscurcit le ciel ; après son passage, apparut un arc-en-ciel à l'arche parfaite qui touchait aux confins ouest, aux montagnes de la Lune et au bassin du Congo que mentionnait le livre que j'avais entre les mains. Au même instant, un boutre, ses voiles gonflées par les vents de mousson, pénétra dans la crique ; des bonites argentées sautaient dans son sillage.

Quelque temps plus tard, cet été-là, mon père mourut d'une attaque dans sa maison de Gênes. Je me retrouvais à présent le doyen de notre famille. Mon père m'avait légué sa maison, de l'argent et les nombreux souvenirs qui m'assaillaient tandis que je déambulais à travers les pièces vides de sa demeure — la mienne, à présent ; je l'avais enterré aux côtés de son propre père et de sa sœur dans le cimetière gênois qui domine la Méditerranée. C'est alors que je décidai de tirer le meilleur parti de mon existence et de suivre instinctivement tout ce qui me permettrait d'en goûter tout le suc.

Je réunis quelques objets et meubles de valeur — une table florentine ancienne, une lampe, le bureau de mon père, de vieux livres et de vieilles photos, le tableau accroché au-dessus du lit de mon enfance — tout ce qu'il m'était insupportable de laisser pourrir dans une maison vide. J'en chargeai ma voiture puis, en compagnie de Mirella et de nos deux filles, quittai les lieux. Nous n'y sommes jamais retournés depuis.

En traversant la France en voiture et en m'éloignant de plus en plus de l'Italie, je me reportai en pensée à des milliers de kilomètres de là, au Kenya et sur les remparts de Fort Jésus à Mombasa, d'où j'avais vu un jour les boutres faire voile dans le port, poussés par les derniers vents de mousson. J'avais entendu les marins chanter en jetant l'ancre et en déchargeant le sel, les cafetières de cuivre, les cruches, les tapis de Chiraz et d'Ispahan comme les coffres de bois sculpté de l'Hadramaout du Yémen. J'étais assis sur un canon portugais et je regardais Mirella photographier les *nahkodas* (capitaines des boutres). Certains marins chantaient d'une voix nasale des chants étrangement tristes, quelque peu funèbres, mélopées obsédantes que j'entendais pour la première

21

fois. C'était le chant d'hommes dont le mode de vie allait disparaître, c'était le chant des boutres, les plus anciens bateaux connus, qui n'existeraient bientôt plus, balayés par le progrès. Je décidai alors d'aller à la découverte de cet univers dont faisaient partie les boutres en voie de disparition. Après des mois d'inertie passés à lutter contre l'état dépressif et paralysant qui avait suivi la mort de mon père, je partis dans le golfe d'Arabie. J'effectuai un voyage de reconnaissance d'un mois qui me mena de Khorramshar en Iran aux émirats du golfe Persique en passant par Bassora en Irak. J'achetai alors un boutre et en compagnie de Mirella, de deux Africains, qui étaient venus me rejoindre depuis le Kenya, de deux marins arabes et d'une petite équipe d'Anglia TV de Londres, nous sommes retournés à Mombasa, où j'ancrai le boutre sous les baies de ma maison de Kilifi.

J'y retrouvai le *Journal d'H.M. Stanley* là où je l'avais laissé, à savoir sur l'étagère près de la porte de la cuisine. En le feuilletant une fois encore, je me souvins de l'arc-en-ciel qui s'était déployé un an auparavant après l'orage quand, pour la première fois, l'idée folle de traverser l'Afrique en bateau m'était venue à l'esprit. Ma rencontre avec l'univers des boutres arabes avait aiguisé ma curiosité et je brûlais d'en apprendre davantage sur leur présence et leur influence en Afrique.

Aux yeux des Arabes, venus du désert et des montagnes d'Arabie, la fertilité de la côte orientale de l'Afrique, au XIXe siècle, apparaissait comme un mirage. Profitant des vents de mousson qui soufflent six mois chaque année et alternativement du nord au sud et du sud au nord, ils trouvaient en Afrique une immense oasis en apparence inépuisable, où ils pouvaient récolter sans avoir semé. Utilisant ces vents réguliers, ils allaient et venaient sans jamais abandonner leur contrée d'origine. Pour ces hommes, dont la religion et les sévères traditions étaient adaptées à leur environnement naturel privé d'eau, la découverte de l'Afrique équivalait à celle de tout ce qui faisait défaut chez eux. Leur pénétration de l'Afrique et la colonisation du littoral qui en découla furent impitoyables. Les peuples africains habitant ces côtes le payèrent cher, fuyant devant eux sans leur opposer de résistance.

Le terminus de la route des boutres était le delta du Rufiji; Zanzibar et Bagamoyo, au nord de Dar-es-Salaam en Tanzanie, marquaient le terme de la principale route des esclaves, qui s'enfonçait dans les terres jusqu'à Ujiji, sur le lac Tanganyika, et jusqu'au bassin du Congo.

En février 1871, Stanley en personne, qui effectuait un reportage pour le *New York Herald Tribune*, avait quitté Zanzibar à la recherche de Livingstone. Ce dernier, racontait-on, avait été dévoré par des cannibales. Stanley, comme il l'écrit dans son journal, prit avec lui « six tonnes de vivres et de matériel, y compris environ 150 kg de fil de cuivre, 32 km de toile, un million de perles de verroterie comme monnaie d'échange, deux bateaux pliables, 71 caisses de munitions, 40 fusils, des tentes, des ustensiles de cuisine, des gobelets d'argent, du champagne, des tapis persans et une baignoire ». Il engagea 200 porteurs pour transporter cette énorme cargaison. Il loua également les services de deux marins anglais qu'il avait rencontrés au cours d'un récent voyage, ainsi que ceux d'un jeune Arabe converti au christianisme du nom de Selim Heshmy, qu'il avait trouvé à Jérusalem, pour lui servir d'interprète. Il débarqua avec les membres de son expédition à Bagamoyo et leur déclara : « Nous sommes tous dans le même bateau à présent, qu'il vogue ou qu'il coule, à la vie à la mort — personne ne peut déserter. » Et au bruit des coups de fusil tirés en son honneur, il s'enfonça dans l'intérieur du continent, en prenant la tête de la caravane et en brandissant le drapeau américain.

Stanley voyagea principalement par voie de terre et n'eut recours aux bateaux que lorsqu'il était impossible de faire autrement. Pour ma part, je décidai de faire rigoureusement l'inverse. Ce jour-là, je baptisai mon projet « African Rainbow Expedition » et me mis à étudier dans le moindre détail une carte de la région.

Je constatai immédiatement que l'itinéraire idéal était celui qu'avait emprunté Livingstone en 1857 : suivre le Zambèze jusqu'à Tété, au Mozambique, puis le Sciré pour atteindre le lac Nyasa, « le lac des Tempêtes », rebaptisé depuis lac Malawi. Je remonterais ensuite vers le nord pendant 800 kilomètres sur le lac Tanganyika avant d'emprunter le fleuve Lualaba qui devient le Zaïre à Kisangani, et d'atteindre finalement Kinshasa et l'océan Atlantique au terme d'un voyage de quelque 8 000 kilomètres. Il était difficile de calculer le kilométrage exact, car les fleuves que je prenais en compte étaient sinueux et effectuaient fréquemment de vastes boucles. Je calculai qu'avec des embarcations légères je pourrais suivre cet itinéraire aux neuf dixièmes par voie d'eau — une gageure intéressante à relever.

Je devais prendre en considération les problèmes politiques graves que connaissait le Mozambique avec sa guérilla intérieure. Même muni des autorisations nécessaires, ceci pouvait mettre mon expédition en grand péril. Une flottille organisée quasi militairement et naviguant en formation vers l'intérieur pouvait représenter une cible rêvée pour la Kalachnikov d'un guérillero en mal de gloire.

Aussi reportai-je mon attention sur le Rufiji, dont le delta s'étend en face de l'île Mafia et au sud de Dar-es-Salaam. A 300 kilomètres dans les terres, il devient le Kilombero et prend sa source dans les monts Mbarara, au nord du lac Malawi. Cette chaîne montagneuse de la Rift Valley d'Afrique orientale marquerait une première étape dans notre voyage : il nous faudrait abandonner le fleuve et transporter embarcations et matériel par la terre, comme l'avait fait Stanley avant nous avec ses porteurs. Speke a décrit l'Afrique en ces termes : « Elle ressemble à une assiette

— Page suivante —
Aux yeux des Arabes, venus de leur désert et de leurs montagnes, la fertilité de la côte orientale de l'Afrique apparaissait comme un mirage.

23

Profitant des vents de mousson, les Arabes débarquaient en Afrique où ils trouvaient une immense oasis en apparence inépuisable, où ils pouvaient récolter sans avoir semé.

Crépuscule sur le port de Muscat, l'un des points d'arrivée du trafic d'esclaves.

28

Une femme mystérieuse regarda dans notre direction.

retournée dont le centre est formé par les hauts plateaux qui s'étendent de la mer Rouge aux Grands Lacs.» Etant donné que le massif du Ruwenzori est le point culminant de cette «assiette retournée», il me faudrait naviguer à contre-courant jusqu'au lac Kivu au Zaïre, avant de redescendre vers l'Atlantique.

Ma tête commençait à être farcie d'idées et d'observations. Ma vie en Afrique et l'expérience de mes safaris précédents avec Mirella m'aidaient beaucoup et la perspective de naviguer à travers l'Afrique me séduisait de plus en plus. «La Traversée de l'Afrique en bateau» — je voyais déjà les gros titres — et pourquoi pas, si l'Afrique centrale offre un tel réseau de fleuves navigables? Mais ce qui me poussait le plus c'était qu'il s'agissait d'une première.

Le rivage sud du lac Tanganyika, en Tanzanie, difficile d'accès par voie de terre à son extrémité sud-est, m'intéressait particulièrement.

Jour après jour, l'idée de ce voyage m'obsédait de plus en plus. Je me décidai pour des bateaux pneumatiques, assez volumineux pour contenir passagers et matériel tout en étant faciles à transporter et aussi pour résister aux éventuels assauts des hippopotames et des crocodiles. Se posait ensuite le problème de la puissance des moteurs : il faudrait sans doute un minimum de 50 chevaux pour tirer des embarcations de cette taille. Il fallait prendre également leur poids en considération, 50 kilogrammes à tout le moins. Comment leur faire franchir les montagnes et les régions dépourvues de routes? Et je n'avais garde d'oublier les pluies, les rapides, la situation politique, les autorisations, le carburant et le nerf de la guerre. En effet, qui financerait une telle aventure?

Je me souvins d'un proverbe latin très célèbre que j'avais appris à l'école : «*Audaces fortuna juvat*» («La chance sourit aux audacieux»). Mais je sentais surtout au fond de moi un élan presque mystique de mener jusqu'au bout cette entreprise. Je n'étais plus le jeune homme aventureux qui, telle une feuille emportée par le vent, avait vogué autour du monde. J'avais dépassé cinquante ans et acquis ce sens détestable des responsabilités et ce sérieux professionnel qui interdit habituellement ce genre d'aventure. Je crois beaucoup que pour raffermir un projet, il faut le soumettre à l'épreuve. Il ne suffit pas de l'examiner et de décréter qu'il est bon. Il faut aussi des circonstances favorables pour le mettre sur les rails.

«Jusqu'à ce qu'on s'engage vraiment, il y a une hésitation, un risque de reculade et toujours une certaine inefficacité. En ce qui touche tout acte d'initiative et de création, il existe une vérité élémentaire qui, si on l'ignore, tue dans l'œuf d'innombrables rêves et des projets magnifiques : à l'instant même où l'on se décide vraiment, la Providence entre dans la danse. Toutes sortes d'incidents imprévisibles viennent à votre aide. Tout un flot d'événements découle de votre

décision et provoque en votre faveur toutes sortes d'imprévus, de rencontres et d'aide matérielle tels que nul homme n'aurait jamais pu rêver en croiser sur sa route. »

W.N. Murray — Scottish Himalayan Expedition.

Le projet d'expédition African Rainbow rencontra l'approbation de Mirella. Tandis qu'elle m'écoutait lui exposer mon idée, son visage prit cette expression tendre et patiente que l'on adopte avec un enfant qui vous raconte ses rêves. Et il est vrai qu'à ce stade, mon arc-en-ciel (*rainbow*) avait encore tout du rêve d'un enfant, mais il avait déjà son nom et il l'a gardé.

Une fois Mirella convaincue et dans mon camp, j'avais franchi le premier obstacle. L'épreuve suivante serait de proposer mon projet au *National Geographic Magazine*, ce qui lui donnerait de la crédibilité et m'aiderait à trouver les fonds nécessaires à sa réalisation. «S'ils sont intéressés, d'autres le seront», expliquai-je à Mirella. Quelques semaines plus tard, la réponse du *National Geographic* fut brève mais significative : «Le projet nous paraît ambitieux... mais, oui, il nous intéresse.» Je savais que cette réponse positive était due en partie à la contribution photographique de Mirella.

L'expédition de l'African Rainbow allait prendre le départ sous les meilleurs auspices et un parrainage prestigieux. Avec une lettre d'engagement du *National Geographic* en poche et une détermination farouche dont je ne m'étais pas cru capable jusque-là, je m'envolai pour Milan, où mon instinct me guidait, pour y réunir matériel et financement. Nous étions en septembre ; l'été indien se déployait sur les plaines de Lombardie. Roberto Gancia, mon ami d'enfance, m'accueillit chez lui, à bras ouverts. Il m'avait déjà servi de catalyseur quand j'avais navigué du golfe Persique à Mombasa dans boutre, le *Mir-el-Lah*.

Sans l'avoir saisi ni même prévu, je commençai à prendre conscience qu'à plusieurs années de distance, ce projet transafricain représentait la suite logique du voyage du *Mir-el-Lah*, qui avait débuté sur le Shat-el-Arab, «le fleuve des Arabes», où, d'après la légende, était situé le Jardin d'Eden et où, ces dernières années, se sont entre-tués Iraniens et Irakiens.

Des concepts inhabituels nécessitent de l'imagination mais ça a toujours été Roberto qui m'a aidé à les concrétiser. Je lui expose mes rêves, qui n'ont ni forme ni structure mais sont plein d'espace, de nuages et de lumière, et il les rend palpables pour les industriels et les sponsors. Aidé de manière constante et inappréciable par Roberto, cela me prit huit mois à Milan pour éveiller l'intérêt et réunir fonds et équipement nécessaires ; c'était une entreprise totalement épuisante qui en aurait découragé plus d'un, s'il lui manquait la détermination et l'obstination dont je faisais soudain preuve.

Plusieurs grandes compagnies — Pirelli, Sabena, Total, Fiat, Mariner-Power Marine, Castoldijet, Gancia, G.F.T. et C.P. Company — et quarante-deux plus petites devinrent mes sponsors. Chacune avait été séduite par le côté romanesque et inhabituel de cette aventure et était heureuse de lui prêter son nom et son appui financier.

J'avais à présent à ma disposition une flottille de six bateaux Pirelli, neuf moteurs de vingt-cinq chevaux hors-bord Mariner, dix moteurs Whitehead-Fiat de six chevaux, deux off-shore Castoldijet, trois Fiat Panda à quatre roues motrices plus trois véhicules de secours (nous en laissâmes un derrière nous), ainsi que du carburant Total, des facilités de transport aérien par Sabena, trois émetteurs-radio, trois générateurs, des vêtements de la C.P. Company pour toutes les occasions, des médicaments, des vivres et beaucoup d'autres impedimenta — nécessaires ou pas ; mon compte bancaire était tout à fait à flot et j'avais même une lettre de Bettino Craxi, Premier ministre du gouvernement italien, qui me souhaitait bonne chance — lettre qui m'ouvrit bien des portes diplomatiques et m'épargna bien des tracasseries administratives dans les pays que nous avons traversés. Je possédais maintenant assez de matériel pour en remplir deux énormes conteneurs, qui quittèrent La Spezia pour Mombasa, au Kenya.

A présent que mon rêve avait pris forme, l'Afrique s'ouvrait devant moi. Pas moyen de faire machine arrière. La navigation fluviale, même dans les pays développés, est déjà une aventure en soi. Les fleuves sortent souvent des sentiers battus et zigzaguent en toute liberté au gré de la topographie. En Afrique, cette liberté confine à l'indiscipline totale.

PREMIÈRE PARTIE

PREMIER CHAPITRE

LA FORTUNE SOURIT AUX AUDACIEUX

AU PRINTEMPS 1985, JE TRANSFÉRAI LE QG DE L'EXPÉDITION DE Milan au Kenya. J'établis deux camps de base, l'un à Nairobi et l'autre, sur la côte, à Diani Beach. Pendant deux mois, le matériel, dont l'étalement sous les cocotiers prenait des allures de campement de romanichels, fut déballé, assemblé, vérifié et remballé plusieurs fois. On dressa des listes, on en établit de nouvelles, puis on en fit des nouvelles, en essayant de réduire au minimum le poids et la quantité de ce que nous devions transporter, ramenant notre équipement au strict nécessaire. Nous prenions surtout en considération le portage en cas de rapides et de bancs de sable — mais il nous semblait toujours être trop chargés. Je ne pouvais m'empêcher de m'interroger : pourquoi les Blancs ont-ils besoin de tant de choses quand les Africains se débrouillent avec si peu ?

Au cours d'un trajet d'essai sur le fleuve Tana, nous allâmes camper chez notre vieil ami George Adamson à Kora. Il y vit en compagnie de ses lions, comme un mystique d'un autre âge, environné sur des kilomètres et des kilomètres par une nature vierge, loin de la civilisation, mais hélas ! pas sans contact avec elle, dans un monde qu'il a créé et qu'il défend jalousement. C'est un condensé de tout ce qui est encore beau et pur en Afrique. Mais pour combien de temps ?

Assis en sa compagnie, aux heures chaudes de midi ou dans la fraîcheur du soir, nous l'avons écouté nous parler de sa vie avec les lions et nous communiquer les conclusions qu'il a tirées de ses soixante-quinze années de brousse. Je l'examinais : nous étions tous deux des hommes du même type ; il y avait longtemps que nous avions découvert où résidaient les vraies valeurs de l'existence. Il ne donnait aucun conseil mais l'écouter simplement me suffisait pour comprendre où pouvait conduire une communion réelle entre l'homme et la nature. La vie de George avait toujours été en accord profond avec la nature : il avait d'abord été garde-chasse à la frontière nord du Kenya, et depuis vingt ans, il s'est totalement consacré à la préservation des zones naturelles et à l'étude, comme à la réhabilitation, des lions à l'état sauvage. Son travail, ses découvertes et ses expériences avec et sur les lions ont fourni une précieuse contribution à l'Afrique sauvage menacée. Il est âgé aujourd'hui de quatre-vingt-cinq ans. Il sait que ses jours sont comptés et s'est accommodé de la fatalité de la mort avec la résignation sereine que donne une vie en étroite communion avec la nature. Sa dernière volonté est d'être enterré à Kora, auprès de sa famille de lions, au sein de cette nature vierge qu'il aime tant.

J'avais décidé aussi de filmer nos aventures et avais entamé de difficiles et épuisantes négociations avec des compagnies de télévision — certaines reculèrent devant le projet comme si j'avais été fou furieux : « entreprise beaucoup trop compliquée », jugèrent-elles avec raison ; mais le métrage filmé avec George était magique et encourageant.

Sur le lac Naivasha, l'Anglais Eddie McGee, expert en techniques de survie, nous donna d'intéressantes leçons en ce domaine. Il nous apprit à vérifier que l'eau était potable de la manière suivante : « On puise de l'eau au creux de sa main et, après avoir enfoncé son petit doigt dans l'oreille et recueilli un peu de cérumen, on plonge le cérumen dans l'eau. Si une pellicule huileuse apparaît à la surface de l'eau, c'est qu'elle est contaminée. Par contre, si elle reste claire et que le bout de cérumen tombe au fond, l'eau est potable. » Il nous montra comment fabriquer une formidable paire de flotteurs en faisant des nœuds à nos jambes de pantalon de toile et en les ajustant derrière la tête avant de se jeter à l'eau. L'air emprisonné dans les jambes du pantalon les transforme en flotteurs. Il nous enseigna aussi à tresser certaines herbes et certains roseaux à longue fibre pour en fabriquer des cordes si solides qu'on pouvait haler un véhicule. Il construisait un lit en dur muni d'un auvent, en coupant des branches d'arbrisseaux, en les fichant solidement dans le sol puis en édifiant une plate-forme et une structure en surplomb ; le tout était lié ensemble par de l'écorce et recouvert de feuilles et de branchages. Il fabriquait une paire de solides sandales en herbes tressées et nous apprit à distinguer les plantes comestibles à leur texture et à leur odeur, et à extraire de certaines feuilles une huile contre les moustiques en les frottant entre nos doigts ou les paumes de nos mains. Il fut malheureusement dans l'impossibilité de nous accompagner, mais ses leçons fascinantes s'ajoutaient à l'excitation du danger qui nous attendait. A maintes reprises au cours de notre voyage, nous avons eu l'occasion de mettre en application ce qu'il nous avait appris : quand nous nous sommes retrouvés séparés de nos véhicules plus longtemps que prévu, ou privés d'eau potable, ou enfin quand nous ne pouvions pas planter nos tentes dans le terrain avoisinant.

Avant notre départ, nous avons testé nos bateaux sur le fleuve Tana. Nous y avons rencontré George Adamson, vivant à Kora au milieu de ses lions, comme un mystique d'un autre âge.

J'avais réuni une équipe hétéroclite de volontaires qui s'étaient joints à moi sans trop savoir où ils mettaient les pieds, portés par l'enthousiasme que les mots magiques « expédition transafricaine » avaient éveillé en eux.

Les individus qui, comme Mirella et moi, ne vivent pas de manière conventionnelle, trouvent normal un mode de vie que les autres jugent extraordinaire. L'inertie, le manque de moyens, d'imagination ou de motivation sont souvent responsables d'une existence monotone dénuée d'imprévu. Ceux qui appartiennent à cette catégorie se contentent souvent de faire l'expérience de la vie à travers celle des autres. A leurs yeux nous sommes spéciaux et ils ont du mal à comprendre comment chaque jour qui passe peut être différent de celui qui le précède ou de celui qui le suit.

Pendant l'année que j'ai passée à Milan pour mettre sur pied l'expédition, beaucoup de ceux avec lesquels je suis entré en contact ont exprimé le désir de m'accompagner, apparemment sans réfléchir — ni même les imaginer un seul instant — aux conséquences d'une telle aventure. C'est ainsi que, l'un après l'autre, je réunis cinq jeunes gens âgés de vingt-quatre à trente-cinq ans qui, après un examen attentif, me persuadèrent tous de les emmener avec moi.

Gianfranco Peroncini, grand gaillard de vingt-sept ans — 1 mètre 86 — à la voix douce, avait passé deux mois en Afghanistan auprès des moudjahidin. Il était associé de manière indirecte à notre principal sponsor, Pirelli. Lorenzo Camerana, fils de l'une de mes vieilles relations, me procura le parrainage essentiel de G.F.T. et de Fiat. Ce qui les mettait tous deux automatiquement dans une position privilégiée. Lorenzo, âgé de vingt-quatre ans, faisait partie du jet-set international. Blond, les yeux bleus, la barbe naissante, il ressemblait assez bien à ce que j'avais été moi-même autrefois. La langue bien pendue, souvent spirituel, il paraissait plutôt content de lui. Il vivait à Londres avec Shona McKinney, sa jolie girl friend blonde de vingt-quatre ans, originaire des Bahamas, qui possédait une ligne de vêtements de sport et de loisir. Avec son visage souriant, ses manières amicales et son caractère accommodant, elle fut celle qui s'adapta le mieux aux conditions que nous devions rencontrer. Marco Fulvi — petit, vif et nerveux — était en apparence sûr de lui mais non sans agressivité. Il sonna à ma porte avec une rose rouge et un chapelet de bonnes raisons de m'être utile. Son père, journaliste sportif très connu de Livourne, tenait beaucoup à ce que Marco acquière de l'expérience en se frottant à une vie rude. Byrdine Melton, jeune Américaine de vingt-huit ans, était originaire du Middle West ; j'avais fait sa connaissance à Long Beach, en Californie, sur un yacht où elle travaillait comme simple matelot, nettoyant la cale et repeignant la coque. Elle paraissait taillée pour l'aventure bien qu'elle n'eût jamais encore quitté les États-Unis. Elle m'avait rejoint à Milan où, motivée par mon entreprise, elle se chargea du travail fastidieux de secrétariat pendant l'année où je mis sur pied l'expédition.

Quatre Kenyans vinrent s'ajouter à eux un peu plus tard. Sally Dudmesh, vingt-trois ans, ancienne étudiante en anthropologie et en médecine alternative, demanda à se joindre à l'expédition dans l'espoir, en cours de voyage, de collecter d'intéressantes plantes médicinales. Son joli minois et ses airs de bohémienne ajouteraient, je le savais, une touche de «glamour» aux photos de Mirella. Elizabeth Ryeri était née au Kenya. Elle travaillait à Londres dans la restauration depuis plusieurs années et détestait ça. Elle vivait désœuvrée à Nairobi, cherchant ce qui lui éviterait de retourner à Londres. Nous la connaissions depuis son adolescence; ses talents culinaires seraient, à mon avis, un précieux atout pour la qualité de nos repas. Un autre originaire du Kenya, Richard Bonham, guide de safari, avait une passion pour l'existence de broussard et il vit immédiatement dans notre projet ce qui le différenciait des grands safaris habituels, tout en lui offrant une opportunité de partir en reconnaissance pour son propre compte. Les contrées que nous allions traverser se situaient hors des sentiers battus; d'accès malaisé, elles nécessitaient une organisation considérable pour les explorer correctement. Depuis, Richard a établi avec succès une base de «randonnée» à Stiegler's Gorge sur le Rufiji, en Tanzanie, d'où il emmène ses clients en safaris pédestres à travers le *myombo* du Selous. Un quatrième habitant du Kenya fut engagé comme assistant de Richard.

Ils étaient tous jeunes, beaux, sympathiques, en bonne santé, enthousiastes et convaincus, qui plus est, d'être au seuil de la plus grande expérience de leur vie; mais aucun d'entre nous n'avait encore participé à une expédition fluviale de ce type ni de cette ampleur et ne savait à quoi s'attendre. Mirella, qui possédait une expérience de la vie de brousse bien plus considérable que la mienne, se montra sur-le-champ sceptique quant au choix que j'avais fait de certains d'entre eux. Mais ses remarques ne réussirent pas à me convaincre.

Je suis fondamentalement un solitaire et, au fil des ans, j'ai développé une philosophie qui peut se résumer par le dicton : bien faire et laisser braire. On me taxe souvent d'égoïsme et on m'accuse de m'intéresser peu aux autres, à qui j'impose rarement mon mode de vie ou mes opinions, pour autant qu'ils ne cherchent pas à m'imposer les leurs. Mais quiconque se joignait à cette expédition devait le faire à mes conditions. Jusque-là, je ne m'étais jamais trouvé dans une position de commandement et je ne me sentais pas très à l'aise dans ce rôle. J'avais donc misé sur la confiance et la camaraderie de mon équipe pour nous faire mener à bien cette expérience. Il devint vite évident que c'était illusoire, car je n'avais pas pris en compte certains éléments fondamentaux de la nature humaine; tout groupe réclame un chef

De gauche à droite : Byrdine, Sally, Gianfranco, Marco, Lorenzo, Lorenzo C., Shona et Elizabeth.

41

énergique qui établisse les règles, prenne toutes les responsabilités et vers lequel on se tourne quand une décision s'impose. Je n'avais pas le profil pédagogique et je compris rapidement que cette réunion disparate de jeunes gens originaires de pays et de milieux sociaux différents, dont les modes de vie n'étaient pas les mêmes, qui ne se connaissaient pas et dont plusieurs découvraient l'Afrique, me poserait l'un des principaux problèmes que j'aurais à résoudre.

Mener à bonne fin une expédition tout en la filmant se révéla tout à fait impossible ; cela provoqua de sérieux remous au sein de mon équipe ; ils participaient à une expédition, pas au tournage d'un film, protestèrent-ils bien haut. Je les comprenais tout à fait mais je devais satisfaire aussi les sponsors qui m'avaient fourni financement et équipement et qui attendaient en retour une certaine forme de publicité.

Chaque membre du groupe avait sa personnalité propre, ses idées, ses objectifs, ses conceptions et ses raisons personnelles d'aller en Afrique. Mirella, décidément soucieuse, renonça à intervenir tout en les observant de loin avec scepticisme. Certains voulaient voyager vite, d'autres lentement ; il y avait des timorés, des pessimistes et d'autres, optimistes, confrontés pour la première fois à ce type d'expérience, les uns et les autres étaient incertains de leur façon de réagir, comme de la nôtre. J'avais lu les ouvrages de Livingstone et Stanley, de Baker et Brazza, qui avaient tous dû affronter des difficultés du même ordre. J'appris d'eux que la meilleure manière d'y remédier était de les ignorer et d'aller de l'avant, en misant sur le fait qu'en chemin les choses se régleraient d'elles-mêmes d'une façon ou d'une autre. Du moins je l'espérais. Je peux dire à présent sans risque de me tromper que mon optimisme inébranlable fut l'un des principaux facteurs qui nous permit d'atteindre l'Atlantique.

Ce n'est qu'une fois l'expédition lancée que les vraies difficultés commencent à apparaître et que les individus se montrent sous leur vrai jour. L'action force les gens à affronter la réalité et leur moi. Il n'est plus temps de se perdre dans les petits tracas quotidiens, la lettre à poster, la chaussure égarée, la paire de jumelles oubliée. Il devint vite clair que nous étions trop nombreux et qu'être moitié moins aurait simplifié les choses — mais il était trop tard pour procéder à des changements drastiques. L'assistant de Richard, dont l'attitude générale sema la perturbation dès le premier jour, était un élément négatif dont il aurait été préférable de nous défaire avant le départ ; il n'était pas du tout en phase avec une expédition de ce type, où le sens de l'humour et un caractère facile à vivre sont essentiels. Richard nous l'avait recommandé et nous n'avions pas remis ce choix en question dès le début. Mirella tenta de me convaincre de lui faire quitter l'équipe mais mon optimisme m'encouragea à croire que lui aussi changerait et tempérerait son humeur, une fois que nous aurions levé l'ancre. L'intuition de Mirella se vérifia, malheureusement ; j'aurais dû l'écouter. Mais pour l'heure, l'important c'était le départ, en fixer la date et nous y tenir, dussions-nous faire une halte peu après être partis.

Après deux mois d'attente passés sur la plage, tout le monde s'impatientait, les caractères étaient à cran. Il fallut remplir d'interminables déclarations de douane, perdre un temps précieux pour obtenir permis et visas et régler les péages, le tout aggravé par des tracasseries administratives qui paraissaient n'avoir pas de fin.

Le jour du départ arriva enfin. «Nous partons demain, que nous soyons prêts ou pas», annonçai-je solennellement un soir; j'observai la façon de réagir de chacun à cette nouvelle, joie, soulagement, inquiétude. «C'est le jour J, il n'est plus temps de reculer», dis-je en débouchant une bouteille de champagne et en nous souhaitant bonne chance et bon voyage. Ce fut un moment émouvant et j'aperçus des larmes dans les yeux de Mirella. C'est une romantique incurable et je savais qu'elle seule comprenait ce que ce moment représentait pour moi. Plus d'un an s'était écoulé depuis que j'avais commencé à travailler sur ce projet; le voir enfin démarrer était une réussite créant une émotion que seuls Mirella et moi étions à même de partager. Aucune de nos aventures précédentes n'avait nécessité autant d'efforts.

Le lendemain, nos amis, notre famille, les chiens et les chats, plus le cortège habituel de badauds, propre à l'Afrique, entouraient nos véhicules pleins à craquer, recouverts de bâches fixées par des cordes — prêts pour le long périple qui nous conduirait par la route jusqu'au delta du Rufiji, à quelque huit cents kilomètres au sud. Cinq véhicules, huit bateaux, onze membres d'expédition et six aides africains démarrèrent pour Lunga Lunga au milieu d'un tumulte joyeux mêlant les adieux aux rires, aux cris et aux sifflets.

Je m'approchai de Lunga Lunga et de la frontière de Tanzanie (nous en étions encore à cent vingt kilomètres) avec une certaine agitation; j'imaginais tout ce qui pourrait survenir pour stopper notre avancée, une semaine ou plus peut-être : nos véhicules, soigneusement chargés, seraient déchargés et chaque article vérifié, alors que nous attendrions nos permis munis des tampons officiels, qui n'arriveraient jamais. Devant nous, un autocar dégorgea sa cargaison d'Africains; ces derniers présentaient leurs papiers pour franchir la frontière avec leurs effets. Je remarquai qu'ils le faisaient invariablement avec le sourire, un salut amical, une plaisanterie et un cadeau. Certains offraient une banane, d'autres un ananas, quelques oranges, des œufs enveloppés dans un linge, une noix de coco ou une papaye. J'attendais mon tour en reprenant conscience de l'importance d'un menu pot-de-vin dans les situations délicates. Ce qui importe dans l'Afrique d'aujourd'hui, appris-je rapidement, c'est d'oublier que l'on est blanc et de garder les yeux ouverts sur les mœurs des autochtones. Les frontières, et les lois qui les régissent, ont été établies par les Blancs mais les Africains en usent à leur façon.

Notre expédition mit moins d'une demi-heure pour franchir la frontière. On ne nous posa aucune question.

DEUXIÈME CHAPITRE

LE MAJESTUEUX RUFIJI

CE VOYAGE INSENSÉ DANS L'INCONNU, QUI ALLAIT ME RAMENER dans une Afrique que j'avais abandonnée dix ans plus tôt, ne laissait pas de me troubler. L'air tiède, qui s'engouffrait par la vitre baissée de la portière, était toujours aussi agréable. La brillance des couleurs, les formes et les odeurs familières, la végétation tropicale, la fumée et les fleurs, les villages indigènes à l'ombre des palétuviers, les enfants à peau brune s'envolant comme des feuilles mortes devant nous, tout me faisait revivre les émotions de mon enfance, quand je faisais partie de ce pays. Le profil énergique de Lorenzo, silhouetté à contre-jour, était encadré par une masse de cheveux blancs en bataille. Il gardait ses yeux, que la lumière blessait, fixés sur la route.

« Le delta du Rufiji, fleuve le plus important de Tanzanie, d'une longueur de six cent cinquante kilomètres, couvre une superficie à peu près égale à celle de la ville de New York. Pris dans l'étreinte boueuse et détrempée du mangrove, c'est un marécage tout en anses sinueuses et en chenaux saumâtres frayés par les marées, obstrué de bancs de sable et grouillant de crocodiles, ébranlé par la ruée des troupeaux d'éléphants dans la forêt pluviale échevelée qui frange ses bords. Le delta est hostile aux hommes ; on s'attend presque à y découvrir des animaux préhistoriques visqueux, se vautrant dans ses miasmes. Il respire la désolation et répand la fièvre. Même un fugitif hésiterait avant d'y chercher refuge. »

Je lisais à voix haute un extrait de *The Battle of the Bundu*, qui retrace la guerre insensée que se livrèrent en 1914 Anglais et Allemands sur les lieux que nous allions traverser.

— C'est là que tu m'emmènes ? demandai-je en plaisantant à Lorenzo.

— Je l'ai lu, me répondit-il. Mais nous en viendrons à bout. La route du Zambèze est exclue à cause de la guérilla ; et n'oublions pas que le delta du Rufiji est le terminus de la route des boutres, qui commence au nord dans le golfe Persique.

C'est la destination finale des gros galions de bois qui, une fois par an, se laissent pousser vers le sud par les vents de mousson, à la recherche, entre autres, des perches résistantes du manguier.

Avec ses principaux affluents, le Grand Ruaha, le Kilombero et le Luwego, le Rufiji draine le plus grand bassin fluvial d'Afrique orientale, couvrant une superficie de 1 120 000 kilomètres carrés. Chaque année, ses eaux boueuses et tourbillonnantes déversent des millions de tonnes de limon dans l'océan Indien en créant un delta, semblable à une main, de mangroves et de bancs de sable, large de 80 kilomètres. C'est la principale artère fluviale du parc national Selous de Tanzanie, qui couvre 35 000 kilomètres carrés — approximativement la superficie de l'Irlande. Cette réserve était, tout récemment encore, considérée comme l'une des dernières zones naturelles vierges d'Afrique.

En 1905, la Tanzanie était encore une colonie allemande ; un projet d'implantation de coton, le long du Rufiji, provoqua l'explosion de la plus grande rébellion populaire de l'histoire de la Tanzanie contre la domination étrangère. Elle fut surnommée la révolte « Maji Maji » car les rebelles croyaient que l'eau sacrée (*maji*) avait le pouvoir de transformer les balles de leurs adversaires en eau. Il y eut 75 000 morts et l'on peut encore trouver de vieux fers à cheval et des douilles autour des anciens emplacements des canons d'artillerie, le long du Rufiji et du Beho Beho ; au sud, dans la brousse, continue à rouiller une énorme batteuse à vapeur de fabrication allemande.

Dans l'ouvrage de Charles Miller, cité plus haut, nous avons appris que le Rufiji et son delta sont aussi — et avant tout — célèbres pour ce que les annales de l'histoire décrivent comme « le décor où fut menée la plus étrange campagne de la Première Guerre mondiale ». « C'est, en effet, dans cette contrée d'épineux et de forêts denses, à peine explorée, de l'Afrique orientale, que se déroula la dernière "guerre entre gentlemen", selon parfois un code strict de l'honneur, ou bien selon des tactiques de guérilla empruntées aux guerriers des tribus africaines. Le colonel allemand légendaire von Lettow Vorbeck, adoré de ses hommes et respecté par ses ennemis, tint tête pendant quatre ans avec une poignée d'Askaris (soldats indigènes) à 250 000 soldats alliés. Le Sud-Africain Jan Smuts, le plus apte peut-être des chefs de l'autre camp, avait tenté d'encercler von Lettow ; ce dernier et son petit groupe avaient échappé à son piège ». Le cuirassé allemand *Könisberg*, le plus formidable engin de destruction de l'océan Indien à l'époque, coula dans le delta du Rufiji ; il y a peu de temps encore, l'on pouvait admirer ce vestige pathétique de l'une des manifestations les plus futiles de la folie humaine. La perspective de ce voyage me remplissait d'une certaine appréhension.

A deux heures de l'après-midi, par une journée lourde et étouffante d'octobre, notre convoi atteignit la rive boueuse du delta. D'un tout petit village de pêcheurs aux toits de chaume, dissimulé dans les fourrés, un groupe d'indigènes dépenaillés surgit pour nous accueillir, bouche bée devant cette arrivée inattendue. Quelques palmiers étiques et la puanteur du poisson qui séchait donnaient à l'endroit un air de mélancolie et d'abandon. Nous avions deux mois de retard sur nos prévisions et la fin de la saison sèche approchait ; les pluies allaient commencer sous peu. Alentour, tout était ramolli par la chaleur, à commencer par les membres de l'expédition eux-mêmes, exténués. Un vieil homme, vêtu d'un short kaki en lambeaux et escorté d'un petit garçon, escalada la rive. Il vint se mêler à l'attroupement sous le seul arbre à donner de l'ombre ; il fut rejoint rapidement par un individu agressif, arborant la chemise du fonctionnaire et un pantalon de toile grise taché. Ce dernier se présenta comme le « président » du village. Il nous fit de brèves salutations et demanda à voir nos papiers.

— Quels papiers ? lui demanda Lorenzo en souriant.

— L'autorisation, délivrée par le gouvernement, de faire halte dans notre village, rétorqua-t-il sur un ton agressif. Dar-es-Salaam ne nous a pas informés de votre arrivée.

— A ce stade de notre voyage, nous n'en avons pas besoin, soufflai-je à Lorenzo.

C'était un abus de pouvoir patent. Cet homme cherchait à impressionner les habitants du village mais nous avions prévu ce type d'éventualité : nous lui présentâmes nos papiers. Il n'était toujours pas satisfait. Il devenait évident qu'il attendait que nous lui « graissions la patte » pour nous permettre de nous installer. Lorenzo et Richard le suivirent dans une bâtisse de terre séchée où il sortit un registre en piteux état qu'il posa avec respect sur une table de bois.

— Vous devez inscrire vos noms dans ce livre et expliquer ce que vous faites par ici, poursuivit-il sur un ton de fausse autorité qui trahissait sa nervosité. Les pages du registre étaient cassantes, jaunies par le temps et la moisissure ; des termites affamés les avaient criblées de minuscules trous irréguliers et les signatures des visiteurs qui nous avaient précédés s'étaient effacées. Lorenzo et Richard inscrivirent leur nom, le pot-de-vin changea de main et ils vinrent nous rejoindre sous l'arbre où nous les attendions.

L'autorisation de camper accordée, nous avons commencé à décharger nos bagages un peu partout. La sueur ruisselait sur les dos nus et les visages poussiéreux et congestionnés de nos « jeunes rêveurs » européens, encore peu aguerris aux exigences de l'expédition. Ils se mirent à monter les bateaux, planter les tentes et à répartir vivres et matériel, répertoriés avec tellement de soin au cours de l'année écoulée, pour le départ du lendemain.

La chaleur de cette première journée s'évanouit comme le soleil disparaissait derrière les palétuviers qui bordaient les rives du delta, sombres et inquiétants. Le ciel, éclaboussé de vermillon, s'obscurcit à l'approche de la nuit. La pleine lune se leva à l'est. J'allai m'asseoir, dans la fraîcheur du soir, avec Lorenzo, sur la berge du fleuve, sèche et durcie. La terre était encore tiède et nous sentions la chaleur emmagasinée imprégner le tissu léger de nos pantalons. C'était une prise de contact avec l'âpreté de l'Afrique. Nous avons regardé la fleuve couler silencieusement vers la pleine mer. Nous entendions à peine le ressac se briser sur les récifs. Quelque part dans un arbre, un pivert lançait son cri opiniâtre et un vol d'aigrettes blanches effleura les eaux brunes. Derrière nous, on dressait les tentes pour la première fois ; chacun s'activait : on déroulait le matériel de couchage, on fixait les moustiquaires, on se préparait à une première nuit dans la brousse ; le feu de camp crépitait sous une grosse bouilloire en fer-blanc, brillant comme un sou neuf, tandis que nos aides préparaient le dîner. Deux boutres surgirent soudain de l'obscurité, glissant en silence comme des fantômes dans la nuit ; leurs voiles latines gonflées captaient le clair de lune et, surchargées de bois de manglier, leurs coques émergeaient à peine. En face, brillait la Croix du Sud. A leur poupe, une lampe à pétrole se balançait doucement et éclaboussait le pont de ses reflets. Sous la lanterne, un groupe d'hommes, que l'on distinguait mal, était accroupi ; l'un d'eux chantait un air mélancolique. Lorenzo se rapprocha de moi et passa son bras autour de mes épaules — il se sentait bien : dans la brousse, une pintade s'envola en criaillant. Nous nous sommes retirés de bonne heure sous nos tentes, épuisés, fiévreux, mais ragaillardis d'être enfin en route. Nous avons sombré dans un profond sommeil, bercés doucement par l'Afrique.

Le lendemain à midi, l'expédition était fin prête à démarrer. Les bateaux pneumatiques, à l'ancre, étaient impressionnants et gonflés à bloc. Aidés de certains villageois, et en pataugeant dans la boue noirâtre qui collait instantanément aux pieds, nous avons transporté sur nos têtes le carburant, les caisses de vivres et de matériel, à bord des bateaux ; en les remplissant, nous les identifiions petit à petit avec l'aventure qui nous attendait. Lorenzo alla remplir une gourde dans l'océan Indien ; il en viderait l'eau dans l'Atlantique, nous dit-il, quand nous aurions touché le but de notre expédition — une manière comme une autre de le symboliser. Les véhicules de soutien étaient chargés, prêts à prendre la route ; nous devions les retrouver à Utété, à 100 kilomètres en amont du fleuve. Ces rencontres vitales étaient programmées en divers points de notre itinéraire ; sans leur aide, notre flottille de bateaux pneu-

— Page suivante —
Un vol d'aigrettes blanches effleura la surface de l'eau.

matiques n'aurait jamais pu surmonter les difficultés stratégiques considérables, inhérentes au fait de remonter le fleuve à contre-courant. Les moteurs hors-bord se mirent alors à rugir, brisant le silence assoupi de midi, et l'expédition prit son essor dans une gerbe d'écume, glissant sans effort à la surface de l'eau et saluée par les cris et les vivats de nos nouveaux amis sur la rive.

L'un après l'autre, nous nous sommes confortablement installés dans nos bateaux respectifs. Lorenzo, qui ouvrait la voie, se tenait à la barre, son chapeau de paille enfoncé sur les yeux et fixé sous le menton par un bout de corde tressée. Assise à ses côtés, non sans apparat, je trônais sous un parasol jaune sur un siège de plastique : Lorenzo les avait spécialement commandés pour moi afin de m'alléger les fatigues d'un si long voyage. Les deux robustes Africains que nous avions pris à bord au village étaient assis sur l'étrave pour surveiller les écueils et autres obstacles ; ils mesuraient la profondeur de l'eau grâce à de longues tiges de bambou. Connaissant le moindre chenal du delta, ils nous escorteraient jusqu'à Utété. Richard et les filles nous suivaient dans un autre bateau ; elles avaient enveloppé leurs cheveux dans des mouchoirs de coton imprimé aux couleurs vives, dissimulé leurs yeux derrière des lunettes de soleil et luisaient d'huile solaire. Comme Lorenzo, Richard ressemblait beaucoup au cliché de l'explorateur africain, avec sa casquette verte à visière, ses lunettes noires, son fusil et ses jumelles accrochés à la barre du gouvernail. Le reste des « jeunes rêveurs » fermaient le ban, dans l'attirail de safari à la mode ; c'étaient de beaux jeunes gens, bien bâtis, l'esprit encore confus mais fortunés, qui se retrouvaient embarqués pour la première fois dans un fantastique voyage, qui nourrirait leur conversation lors de futurs dîners ; ils n'avaient pas encore bien compris où ils avaient mis les pieds.

Le mangrove, solidement enraciné dans son lit liquide par de grandes griffes visqueuses comme celles de monstres préhistoriques, ondulait lourdement au passage des bateaux. Des hérons s'élevaient lentement de monticules de boue séchée et venaient croiser notre route au ras de l'eau. Des aigles pêcheurs, royalement perchés au sommet des arbres, nous regardaient passer en jetant leur cri obsédant dans l'air chaud et calme, avant d'aller se poser avec grâce sur un arbre, plus loin. De temps en temps, nous apercevions une case ou deux au milieu de petites trouées, avec une pirogue attachée à un piquet, au bord de l'eau. Là demeuraient les coupeurs de palétuviers à qui l'on doit ces longues perches qui servent, en Afrique, à la construction des cases de terre séchée et couvertes de chaume, et que l'on transporte en Arabie dans les boutres poussés par les vents de mousson. Ils surgissaient, ahuris par le bruit peu familier des moteurs, et nous saluaient d'un amical « *jambo* » (bonjour).

Au fur et à mesure de notre avancée, le mangrove cédait la place à des arbres

*Des hippopotames
surpris se retournèrent
pour nous regarder
passer.*

énormes, lourdement drapés de plantes grimpantes verdoyantes, puis se transforma
peu à peu en paysage de brousse, parsemé d'acacias. Quelques heures plus tard, les
boues noirâtres du delta étaient derrière nous; les rives sablonneuses de la savane
s'effritaient et chutaient dans l'eau sous la houle que nous soulevions. D'après nos
cartes, nous nous étions attendus à passer deux, si ce n'est trois, jours et nuits dans
le mangrove infesté de moustiques. En sortir aussi rapidement nous surprit agréa-
blement : cela nous montrait, une fois de plus, comme les informateurs les plus zélés
peuvent induire en erreur.

Nous avons passé cette première nuit sur une plage de sable fin et doré, qui s'éti-
rait sur la rive droite du fleuve. Et bientôt une bonne odeur de bois brûlé parfuma
l'air du soir, on dressa les tentes portables et on déroula les sacs de couchage. Lorenzo
descendit nonchalamment au bord du fleuve avec sa canne à pêche et nous ramena
pour le dîner un poisson-chat du Rufiji pesant six kilos. Une pirogue, avec pour voile
de fortune une feuille de plastique dentelée et, à son bord, un vieux pêcheur tout
courbé, passa, se profilant sur les eaux calmes. Il n'y eut aucun autre signe de vie
jusqu'à ce que, par émetteur radio, nous ayons pris contact avec nos véhicules de
secours, très loin vers l'est, en amont.

*— Page suivante —
Des arbres
monumentaux se
dressaient sur les rives
du fleuve.*

L'Afrique nous accueillait à bras ouverts ; elle se montrait aimable et chaleureuse, et d'une beauté extraordinaire. La crainte de nous retrouver dans des régions boueuses, assiégés par des nuées de moustiques qui nous obligeaient à nous réfugier derrière nos moustiquaires du crépuscule au point du jour, se révélait sans fondement. Au contraire, plus nous remontions le fleuve, plus l'environnement nous paraissait hospitalier.

Je m'étirai sur le sable crissant du fleuve et plongeai mon regard dans le ciel noir et sa profusion d'étoiles. C'était la Croix du Sud qui brillait avec le plus d'éclat ; la Voie lactée, à sa gauche ; Vénus, Uranus, les Pléiades et la Grande Ourse étaient clairement reconnaissables. Je me rappelai la première fois que mon père me les avait montrées à la ferme. Le ciel, la nuit, m'a toujours fascinée et je ne me lasse jamais de contempler les étoiles. Quand je suis en Europe, où, à la nuit tombée, l'on rentre chez soi sans jamais regarder le ciel, j'oublie mes amies scintillantes mais, à chacun de mes retours en Afrique, je redécouvre chaque fois mon étrange affinité avec elles. Lorenzo est également un homme différent en Afrique. Il s'apaise et ne fait plus qu'un avec l'univers. Les individus en affinité avec l'Afrique sont sensibles à sa magie ; leurs sens s'aiguisent, leur caractère s'adoucit et ils entrent en communion avec la nature.

Chaque soir, une heure avant le coucher du soleil, nous choisissions l'emplacement où nous allions camper. Le lieu idéal, invariablement, s'offrait de lui-même ; il était chaque fois différent, nous allions de surprise en surprise. Nous échangions un regard d'un bateau à l'autre et, hochant la tête ou clignant de l'œil, nous tombions d'accord. Les activités vespérales devenaient rituelles : ramasser du bois mort, allumer le feu, faire le thé, regarder le soleil sombrer à l'horizon, aux accents de la nuit africaine, pendant la préparation du dîner. Pour quiconque possède l'oreille musicale, les bruits de la nuit, en Afrique, sont faciles à orchestrer. Les basses sont fournies par les grognements des hippopotames, les chœurs assurés par les insectes, les grenouilles et les oiseaux aquatiques ; quant à la mélodie, elle revient aux oiseaux chanteurs : colombes et piverts jouent les contraltos.

Richard, sensible et timide, à la voix douce, ne se sent parfaitement à l'aise que dans la brousse. Il possédait comme nous un caractère qui jouissait sans bruit de la vitalité intacte de la Nature, de « l'écho figé de la voix silencieuse de Dieu » : feuilles et fleurs minuscules écloses après l'averse et fanées à la nuit tombée, papillons voletant autour d'un arbre pourrissant, senteur de la mousse humide dans les sous-bois, scarabées roulant leur pelote de crotte, criquets annonçant la nuit, appel obsédant des piverts. Voilà notre Afrique, à nous.

Nous parcourions 30 à 50 kilomètres par jour; nous avons atteint Utété, le soir du troisième jour, avec une jubilation extrême. Jusque-là, tout s'était mieux passé que prévu. Aucun des périls contre lesquels on nous avait mis en garde ne s'était matérialisé : moustiques, bancs de sable, campements dans des conditions désagréables. C'était tout le contraire. La somme de soins attentifs déployés par Lorenzo dans le choix du matériel, des bateaux, des moteurs, des réservoirs de carburant (en rapport avec la consommation), des tentes et de la masse d'articles divers que requérait notre voyage, se montrait payante. Cela en disait long sur les qualités d'organisation de Lorenzo. Étant donné qu'il participait pour la première fois à une expédition de ce type, il avait visé étonnamment juste et il contribua grandement au bien-être général.

La première semaine servait de période d'essai et nous nous attendions à devoir opérer des changements, mais ce ne fut pas le cas; toutes les altérations apportées à ce stade furent minimales. Il était évident, entre autres, que nous avions emporté beaucoup trop de matériel. La prévoyance dont avait fait preuve Lorenzo révélait un nouveau pan de sa personnalité, que j'étais la première surprise de découvrir, après trente ans de vie commune.

Le parc national Selous fut créé en 1905 dans cette région; à l'époque, le Tanganyika était un protectorat allemand. La population locale le connaissait sous le nom de « Shamba ya Bibi » (la Ferme de la dame), car on raconte que le Kaiser

Chaque soir, avant le coucher du soleil, nous choisissions le site de notre campement.

Guillaume II l'avait offert, en 1912, à sa femme, comme cadeau d'anniversaire de mariage. Constantin Ionidis, Grec à l'excentricité flamboyante, à qui l'on attribue la paternité du Selous, fut l'un de ses premiers conservateurs. En 1935, il persuada l'administration coloniale britannique d'agrandir le parc à ses dimensions actuelles et d'évacuer massivement toutes les tribus qui vivaient dans les parages. Conditions climatiques et géographiques s'y sont combinées pour le rendre impropre à l'habitat : la zone boisée, dite *myombo*, clairsemée, aride, aux arbres à feuilles caduques, a été pratiquement préservée suite à la pauvreté du sol ; et la mouche tsé-tsé, vecteur de la maladie — mortelle — du sommeil, est devenue l'ange gardien de ce paradis naturel.

La mouche tsé-tsé règne sur les vastes savanes boisées qui s'étendent au nord, à l'est et au sud de la forêt vierge équatoriale et a gagné le Selous. Une piqûre de cette mouche peut tuer quelqu'un en deux semaines. En Afrique, on a pu retrouver des traces de la maladie du sommeil jusqu'à 5 000 ans avant J.-C. ; entre 1902 et 1905, une épidémie causa la mort de 200 000 personnes sur les rives du lac Victoria.

La mouche tsé-tsé est plus grosse que la mouche commune que nous connaissons sous nos climats et se distingue facilement des autres espèces par ses caractéristiques extérieures : trompe saillante, ailes ligneuses croisées et à unique nervure. Tous les huit à neuf jours, la femelle dépose une larve complètement développée sur le sol, où elle s'enterre à une profondeur de 10 centimètres ; elle éclôt 35 jours plus tard ; chaque femelle engendre à peine une dizaine de rejetons. Mâles et femelles consomment le sang des vertébrés (ne se nourrissant que tous les quatre jours environ) et transmettent tous deux la maladie du sommeil. Une mouche ne s'infecte qu'après avoir ingéré du sang, animal ou humain, contaminé, mais le reste jusqu'à sa mort. Trois espèces de parasites sont fatales aux animaux domestiques et à l'homme mais ne nuisent pas au reste de la faune, qui s'est adaptée, depuis des milliers d'années, aux trypanosomes. Cette faune sert de réservoir aux minuscules parasites qui, via les mouches, se transmettent à l'homme et aux animaux domestiques.

La mouche tsé-tsé pose un dilemme aux protecteurs de l'environnement : ils tombent d'accord sur la nécessité économique de la contrôler, tout en pensant que l'occupation par l'homme des zones délivrées de la mouche détruira l'équilibre écologique de l'Afrique. Ouvrir de vastes étendues qui servent pour l'heure d'habitat à de nombreuses espèces animales sauvages, comme le Selous, pourrait s'avérer catastrophique pour les biotopes africains. Le fléau de la mouche tsé-tsé pourrait apparaître rétrospectivement comme un bienfait déguisé : son élimination définitive pourrait signifier la destruction d'une zone naturelle unique au monde. En traversant à pied ou en voiture le *myombo*, qui couvre plus des trois quarts du Selous, il n'y a aucun moyen d'échapper à la mouche tsé-tsé : elle se pose sur vous sans le moindre bruit, l'étoffe la plus épaisse ne l'arrête pas et elle vous plonge comme une aiguille sa trompe dans la peau. On ne s'en débarrasse pas si facilement, rien ne la décourage sauf des jets violents d'insecticide ou des coups répétés qui l'écrasent.

Pendant la saison sèche, une bonne partie de leur habitat est détruit quand 10 000 hectares du Selous sont la proie des flammes ; les causes de cet incendie sont naturelles, rayons du soleil ou foudre, ou bien délibérées, braconniers ou gardes-chasses, ou encore accidentelles, charbonniers. Le *myombo*, qui forme une ceinture de 2 500 kilomètres environ d'un littoral à l'autre de l'Afrique, d'une utilisation restreinte exception faite de la récolte de miel sauvage, se réduit alors à des tas de cendres grises et à des branches noircies, dépourvues de feuilles. Les Africains appellent ce triste spectacle la « mort argentée ». Mais cet holocauste ne détruit ni les racines solides et profondes du *myombo* ni les œufs des mouches tsé-tsé enfouis dans le sol. Et sous les premières pluies d'été torrentielles, buissons et arbres « morts » bourgeonnent et se couvrent de feuilles tendres et de fleurs qui, parfois, se fanent en vingt-quatre heures. Et la mouche tsé-tsé commence un nouveau cycle.

Bien que les étendues boisées de la savane soient encore l'une des zones d'Afrique les moins étudiées par les scientifiques, on y a répertorié plus de 2 000 variétés botaniques — dont 40 ont été découvertes au cours des vingt dernières années et représentent des nouveautés pour la science. Accrochés aux falaises du fleuve Luwego, des pans de forêt inaccessibles offrent aux botanistes des arbustes et des fleurs encore inconnus. « Des papillons, à l'extrémité des ailes violette ou mandarine, volètent autour des trompettes spectrales des lys tropicaux, dans des clairières où les rayons du soleil transforment les colibris en joyaux étincelants et provoquent la fuite de scarabées écarlates vers l'abri d'un tronc pourrissant, sur lequel règne la mante religieuse à tête de diamant, à peine visible tant elle marie ses teintes à celles de l'environnement. »

Pour fractionner notre voyage sur le fleuve, Lorenzo décidait d'une halte dès que nous arrivions en un lieu intéressant ou attrayant : nous y passions quelques heures ou même toute une matinée ou un après-midi en randonnées exploratoires.

A notre entrée dans le parc national Selous, nous avons suivi Richard sur la piste des éléphants et des buffles ; à travers les broussailles, nous avons cherché branches cassées, feuilles déchiquetées, crottins ou traces de sabots. Richard prenait plaisir à partager avec nous sa connaissance de la brousse ; il en savait long sur les fleurs et les arbres, dont il avait même appris les noms latins. La Nature avait été son professeur depuis son enfance quand il vivait avec les traqueurs de gibier de son père — et il était fier de ce savoir.

Nous avons retrouvé les mêmes toiles d'araignée énormes que nous avions déjà vues dans le jardin de James Ash ; c'était un spécialiste des serpents, à qui nous avions rendu visite à Watamu, sur la côte kenyane. Tendues au travers des larges trouées de la forêt, ces toiles sont très résistantes et servent de filets où se prennent les insectes et même, à l'occasion, les petits oiseaux dont se nourrissent ces araignées au corps tacheté de jaune.

« Leur façon de s'accoupler est étrange, nous raconta James, la femelle dévore souvent le mâle après leur union. Certains mâles, plus malins, apportent de la nourriture pour détourner l'attention de la femelle ; ils l'entortillent dans un morceau de sa toile, s'accouplent avec elle puis s'enfuient pendant qu'elle se libère. »

Le soir, autour du feu de camp, Majiji, le robuste garde-chasse tanzanien, dont nous avions loué les services à Dar-es-Salaam, nous tenait sous le charme de ses récits d'êtres mythiques peuplant le Selous, d'après les Africains — « des pythons de quinze mètres de long qui se transforment en sorcières quand hurle la hyène, de monstrueuses rainettes irisées aux yeux de diamant et une créature lacustre à trois têtes et au corps de requin ». Il nous raconta comment, chaque année, « quand les *marulas* portent leurs fruits, les éléphants se livrent à une colossale beuverie. Ils dépouillent les arbres de leurs prunes vert-jaune puis vont boire à un point d'eau. Entre-temps, les prunes ont fermenté dans leur estomac ; plus ils boivent, plus ils se soûlent, et ils repartent en titubant par-ci par-là ». Sur le même ton, il nous apprit comment les braconniers remplissent parfois d'acide de batterie des papayes qu'ils sèment à l'intention des éléphants. On considère que c'est l'une des méthodes d'extermination les plus efficaces et les moins fatigantes. Nous avons vu, pendant notre traversée du Selous, des traces fréquentes de braconnage, beaucoup moins d'animaux sauvages et pas la moindre des protecteurs de la Nature.

Certains de nos jeunes accompagnateurs semblaient avoir — malheureusement — quelques difficultés à établir un contact avec la vie fascinante de la brousse ; ils trahissaient une impatience de regagner le fleuve et les bateaux, comme si leur objectif premier était d'arriver à destination pour rentrer chez eux y raconter leur aventure. Était-ce là tout ce que leur inspirait l'Afrique ? Ils étaient peut-être encore conditionnés à vivre l'œil rivé sur leur montre et n'avaient toujours pas changé de rythme.

TROISIÈME CHAPITRE

LES LIONS DU SELOUS

OMME PRÉVU, NOUS AVONS RETROUVÉ NOS VÉHICULES DE soutien, pour la première fois, à Utété. Puis nous avons atteint le camp du fleuve Rufiji, dirigé par un Allemand du nom de Carl, en cinq jours de voyage.

Carl était l'un de ces excentriques comme l'on n'en rencontre qu'en Afrique ou en Amérique du Sud. Il vivait en Tanzanie depuis quarante ans et n'avait nulle intention de rentrer en Allemagne. Le Selous était son obsession et il en parlait avec passion, vénération et tendresse, comme d'une maîtresse.

Le camp était fermé — seuls quelques aides étaient dans les parages pour nous recevoir. La chaleur de l'après-midi semblait tout paralyser sur terre et l'eau nous renvoyait des reflets éblouissants, qui nous brûlaient les yeux. Le camp était coquet, avec sa véranda couverte de chaume, ses tentes disposées sous les arbres ; il surplombait les méandres du fleuve et les prairies légendaires du Selous, frissonnant dans la brume de chaleur. Derrière le bar de la véranda, la glacière ne contenait que trois cannettes de bière fraîche. Nous les avons partagées en silence, tout en regardant au-dessous de nous deux hippopotames mâles se livrer, dans le fleuve, un combat primitif. Face à face, ils cherchaient une prise en ouvrant grand leurs gueules, aux dangereuses défenses. Si l'un d'entre eux glissait et interrompait leur pugilat, ils plongeaient à grand fracas et disparaissaient sous l'eau pour resurgir quelques instants plus tard et recommencer le combat, en émettant des sons terrifiants, dignes des lamentations infernales. Une dizaine de femelles, qui se désintéressaient de l'affrontement, les entouraient, tels des monticules de boue émergeant de l'eau ; elles frétillaient de leurs minuscules oreilles, pendant qu'un couple de pique-bœufs aux pattes roses les nettoyaient de leurs parasites.

Quand la chaleur diminua, nous remontâmes d'environ 2 kilomètres en

— Page précédente —
Au soir du septième jour, un gros orage s'abattit sur le fleuve et éclata juste au-dessus de nos têtes.

— Page de droite —
Interrompant notre périple sur le fleuve, nous avons fait halte aux sources thermales de Beho Beho, et nous nous sommes plongés dans leurs eaux sulfureuses.

— Ci-dessous —
Frederick Selous, qui a donné son nom au parc national.

amont pour établir notre campement dans un endroit plat et ombragé, facile d'accès par la route ; nos véhicules de soutien arrivèrent d'Utété peu après. En travers de la rivière, un rang de vieux palmiers aux chefs déplumés se découpaient contre le ciel, telles des sentinelles. Nous avons découvert dans les terres un lac, voisin de notre campement, où nichaient plusieurs milliers de pélicans et une grande variété d'oiseaux : chevaliers des sables africains au long bec, hérons à aigrette blanche, échasses aux ailes noires, spatules blanches aux pattes roses, bécassines et grues huppées. Antilopes, élans et buffles venaient s'y abreuver, délaissant les terres arides de l'intérieur. Les hippopotames s'étaient rassemblés en grand nombre dans cette courbe du fleuve. Ils restaient immobiles dans la boue fraîche, leurs dos seulement visibles, ou bien, s'ébrouant en grognant, ils crachaient de l'eau par leurs naseaux, haut dans les airs.

Nous décidâmes d'interrompre notre remontée du fleuve et de rester sur place pendant une semaine ; cela nous permettrait d'explorer l'intérieur des terres et les sources thermales historiques où, il y avait cent ans à peine, faisaient halte les caravanes d'esclaves en route pour l'océan Indien. Une oasis de palmiers verdoyants, s'élevant très haut dans le ciel, filtrait les rayons du soleil qui se reflétaient sur l'eau visqueuse. Nous avons plongé dans les eaux chaudes et sulfureuses des sources, transportés en douceur dans un univers fort éloigné de l'environnement aride que nous avions traversé pour l'atteindre.

Dans la région de Beho Beho, au nord du Selous, que les autorités compétentes considèrent comme la contrée naturelle la plus magnifique d'Afrique orientale, nous sommes tombés sur la tombe la plus solitaire du monde. Ci-gît, « avec le vent comme chant funèbre », le fameux explorateur et naturaliste anglais, Frederick Courtenay Selous, dont le parc national porte le nom ; il repose sous une pierre craquelée par le temps à l'endroit précis où, le 4 janvier 1917, capitaine des Royal Fusiliers, il fut tué par un tireur allemand embusqué, au cours de la campagne d'Afrique orientale de la Première Guerre mondiale. Il avait soixante-cinq ans à la déclaration de guerre et le ministère de la Guerre, désireux de mettre à profit sa connaissance de l'Afrique, recula l'âge limite d'incorporation. Selous, dont le sport favori, en ces temps peu soucieux de protection de l'environnement, était de chasser l'éléphant, armé d'un seul fusil se chargeant par le canon, vêtu simplement d'un short et d'une chemise, chaussé de sandales, est enterré, iro-

nie du sort, à l'endroit que sillonnait à l'époque l'une des plus importantes colonies d'éléphants jamais connues ; il en tua un millier — trente-trois d'entre eux, empaillés, sont conservés au Muséum d'Histoire naturelle de Londres.

D'après son dernier conservateur européen, Brian Nicholson, le Selous avait été autrefois l'une des rares zones ouvertes aux chasseurs où le nombre d'animaux était beaucoup plus élevé qu'au moment de la pénétration du pays par les Blancs. C'était cette abondance de gibier qui attirait les amateurs de trophées fortunés dans la quarantaine de réserves de chasse méridionales du parc. Le privilège d'abattre un éléphant, l'un des lions de la réserve ou quelque autre animal de moindre importance s'achetait très cher. Mais les demandes excédaient les possibilités d'organisation de chasses par la Tanzanie. Une partie des profits allait à la protection de la faune et les chasseurs professionnels contrôlaient strictement l'élimination, en évitant que la prolifération d'animaux d'une même espèce ne menace l'environnement. Ces derniers décourageaient aussi les prédateurs humains que sont les braconniers, visant principalement les défenses d'éléphant ou la peau de crocodile. Aujourd'hui, cependant, l'audacieux chasseur blanc, que personnifie bien Selous, a cédé la place à des professionnels africains : formés à Mweka, université de Management de la vie sauvage installée au pied du Kilimandjaro, et sous-payés, nombre d'entre eux, pour joindre les deux bouts, ont secrètement partie liée avec les braconniers.

La situation actuelle nous a paru très alarmante. Malgré la saison sèche, nous avons vu très peu d'animaux le long du fleuve, à l'exception d'une famille d'éléphants, comptant environ une dizaine d'individus, qui s'enfuit, terrifiée par l'odeur de l'homme, dès qu'elle nous aperçut à l'horizon. Le seul autre éléphant que nous ayons rencontré était couché, mort, dans les eaux du fleuve qui le submergeaient à moitié. Nous nous sommes arrêtés pour l'examiner et avons découvert dans son arrière-train plusieurs blessures causées par l'impact de balles de mitraillettes. Son corps était encore tiède et ses défenses n'avaient pas atteint leur taille adulte : elles ne dépassaient pas 50 centimètres de long pour environ 5 centimètres de diamètre. Au cours de nos explorations en forêt, nous sommes souvent tombés sur des campements de braconniers abandonnés ; certains, désertés récemment, fumaient encore.

« La survie de la faune est une affaire sérieuse qui concerne tout un chacun en Afrique. Il importe de comprendre que ces animaux sauvages et leur habitat ne sont pas seulement une source d'émerveillement et d'inspiration, mais font partie intégrante de nos ressources naturelles, de notre futur bien-être et de nos moyens d'existence. » Ce sont les paroles qu'a adressées en 1975 à son pays Julius Nyerere, après que le scandale de l'ivoire, où étaient compromis le président du Kenya et sa famille, eut éclaté dans la presse internationale. Ces dernières années, les ventes mondiales d'ivoire ont totalisé des milliers de tonnes malgré «un contrôle strict des ventes sur le plan international». Les profits réalisés financent les guérillas et enrichissent les personnalités officielles. Rien qu'au Burundi où, d'après les statistiques, il ne restait plus qu'*un seul* éléphant, 100 tonnes d'ivoire — les défenses des 11 000 éléphants tués au Zaïre et au Rwanda pour lesquels le Burundi représente une zone propice à leur écoulement — ont quitté le pays. Partout des animaux disparaissaient — certaines espèces, définitivement — abattus à la mitrailleuse, empoisonnés, pris au piège, poursuivis en jeep jusqu'à ce que mort s'ensuive ou tués par la famine ou la maladie, tandis que l'homme et le bétail s'immiscent dans leurs derniers territoires. Des écosystèmes s'effondrent, emportant avec eux des variétés de plantes non encore répertoriées qui, si l'on en croit certains biologistes, auraient pu nous aider à vaincre certains fléaux comme le cancer ou autres virus pernicieux.

Depuis plus de dix ans aujourd'hui, la protestation internationale en faveur des espèces en danger a trouvé un écho planétaire. Des organisations, comme le World Wildlife Fund, impriment et distribuent des milliers de tracts dans le monde. Des hommes et des femmes de tous âges se procurent des moyens d'existence en se consacrant à la protection de la faune. Pourtant, nous n'avons jamais rencontré un seul d'entre eux au cours des mois que nous avons passés en Afrique. Il semble n'exister aucune cohésion utile de leurs efforts ni y avoir d'effets réels sur la faune qu'ils sont censés, étant payés pour cela, protéger. Ces «bienfaiteurs» paraissent souffrir du même mal que les premiers explorateurs : la course à la reconnaissance et aux honneurs.

Un article du *London Times*, en date du 2 septembre 1988, donnait à ses lecteurs l'information suivante :

« La controverse à propos d'une affaire de braconnage à grande échelle au Kenya a atteint hier un nouveau sommet quand un écologiste de premier plan a affirmé qu'une liste de personnalités gouvernementales impliquées avait été communiquée au ministre. Le Nairobi Standard *a publié également en première page la photographie de deux éléphants morts dans le parc national de Tsavo; leur tête, ayant été tranchée à la scie électrique par des braconniers pour récupérer leurs défenses, manquait. En commentaire de cette photo, M. Richard Leakey, Président de la Wildlife Society d'Afrique orientale et Directeur du Muséum national de Nairobi, a demandé au ministre du Tourisme, M. Muhoho, de lui expliquer comment il se faisait que la semaine passée, des individus avaient pu scier des têtes d'éléphant dans le parc national de Tsavo et comment ils avaient pu, après avoir récupéré les défenses et les avoir chargées dans une voiture, traverser le Parc, dont les issues sont gardées, sans encombre. Il déclarait ensuite que ce type de braconnage était du sabotage qui menaçait la stabilité et la réussite économiques du Kenya. Le pays a interdit la chasse en 1977 mais le braconnage a continué et menace de causer la*

— Page suivante —
Le seul autre éléphant que nous ayons trouvé était mort; à moitié submergé dans le fleuve, son arrière-train était criblé d'impacts de balles de mitraillette.

65

disparition des éléphants et des rhinocéros. Rien que dans le mois qui vient de s'écouler, si l'on en croit les statistiques officielles, on a tué dans tout le pays 92 éléphants. La semaine dernière, des braconniers ont assassiné dans une embuscade trois gardes-chasses à Garissa. M. Muhoho rétorqua qu'en dépit des chiffres, on comptait encore 22 000 éléphants au Kenya — M. Leakey de son côté affirmait qu'il en restait moins de 6 000. Les braconniers étaient du "menu fretin", travaillant pour des personnes haut placées, difficiles à identifier... »

Il n'est plus temps de se montrer charitable ni magnanime quand on en vient à la protection de la nature dans le monde entier. L'évolution et le déclin de l'habitat naturel, la destruction de la forêt vierge, la pollution des lacs et des rivières, comme de la biosphère à l'origine du climat, de l'oxygène et de tout ce dont dépend notre existence, sont maintenant des responsabilités que doit assumer la race humaine, qui a altéré la Nature bien au-delà de ses capacités de récupération propres.

A l'embouchure du Grand Ruaha, où le fleuve se rétrécit au cours de la saison sèche, les hippopotames nous barrèrent carrément la route. Dos à dos, en rang d'oignons, il formaient un barrage vivant d'une rive à l'autre. On n'apercevait que le sommet de leurs crânes et leurs oreilles caoutchouteuses qui frétillaient. Le bruit des moteurs les fit se retourner pour nous regarder. Lorenzo et Richard, en tête, avec leur bateau à fleur d'eau, réduisirent la vitesse au minimum, en avançant avec prudence. Majiji se tenait à l'avant, fusil chargé. Il avait pour tâche d'assurer notre progression. Il avait l'habitude des réflexes de panique des animaux sauvages et nous allions affronter une situation délicate. On sait que, sous l'empire de la frayeur ou de la colère, les hippopotames peuvent saisir dans leur gueule et faire chavirer des embarcations — nous avions envisagé ce danger avant de partir. Entre autres leçons de survie, Eddie McGee nous avait confié que donner des coups de rame contre le plat-bord d'un bateau a un effet dissuasif sur les hippopotames — les vibrations les effraient et ils déguerpissent ; mais dans le cas présent, ils n'avaient nulle part où s'enfuir et tout juste assez d'eau pour se dissimuler. Décidée à photographier la scène, je n'éprouvais aucune crainte ; je ne voyais que la beauté sauvage du site. Comme nous approchions, les hippopotames plongèrent sous l'eau et la voie fut libre, tout à coup. Mais nous ne pouvions pas savoir à quelle profondeur ils se trouvaient. Les trois bateaux franchirent à toute vitesse les animaux submergés en les heurtant et les envoyant valser dans un bouillonnement d'écume. Les hippopotames se dressaient et plongeaient autour de nous, comme des dauphins, en quête d'eaux plus profondes. Nous avons bondi au-dessus d'eux si vite que leur panique n'eut pas le temps de se transformer en agression — et avant qu'ils aient compris ce qui les avait heurtés, nous étions hors de leur portée. Ils refirent surface et nous regardèrent disparaître.

Le fleuve s'élargit progressivement avant d'atteindre la gorge de Stiegler, à 150 kilomètres en amont environ ; les prairies cèdent la place au rocher et le courant devient plus fort pour se frayer un passage dans l'entrée en tunnel de la gorge, dont les parois à pic sont recouvertes de grands arbres élancés. D'un poste d'observation perché tristement au sommet d'une falaise blanche, à l'entrée de la gorge, dévalèrent en nous faisant de grands gestes pour nous saluer deux gardes-chasses, apparemment livrés à eux-mêmes. Ils devaient nous confier plus tard qu'ils n'avaient pas vu d'être vivant depuis trois mois.

Nous avons jeté l'ancre sur une langue de sable noir mais fin ; trois énormes rochers ronds donnaient l'impression d'une sculpture moderne plantée dans un monde intemporel. Un silence surnaturel accentuait le côté hors du temps de l'endroit. Comme nous déchargions les bateaux, les ombres du soir escaladèrent la paroi qui nous faisait face. Puis soudain, il fit noir ; seul le faîte des arbres était encore caressé par les derniers rayons du soleil.

Comme nous remontions le fleuve à contre-courant, il nous était impossible de franchir les rapides, semés de rochers, encore très violents, malgré le niveau peu élevé des eaux en cette saison. Nous étions restés en contact-radio avec nos véhicules de secours : ils nous avaient précédés d'un jour à Stiegler et nous y attendaient, avant de traverser le fleuve dans un funiculaire vétuste suspendu à 30 mètres au-dessus des flots écumants. Il nous fallait à présent transporter en haut de la falaise les bateaux et le matériel : l'entreprise était intimidante en raison non seulement de la taille et du poids de notre matériel mais aussi de l'à-pic de terre meuble, d'arbres et de broussailles, de 60 mètres que nous devions escalader. Lorenzo, en bon lecteur des journaux de voyage de Stanley et Livingstone, n'ignorait rien du portage ; aidé de Richard, il poussa son équipe, hésitante, en avant. Il n'existait pas d'alternative. Un groupe d'Africains recrutés dans un village voisin du sommet grimpèrent et dévalèrent toute la journée la falaise avec nous ; ils nous aidèrent à faire parvenir en haut bateaux, moteurs, carburant et matériel.

A la fin de la journée, tout avait été transféré au sommet de la falaise. Il était tard et nous étions trop las pour aller plus loin ; nous avons donc passé la nuit à la belle étoile, dans un état comateux, au milieu de nos affaires éparpillées. Peu après minuit, les premières pluies torrentielles de la saison se mirent à tomber, alors que nous dormions profondément. Ce fut la débandade générale, chacun cherchant un abri. L'aube nous découvrit, serrés comme des rats les uns contre les autres, sous toutes les bâches disponibles, feignant l'indifférence ou le sommeil, mais marmonnant *in petto* des obscénités ; pourtant, comme c'est toujours le cas en Afrique, l'aurore apporte sa consolation souriante à une nuit d'inconfort ; bientôt, chacun se faisait sécher au soleil, le feu de camp crépitait et l'arôme réconfortant du café qui passait flattait nos narines en ressuscitant notre courage défaillant.

Ce jour-là, l'expédition emprunta la terre ferme, sur 25 kilomètres environ, pour contourner les rapides, traversant le *myombo*, parsemé de termitières géantes. La pluie qui était tombée la nuit précédente avait purifié l'air, mais, en cours de journée, la chaleur devint intense et les mouches tsé-tsé se mirent à nous harceler. C'était l'agonie qui suivait notre extase et nous l'avons acceptée de bon cœur.

On dressa les tentes sous des arbres, qui poussaient au haut d'un monticule surplombant le fleuve, et la chaleur finit par diminuer à l'approche du crépuscule. Après un plongeon dans l'eau et une tasse de thé revigorante, nous étions à nouveau d'attaque. Il était intéressant de noter comme l'anticipation, puis la découverte de nouveaux sites nous donnaient toujours une poussée d'adrénaline, qui nous rechargeait et nous aidait à combattre la fatigue physique. La répétition et l'ennui détruisent la nature humaine et cette expédition, le paysage et les situations se renouvelant constamment, provoquait en nous exactement le contraire.

Cette nuit-là, pendant notre sommeil, une famille de lions, alléchée par l'odeur d'un impala que Richard avait tué peu avant le crépuscule, se faufila sans crainte, à petits bonds, dans le camp. Richard avait fixé la carcasse en haut d'un arbre pour la mettre à l'abri des maraudeurs nocturnes affamés, mais ça ne les avait pas découragés ; le mâle, à la crinière noire, que nous avons revu le lendemain, s'était hissé sans trop de peine sur une branche d'où il pouvait atteindre la viande ; la femelle et ses petits l'attendaient, couchés dans les herbes hautes qui entouraient le camp. Il saisit par les pattes arrière la dépouille qui atterrit au beau milieu des pots et des casseroles. Le vacarme nous réveilla. Richard et Majiji se précipitèrent hors de leur tente, fusil en main, suivis rapidement des autres, tout excités, nouant hâtivement un *kanga* autour de leur taille et fouillant nerveusement l'obscurité de leurs lampes torches. Je les observais depuis l'ouverture de ma tente, en tâchant de m'imaginer ce que chacun ressentait, face à cette manifestation brutale de l'Afrique. J'avais grandi dans cette ambiance alors que pour la plupart d'entre eux, il s'agissait d'une première ; mais la jeunesse possède une bravoure fondamentale et merveilleuse et leurs voix trahissaient beaucoup plus l'excitation que la peur.

Le vieux lion, beaucoup moins troublé que nos jeunes compagnons par tout ce tumulte, avait traîné le morceau de viande dans les fourrés, où il s'éclipsa avec sa famille. Quelques instants plus tard, Richard et Majiji décrétèrent la fin de l'alerte.

Pendant le transfert de carburant entre véhicules et bateaux, nous avons exploré le paysage de roches volcaniques, sauvage et déchiqueté, que le vent et l'eau ont sculpté à travers le temps. En chapeau de paille et sandales de caoutchouc, nous avons longé le fleuve jusqu'au point de chute. Être nus et sentir la morsure du soleil, respirer cette nature sauvage dans l'air chaud et sec, écouter le fleuve rugir dans son lit de pierre, seuls tous les deux, en Afrique et sans âme qui vive, c'était retrouver le sentiment d'une liberté totale.

Nous avons marché jusqu'à ce que nos jambes et nos chevilles nous fassent mal, puis nous nous sommes étendus dans les piscines naturelles creusées par l'eau. Une grande paix régnait alentour. Sur l'autre rive, une antilope «koudou» sortit des fourrés; elle resta immobile un instant à inspecter les lieux, la tête dressée, reniflant l'air pour détecter d'éventuels braconniers. C'était un jeune mâle magnifique avec ses cornes spiralées, à bout d'ivoire, parfaites. Son pelage couleur sable luisait au soleil, ruisselant sur son échine musclée.

Le niveau du fleuve était bas et autour de nous gisaient les débris abandonnés par les hautes eaux — troncs d'arbres, rochers, arbrisseaux — dans leur folle ruée vers la mer. Comme le lit du fleuve s'élargit à chaque saison des pluies, la terre dans laquelle les arbres plongent leurs racines est grignotée peu à peu et, à la fin, ils se fracassent dans l'eau; certains, dont les racines pendent, inutiles tentacules, attendent que l'autre moitié lâche prise. Ceux qui sont abattus gisent comme les soldats d'une armée en déroute, avec leurs énormes racines noircies tels les rayons d'une roue géante, portant encore les traces du flux. Les rochers et les pierres arrondies témoignaient dans leur immobilité de leur impuissance à résister à l'emprise du fleuve.

Nous avons repris notre navigation le lendemain, après avoir réassemblé et rechargé nos bateaux pneumatiques et remanié l'équipe — ceux des véhicules de soutien prirent la place de ceux qui avaient voyagé jusque-là avec nous sur le fleuve. Nous nous dirigions vers les chutes de Shuguli qui se trouvaient à deux ou trois jours de là (à 150 kilomètres en amont, environ) à travers un paysage rocailleux où ne prospèrent que les baobabs, gigantesques et graves. Nous avons longé des troupeaux d'hippopotames qui plongeaient, cherchant comme nous des eaux profondes, et heurtaient souvent le fond de nos bateaux comme des rochers de caoutchouc. Au bord du fleuve, la famille de lions qui nous avait rendu visite observait du coin de l'œil une bande de vautours, qui nettoyaient à coups de bec la carcasse d'un hippopotame, couché sur le dos. Il ne restait que des lambeaux de chair sur la cage thoracique et les parties du squelette, avec l'épaisse peau grise étalée tout autour. Une forte odeur de pourriture flottait dans l'air.

Le soleil arriva au zénith et la chaleur nous enveloppa, nous réduisant peu à peu au silence. La léthargie de midi s'installa. Nous glissâmes dans un état cataleptique en regardant défiler le paysage à travers nos paupières mi-closes, bercés par le doux ronronnement mécanique de nos moteurs hors-bord. Les heures qui séparent midi de quatre heures étaient toujours les plus difficiles : nous nous arrêtions souvent pour déjeuner et faire la sieste à l'ombre. Ce n'était qu'après avoir stoppé que nous sentions réellement la chaleur ; piquer une tête dans l'eau était toujours rafraîchissant.

Nous avons atteint les chutes de Shuguli quatre jours plus tard, dans la soirée, et après avoir dû procéder à un autre portage sur une centaine de mètres — un banc de rochers plats, à fleur d'eau, courait d'une rive à l'autre. En raison de la faible dénivellation, nous avons réussi à tirer les bateaux sur les pierres lisses de la berge grâce aux cylindres de caoutchouc gonflables que nous avions emmenés à cet effet. Cette invention ingénieuse, disposée sous les bateaux, leur permet de glisser facilement, sans risque d'endommager la coque. L'opération ne nécessite pas plus de six personnes par bateau. Une fois dégonflés et repliés, les cylindres tiennent peu de place.

Les chutes de Shuguli mettent bien en valeur la taille et l'importance du fleuve Rufiji pour la Tanzanie — c'est le confluent de tous ses fleuves, l'un des grands spectacles d'Afrique. Le Kilombero, qui évacue vers l'est les eaux des plaines de la vallée qui s'étend au pied des monts Mbarara, y rejoint le Luego, venant du sud. A leur confluent, l'eau a creusé un défilé profond dans le roc où elle se précipite avec une pression énorme et plonge en contrebas avec une force terrifiante et fascinante, formant les chutes de Shuguli ; à cent mètres à peine en aval, l'eau est à nouveau tout à fait calme et coule presque imperceptiblement.

Pour contourner les chutes, nous devions effectuer, par voie de terre, notre prochain portage important avant de rejoindre Malai, à 50 kilomètres à l'est, sur le Kilombero ; c'était le seul point de cette portion de notre itinéraire où nous pouvions retrouver nos véhicules. Cette nuit-là, nous avons campé au pied des chutes, dans une crique, sur la rive droite du fleuve. Des crocodiles se laissèrent glisser des rochers, provoquant l'envol de huppes brunes à long bec. Comme nous établissions le camp, le soleil couchant nous enveloppa fugitivement dans une atmosphère lumineuse si étrange qu'elle attira l'attention de tous, sur-le-champ. Rien ne bougeait, si ce n'est le reflet des arbres et des arbustes dans le fleuve et les nuages, aux teintes saisissantes, que la nuit, en descendant, éclipsa lentement. En amont, nous pouvions entendre le fracas sourd des chutes.

Lorenzo saisit sa canne à pêche et disparut en compagnie de Majiji. En une demi-heure, chacun avait pris l'un de ces poissons-chats géants légendaires, qui abondent dans les eaux du Rufiji et peuvent peser jusqu'à 40 kilos. C'était la première grosse prise de l'expédition et elle provoqua maintes discussions animées dans le campe-

Les chutes de Shuguli mettent bien en valeur la taille et l'importance du fleuve Rufiji pour la Tanzanie.

ment, le reste de la soirée. Nous avons fait cuire au feu de bois ces filets de chair blanche, ferme et sans arête, avec de la sauce tomate et de l'ail. Le ciel nocturne était si clair que nous pouvions nous déplacer sans torches, à la simple lueur des étoiles. Nous sommes restés étendus très longtemps, sans dire un seul mot, sur les rochers, à regarder les étoiles ; plus loin, un peu plus bas, seuls les Africains poursuivaient autour du feu leur babil incessant et éternel.

QUATRIÈME CHAPITRE

LE MYSTÉRIEUX KILOMBERO

LE LENDEMAIN MATIN, ON TIRA LES BATEAUX HORS DE L'EAU pour la seconde fois. Le tout fut réempaqueté et hissé à travers les rochers jusqu'au sommet des chutes — où nous avions prévu de retrouver les véhicules de soutien. Cette manœuvre épuisante nous prit la majeure partie de la journée. Le camp fut dressé à nouveau, avant la tombée de la nuit, dans une clairière, sous des arbres ; nous étions à présent sur le Kilombero, qui descend ici une série de marches de 3 mètres de haut, en éclaboussant d'énormes rochers, où s'accrochent de robustes plantes aquatiques : leurs racines sont si solidement ancrées qu'aucune masse d'eau ne peut les déloger. Leur feuillage vert sombre, semblable à du plastique, évoquait, en bougeant sous la surface de l'eau, d'étranges créatures aquatiques.

La découverte du fleuve à Shuguli nous offrit un merveilleux aperçu du parfait équilibre écologique de la Nature. C'était fascinant d'y étudier l'interaction de la terre et de l'eau. L'endroit était peu fréquenté et relativement en l'état. Avant d'aller se briser sur ces degrés et ces rochers, le fleuve serpente, sur 2 à 3 kilomètres, à travers les arbres, en un labyrinthe de chenaux, œuvre des hippopotames qui viennent se nourrir des hautes herbes qui poussent dans les parages. Des îlots de grands roseaux, où se dresse parfois un arbre solitaire, parsèment le lit du fleuve. C'est là que les tisserins bâtissent leur nid, en les fixant solidement à la tige des roseaux, pour en interdire l'accès aux serpents et aux rongeurs. La moindre chose, découvrions-nous, répondait à une fonction logique ou à un dessein précis. La texture, ingénieuse et compliquée, d'un nid de tisserin est l'une des merveilles de la nature. Il est construit de telle sorte que l'entrée en entonnoir ne permet le passage que d'un seul oiseau ; il épouse par ailleurs la forme dilatée d'un sac sphérique qui peut renfermer plusieurs œufs ou poussins.

Cette nuit-là, nous avons essuyé une nouvelle averse torrentielle. Le début de la saison des pluies, que nous avions espéré éviter, s'annonçait. Le niveau du fleuve s'éleva d'un mètre environ et, au matin, l'eau léchait le bas de nos tentes. Devant nous, les chutes avaient doublé de force et de volume et il n'était plus possible aujourd'hui d'escalader les rochers à l'abri desquels nous nous étions baignés la veille au soir.

Les arbres et arbrisseaux qui, hier encore, s'effritaient étaient soudain gorgés d'humidité. Au cours des quarante-huit heures suivantes, surgirent de minuscules bourgeons veloutés qui redonnaient vie à des branches apparemment mortes. La terre poudreuse des pistes se mit à sentir la pluie et nous y avons vu voleter des papillons et ramper de petits scarabées cramoisis. Les feuilles mortes, répandues sur le sol, moisissaient, engendrant des champignons jaunes en fer de lance — ils surgissaient du sol ou soulevaient même l'écorce des arbres. Le cycle miraculeux de la Nature éclatait en manifestations tout autour de nous, mais nos véhicules, eux, n'étaient toujours pas en vue. Nous avions perdu tout contact-radio avec eux ; nos rations étaient presque épuisées — deux jours encore et nous devrions vivre du produit de la chasse et de la pêche.

Six jours après notre arrivée, Lorenzo décida d'envoyer Richard à pied à Malai — le point de rencontre suivant — pour découvrir ce qui avait cloché. Il avait plu chaque jour pendant plusieurs heures et nous n'avions plus rien, pas le moindre produit de base : ni sel, ni graisse, ni allumettes, ni paraffine, ni sucre. Pendant les deux premiers jours, le manque de nourriture aggrava le malaise étrange, non encore identifié, dont nous avions déjà remarqué les premières manifestations chez certains d'entre nous — mais les instincts de chasseur s'aiguisèrent. Tous partaient pêcher. Richard et Lorenzo approvisionnaient le camp en viande — oiseaux ou gibier ; mais cuite au feu de bois, sans graisse ni sel, cette viande ne flattait pas le palais. Richard et les Africains, broussards endurcis, étaient ceux que la situation affectait le moins. Les autres vivaient une nouvelle expérience, qu'ils supportèrent comme des vétérans. Nous prenions conscience que nos palais s'étaient considérablement gâtés dans le monde occidental, avec ce besoin de goûts raffinés, sucré, salé, etc., qui tuent toute saveur naturelle et rendent tout immangeable, s'ils viennent à manquer.

Richard et Majiji nous quittèrent le lendemain matin avant le lever du jour. Ils emportaient avec eux un cuissot d'impala rôti, une couverture, une tente légère, une carabine et une gourde d'eau potable. Ils espéraient couvrir les 50 kilomètres en deux jours. En ce qui nous concernait, Lorenzo et moi, cette interruption forcée s'offrait comme un merveilleux prétexte pour explorer plus à fond la contrée. Nous nous frayions un passage à travers les fourrés pour suivre les animaux à la trace — ce qui nous entraînait parfois assez loin du fleuve. En d'autres occasions, nous nous trouvions confrontés aux caprices surprenants de ce dernier : tantôt il se ruait comme un fou en liberté sur la terre, les rochers et les arbres, tantôt doux et calme ou bien à nouveau violent et bruyant, il remplissait l'atmosphère d'embruns aux effluves sauvages. Nos compagnons semblaient apprécier beaucoup moins cette halte qui brisait l'élan de l'expédition : ils avaient l'air de s'ennuyer à périr, découragés et, bien évidemment, affamés. Ils firent de médiocres tentatives pour exploiter au maximum la situation mais randonnées d'exploration ou parties de pêche ne soulagèrent guère leur ennui. Il était clair qu'ils n'appréciaient pas cet interlude inattendu, auquel aucun d'entre nous n'était vraiment préparé.

Nos deux éclaireurs regagnèrent le camp, le lendemain soir, avec l'un de nos véhicules. Ils l'avaient rencontré à quelques kilomètres de Malai ; il s'était enlisé depuis quatre jours dans le marécage spongieux qui s'étire entre le fleuve et Malai. Après la pluie, la boue gluante et adhérente peut retenir quelqu'un prisonnier pendant des jours. L'arrivée fraîche de provisions rameuta bientôt les jeûneurs malgré eux autour d'un plat de spaghettis. Nous fûmes surpris de constater que nos corps s'étaient déjà habitués à ce mode de vie spartiate, que nous nous portions mieux, étant plus minces et plus énergiques. Nous eûmes tous une indigestion après notre premier repas.

Notre voyage jusqu'à Malai fut à lui seul une aventure. Nous nous sommes embourbés à six reprises et, à chaque fois, il fallut nous livrer à un énorme travail de terrassement pour, à l'aide de branchages et de rochers, nous extirper de la boue en laissant derrière nous débris et ornières profondes qui balafraient le doux paysage humide.

Malai, ancien poste d'observation de la faune à l'époque coloniale, était à présent un endroit désert et désolé. En faisant jouer son imagination, on pouvait se le représenter, coquettement disposé à l'ombre des grands manguiers et surplombant le fleuve, avec ses bâtiments passés à la chaux et coiffés de tôle, ses allées bordées de fleurs et de pierres blanches, son drapeau et ses rangers proprets et bien disciplinés en kaki amidonné, au volant de véhicules de brousse cabossés. Aujourd'hui, les bâtiments, à l'exception d'un seul, n'avaient plus ni toits, ni portes, ni fenêtres. Le plâtre s'était écaillé et on y avait gribouillé des slogans en swahili et en anglais. Quelques arbres y poussaient encore et offraient un ombrage bienvenu. Les grosses pluies de la semaine précédente avaient régénéré temporairement le sol durci et rocailleux, que perçaient des pousses d'herbe tendre.

Une demi-douzaine de laissés-pour-compte, en treillis décoloré et se prétendant gardiens de la réserve, vivaient encore en ces lieux dans le désœuvrement. Le gouvernement de Tanzanie ne les avait pas payés depuis des mois et ils nous apprirent qu'ils quitteraient bientôt les parages. Leur moral était au plus bas et ils nous demandèrent s'ils pouvaient se joindre à notre expédition. Nous avons passé deux jours en leur compagnie, à nous réorganiser ; ils paraissaient heureux de nous avoir parmi eux et on pouvait sentir leur besoin pathétique de parler à des gens nouveaux. Ils nous apportèrent du bois pour le feu, de l'eau puisée dans le fleuve, et assis sur des marches croulantes, nous avons parlé du temps passé. Nous leur avons laissé des provisions — du thé et du sucre, du lait en poudre et des biscuits — et leur avons dit au revoir avec tristesse. Je vois encore leurs visages rieurs, quand ils nous faisaient des signes d'adieu sur la rive, heureux d'avoir participé momentanément à notre aventure en nous aidant à recharger, réassembler et remettre à flot bateaux et véhicules. Ils étaient les vraies victimes de l'indépendance ; ils avaient perdu leur identité au cours de la période coloniale et ne pouvaient plus se réadapter dans un État indépendant, où personne ne se souciait ni ne s'inquiétait d'eux. Sur notre route, nous devions en rencontrer beaucoup d'autres comme eux.

C'est à Malai qu'une Land-Rover de passage emporta Elisabeth, notre première transfuge. Le malaise éclata soudain au grand jour sous la forme d'un mot d'adieu qui ne comportait aucune explication. Il était évident qu'elle en avait eu assez et ne voulait pas en faire une affaire. Je mis sa lettre dans ma poche, secrètement soulagée ; cela revenait à perdre du lest inutile. Cela faisait environ un mois que nous naviguions sur le fleuve et, chaque fois que nous retrouvions nos véhicules de soutien, j'étais consciente de la gêne, indéfinissable et étrange, qui existait entre les deux équipes, malgré le soin que nous prenions délibérément de provoquer des échanges fréquents, afin que personne ne se sente exclu de l'aventure fluviale. Il était difficile d'en préciser la cause, mais à chaque rencontre sur le fleuve, cette gêne devenait plus apparente. Nous décidâmes encore de ne pas en tenir compte et d'en attribuer, par commodité, la cause aux incompatibilités d'humeur.

Une semaine plus tard, nous avons perdu deux autres membres de l'équipe : Gianfranco nous quitta sans nous dire au revoir en compagnie de l'assistant de Richard, le faiseur d'embrouilles, et au volant de son véhicule. Quand nous avons atteint Mbeya, l'équipe s'était réduite à six membres : Richard, Sally, Lorenzo C., Shona, Byrdine et Marco — le bon chiffre en fin de compte. Comme en toute chose, l'équilibre était un point crucial. Jusque-là l'expédition avait été beaucoup trop nombreuse, ce qui m'avait chagrinée dès le début ; Lorenzo pensait que c'était nécessaire pour le portage, et en raison de l'éventualité que certains tombent malades ou nous faussent compagnie. Notre manque d'expérience nous avait empêchés d'être plus précis en cette matière : il est toujours facile d'être raisonnable à retardement.

Après dix jours passés sur la terre ferme, retrouver les eaux du fleuve fut une sensation agréable. Le bruit familier des moteurs, la brise qui caressait nos visages, le paysage qui défilait nous redonnaient ce merveilleux sentiment de liberté que le mouvement communique toujours. C'était un véritable soulagement. C'était comme s'envoler loin des soucis et des tracas de la vie quotidienne.

A 70 kilomètres de Malai environ, des bancs de rochers barrent le fleuve. Il fallut les faire franchir aux bateaux et notre tâche fut une fois encore grandement facilitée par nos cylindres pneumatiques.

LORENZO : L'endroit était pittoresque et nous avons décidé de passer la nuit sur ces plates-formes rocheuses du Kilombero. Je jetai ma ligne, munie d'un solide hameçon appâté avec un morceau de viande séchée. A peine avait-il disparu dans le courant que le moulinet, sur lequel j'avais enroulé 100 mètres de fil nylon, me fut violemment arraché des mains. Je n'avais jamais été aussi surpris par un poisson auparavant ; il devait être énorme. Je n'avais pas d'autre ligne et il me fallait trouver un autre moyen d'améliorer notre ordinaire fait de boîtes de conserve. Il était quatre heures de l'après-midi, il me restait donc trois heures avant la tombée de la nuit. J'entendis criailler des pintades et je saisis mon calibre 12 et des chevrotines. Mais les approcher était malaisé : la brousse qui cernait le fleuve en s'étendant vers l'intérieur des terres avait une végétation peu abondante ; elle était parsemée de bouquets d'arbres de dix mètres de haut. J'aperçus une vingtaine de ces volatiles s'enfuir en courant dans le lit à sec d'un petit ruisseau, recouvert d'une mousse verte et fleurie, que butinaient des coléoptères rouge feu, pas plus gros que des taons. J'avais tout intérêt à les poursuivre ; je suivis donc le petit ruisseau à sec, heureux de vivre et de me trouver là.

Dans la jungle africaine, un mouvement soudain attire l'œil. A environ 200 mètres devant moi, une dizaine d'antilopes traversèrent le lit sablonneux du cours d'eau là où il s'évasait et se couvrait de touffes d'herbes sèches. Des impalas, pensai-je, sans en être certain. A cet instant précis, je devins un chasseur qui devait procurer de quoi manger à six personnes. Je ressentis soudain ce véritable instinct que ne connaissent ni celui qui pratique la chasse comme un sport ni le collectionneur de trophées. Je savais qu'abattre un impala avec un fusil de calibre 12 dans une contrée herbeuse et dégagée était virtuellement impossible mais je décidai néanmoins d'essayer. Je ne tirerais que si j'étais certain de faire mouche ; je devais donc ne pas être à plus de 30 mètres de ma proie.

C'est une distance clé, à laquelle les antilopes peuvent « sentir » le danger, même sans le voir.

Je me mis à progresser avec d'énormes difficultés, le corps courbé à ras du sol. Cinquante mètres plus loin, je m'allongeai à plat ventre et, abandonnant le lit du cours d'eau, je remontai en rampant sur la rive à travers des touffes d'herbes acérées comme des lames de rasoir. Je repérai, non loin de là dans une prairie, les antilopes en train de brouter en me tournant le dos ; mais deux d'entre elles dressaient la tête et auraient pu m'apercevoir. Le vent soufflait en ma faveur et me permettait de me rapprocher. Je rampai jusqu'à un arbre qui me faisait gagner du terrain tout en empêchant les antilopes de déceler ma présence. Je ne levai pas une seule fois la tête avant d'avoir atteint cet arbre, situé à cent mètres de là.

Ramper sur une centaine de mètres, en tirant son fusil de la main gauche et en se servant de la droite pour avancer sans faire de bruit, en évitant de faire craquer des brindilles, n'est pas seulement difficile, mais aussi épuisant. Pour ne pas être repéré, je ne pus éviter des bouses de buffle, fraîches et nauséabondes, semées par-ci par là. Après une demi-heure d'efforts, et avec une détermination croissante, j'observai les impalas à l'affût derrière l'arbre. Ils s'en étaient éloignés et s'étaient par contre rapprochés de l'endroit que je venais de quitter, à cent mètres environ de moi. L'air avait fraîchi. Je jetai un coup d'œil à ma montre : il était presque six heures. Dans une heure, le soleil sombrerait derrière l'horizon avec une vélocité tout équatoriale. Je me reposai un instant sur le dos. Deux écureuils se poursuivaient sur une branche au-dessus de ma tête. Du coin de l'œil, je surpris un mouvement sur ma droite. Je roulai lentement sur le ventre et saisis le canon de mon fusil. Les impalas revenaient vers l'arbre derrière lequel je me dissimulais. Je jugeai qu'ils allaient se retrouver à leur point de départ. Le vent changeait de direction et s'ils s'étaient déplacés un peu plus sur ma gauche, ils auraient pu me sentir. Je tâchais d'interpréter, de pressentir, d'évaluer à toute vitesse les mouvements à faire pour me retrouver à trente mètres de mon gibier. Je me sentais redevenu un être primitif, couvert comme je l'étais de bouse de buffle. En pénétrant mes narines, cette odeur d'une âcreté vitale commençait à m'exciter, à me rendre aussi sauvage qu'une bête fauve. La vision de mon retour au camp, les mains vides, m'aiguillonnait aussi. Je gardai une immobilité complète. Je ne tirerai qu'à trente mètres, me répétais-je, en gardant les impalas dans ma ligne de mire, le doigt sur la

Je savais qu'abattre un impala avec un calibre 12 en terrain découvert était quasiment impossible.

détente. Le soleil se couchait en teignant le ciel de rouge, de jaune et d'orange. Les silhouettes des antilopes se détachaient sur un fond de lumière dorée. Un silence total précédait la dernière demi-heure avant la tombée de la nuit : les oiseaux paraissent rendre grâce à la Nature de les avoir créés libres dans un univers merveilleux. Je craignais que les derniers éclats du couchant ne se réfléchissent sur le canon de mon fusil et n'attirent l'attention des impalas. Ils n'étaient plus qu'à quarante mètres. La clarté diminuait dans le ciel. Trente-cinq mètres. Je retenais difficilement mon souffle ; je tremblais de tous mes membres. Mes lèvres craquelées étaient en feu mais je n'avais pas vraiment conscience de ma soif ; mes genoux écorchés me faisaient mal. Trente mètres. Je pressai la détente, en visant l'impala au poitrail. Un coup de feu claqua. L'impala s'effondra, comme frappé par la foudre. Les autres levèrent la tête, un peu indécis, avant de détaler. C'était une chasse, pas un massacre ; un seul animal suffisait au sacrifice.

En m'approchant du corps de l'animal, je remarquai le sang qui tachait la fourrure blanche et douce du bas-ventre. Sur son poitrail, les chevrotines avaient dessiné une rose rouge. Il était sept heures. Dans dix minutes, il ferait noir. Je saisis l'impala par les cornes et me mis à le traîner derrière moi. Il pesait 40 kilogrammes, peut-être plus. Je devais m'arrêter tous les dix mètres pour reprendre mon souffle. Mes os me faisaient mal, j'avais terriblement soif, ma bouche était aussi sèche que le lit du cours d'eau et pourtant je souriais, en pensant à notre souper dans ce cadre magnifique, parmi les rochers gris des rives du Kilombero. Je pensais à Majiji, notre traqueur de Tanzanie, qui serait fier de moi. Allais-je retrouver le campement ? Je ne voyais plus rien, pas même le ciel. J'entendis un coup de feu. On me cherchait. Je laissai tomber l'impala, introduisis une cartouche dans le canon de mon fusil, le levai vers le ciel et tirai. Puis je m'allongeai sur le sol, la tête contre le ventre si doux de ma victime. Je regardai les étoiles en cherchant la Croix du Sud, ma constellation préférée. Un zèbre poussa son cri, un chacal lui répondit dans le lointain. J'entendis une voix. C'était celle de Majiji. Il se dressa soudain au-dessus de moi, en exprimant sa satisfaction. «*Misuri, misuri*» («Bien, bien»), dit-il. Il portait le .375 Magnum. Il me dit que des lions rôdaient aux alentours, qu'il les avait entendus un peu plus tôt.

Je rentrai au camp, laissant Majiji près du corps de l'animal, et envoyai deux hommes avec un *panga*, le long couteau africain, pour le dépecer. J'allai me laver dans le fleuve, surveillé par les yeux rouges des crocodiles à l'affût. J'étais fatigué et je n'avais plus faim ; la chasse était terminée.

MIRELLA : Notre voyage de cinq jours le long de la vallée du Kilombero fut plein de surprises et d'inattendu, car on sait peu de chose sur ce grand fleuve. Les paroles de Stanley

A midi, nous faisions halte pour déjeuner sur une langue de sable.

nous revenaient en mémoire : « L'exploration de régions inviolées procure un plaisir sans limites. L'on attend avec impatience le périple du lendemain qui nous conduira, espérons-nous, vers de nouvelles découvertes. Le voyageur réellement épris de "nature vierge", où peut-il en jouir autant qu'en Afrique ? Elle y est multiple, mystérieuse, fantastique et sauvage, déployant des charmes si puissants et des humeurs si étranges. » Ce « plaisir sans limites » commençait à créer chez nous une dépendance. Chaque matin nous voyait impatients de nous mettre en route, tant nous anticipions le plaisir de la découverte. Pour ceux d'entre nous qui avaient ce sentiment, il servit d'élément unificateur puissant tout au long du voyage ; mais ce qui nous frustra, en nous laissant incrédules, ce fut de découvrir que certains d'entre nous ne le partageaient pas.

Une métamorphose psychique intéressante survenait : nous nous dispensions volontiers de ce qui avait paru si essentiel à notre vie quotidienne, peu de temps auparavant. La nourriture, par exemple, se réduisait à un pur combustible corporel ; pour dormir, nous nous contentions d'un matelas et d'un sac de couchage posés par terre ; miroirs, brosses et peignes devenaient superflus ; les vêtements devaient être confortables et fonctionnels, leur style ou leur look n'avaient plus d'importance.

Les objets absolument nécessaires étaient les moustiquaires et les aérosols contre les insectes — car sans de bonnes nuits de sommeil, l'Afrique est insupportable, et en Afrique, les insectes sont partout ; s'ils ne vous tuent pas, ils vous rendent fous. La nature, en Afrique, est sauvage, puissante et envahissante — il faut s'en accommoder ; alors, elle devient aimable et chaleureuse, les inconforts matériels sont acceptables et supportables, et votre moral reprend du poil de la bête.

Dans la brousse, les rencontres — avec des hommes, des animaux ou des oiseaux — sont des événements, vu leur rareté. Sur le fleuve, on peut naviguer pendant des heures et couvrir nombre de kilomètres sans voir âme qui vive. On se meut dans un univers silencieux de formes et de couleurs, le ciel et la terre acquièrent une évidence primordiale et on prend conscience de ses limites ; un mouvement soudain ou une apparition fugitive vous tirent de votre rêverie et peuvent se transformer en une expérience nouvelle et inattendue. Tout et n'importe quoi est possible dans ces conditions, le temps n'a plus de signification et la totalité de votre être est en état de réceptivité. Pour les vrais amoureux de la Nature, c'est à ce genre d'images que Stanley faisait allusion : une pirogue glissant en silence entre les roseaux verdoyants et laissant dans son sillage une délicate traînée lumineuse ; l'envol d'un héron, repliant son long cou et ses pattes en accord avec son corps fuselé ; une famille indigène ras-

Nous faisions peu de rencontres mais nous savions pourtant que nous n'étions pas seuls.

Dans la brousse, les rencontres — avec l'homme ou l'animal — deviennent des événements, car elles sont rares.

Des buffles, effrayés par notre passage, restèrent figés un instant comme des statues d'ébène.

semblée autour de sa case, perchée au sommet d'un monticule de boue, qu'enveloppe le reflet des nuages et que cernent des kilomètres de roseaux flottants, qui vous appelle et vous fait signe, impatiente de nouer le contact ; le pêcheur solitaire, relevant ses nasses, plongé dans l'eau jusqu'à la taille, et nous offrant sa prise ; la jeune fille nue, tressant une natte de jonc, assise sur la rive boueuse ; un pélican, à l'aile cassée, ne pouvant plus voler ; une troupe d'aigrettes, planant entre ombre et lumière et nous précédant sur le fleuve.

De l'aube au crépuscule, nos journées étaient plongées dans l'expectative et notre voyage se ponctuait de visions et de bruits qui n'appartenaient qu'au monde du fleuve. Malgré notre peu de rencontres avec des êtres humains, nous voyagions en sachant que nous n'étions pas seuls — car sur le Kilombero, où l'existence est rude, l'homme a appris à vivre en harmonie avec lui sans se livrer à une compétition. Si quelque chose nous était arrivé, nous étions certains que ces habitants des marais seraient venus à notre aide. Quand nous faisions halte pour la nuit dans un espace dégagé par eux sur la rive, ils apparaissaient silencieusement entre les roseaux, manœuvrant leur pirogue à la perche, et nous jetaient une corde de fibre tressée — geste d'une simplicité si amicale qu'aucun autre signe de bienvenue n'aurait pu convenir davantage. Certains nous apportaient du poisson tout frais pêché, frétillant encore, avec des reflets roses et argentés. Ils refusaient notre argent mais se joignaient volontiers à nous pour une tasse de thé et repartaient souvent avec un paquet de feuilles de thé, du sucre ou de la farine de maïs, qu'ils appréciaient toujours beaucoup. A quoi leur aurait servi de l'argent en un tel endroit ?

Un troupeau de buffles, effarouchés par notre passage, s'égailla dans les roseaux en les écrasant — mais, dans la dure lumière de midi, nous avons eu le temps de les entrevoir, figés comme des statues d'ébène, avec leurs cornes massives encadrant leurs têtes inquiétantes, l'eau dégoulinant de leur mufle comme du vif-argent ; les naseaux dilatés, ils nous fixèrent avec défi et arrogance, avant de faire volte-face et de s'enfoncer dans les roseaux qui refermèrent sur eux un lourd rideau protecteur. Plus loin en aval, un cygne gris et jaune nous épia à travers les hautes herbes avant de sauter dans le fleuve comme une ballerine, suivi de sa progéniture, et le traversa en provoquant à peine une onde, sa tête émergeant seule de l'eau.

Pendant des jours, nous nous sommes faufilés à travers les marais du Kilombero — labyrinthe de chenaux qui nous ramenaient souvent à notre point de départ. Parfois, ces canaux étaient si étroits que nous devions nous frayer un passage à la hache dans les roseaux, qui pouvaient atteindre 5 mètres. Nous avons fini par bel et bien nous perdre et nous avons été obligés de rebrousser chemin et de demander de l'aide à nos amis des marais. Ils montèrent à bord et nous guidèrent avec la même facilité que nous déployons dans les rues de notre quartier. Ils nous dirent au revoir en riant beaucoup et en nous souhaitant bon voyage à l'embouchure de la Mpanga — autre voie d'eau d'importance, aussi large que le Kilombero, dont nous n'avions jamais entendu parler et qui n'était pas indiquée sur la carte. Nos amis repartirent à pied, traversant les chenaux à la nage quand la terre ferme faisait défaut. Nous avancions beaucoup plus facilement à présent, à plein gaz et sans risquer que racines et algues viennent obstruer nos hélices.

Nous avons atteint la mission de Mpanga, dominant la rivière du haut d'une éminence de 30 mètres, en début de soirée. Nous ne pouvions aller plus avant car, à partir de là, le fleuve, sur plusieurs kilomètres, n'est plus qu'une série de chutes et de rapides jusqu'à sa source dans les monts Mbarara ; bondissant par-dessus rochers et arbres abattus, il commence son monumental voyage vers l'océan Indien. Un tronc d'arbre de plusieurs mètres de diamètre gisait en travers du lit du fleuve et formait un barrage naturel d'une rive à l'autre. Cet arbre marquait le terme de la première partie de notre voyage fluvial. Il n'était pas mort. La moitié de ses racines plongeaient encore dans le rivage et il continuait à vivre à l'horizontale, à un mètre à peine au-dessus de la surface du fleuve. Sur son tronc lisse et jaune, différentes sortes de mousses et de champignons prospéraient, et dans ses branches, des oiseaux avaient bâti leur nid. Il faisait frais et sombre dans cette partie du fleuve. Je me voyais bien venir m'y réfugier de la chaleur du soleil ; cet endroit très paisible était un signe de ponctuation approprié pour notre long voyage.

La mission de Mpanga avait été construite bien des années plus tôt, à l'époque coloniale, par des missionnaires suisses. C'était toujours un jeune aumônier suisse qui la dirigeait, aidé de deux sœurs irlandaises. Ils étaient absents à notre arrivée. Ils étaient partis la veille en Land-Rover, nous dit-on, à Ifakara, à une journée de là.

Nous étions donc là, au beau milieu de l'Afrique, après un voyage de presque deux mois où nous n'avions pas aperçu un seul Européen. Le temps semblait s'être écoulé si vite que nous avons eu du mal à croire que Noël était proche, quand on nous le dit à la mission. Comme il nous était facile à présent de nous détacher totalement du monde d'où nous étions venus ! Notre vie se réglait sur le soleil, les jours et les nuits n'avaient plus de nom, les mois, plus de durée. Cela n'avait plus d'importance car d'autres facteurs les avaient remplacés, en rapport avec notre bien-être quotidien, notre survie, notre moral et où les trivialités de la civilisation n'avaient plus cours.

Nous nous trouvions soudain au cœur d'une parfaite miniature de la Suisse, d'une propreté à toute épreuve. Une allée principale bordée d'arbres menait à une église de brique rouge, couronnée d'un clocher avec sa flèche et sa girouette. Les constructions alentour ressemblaient à des chalets de montagne aux toits pentus, couverts de tuiles d'argile cuites au soleil, de fabrication locale. Des plantes grimpantes tropicales débordaient de bacs à fleurs en bois, en remplissant l'air d'odeurs entêtantes. Le clocher sonna les douze coups de midi comme nous remontions l'allée. Le carillon résonnait étrangement dans ce décor africain. Un groupe bruyant d'écolières en uniforme bleu et blanc s'échappa des divers bâtiments ; serrant leurs livres, elles nous croisèrent, en descendant l'allée, pour gagner une clairière ombragée où plusieurs grosses casseroles de fer-blanc mijotaient sur le feu, en plein air. Elles nous invitèrent à partager leur repas en soulevant le couvercle des casseroles pour nous montrer le menu du jour — riz cuit, poisson au curry et ragoût de bananes. Ça nous parut délicieux et nous avons accepté leur invitation.

Le médecin de l'hôpital vint bavarder avec nous ; il soignait une femme qui venait d'être piquée par un mamba vert. Il se servait contre les morsures de serpent de la pierre noire légendaire que les pères blancs ont introduite en Afrique, il y a fort longtemps. Nous avions beaucoup entendu parler de cette pierre, résultat d'une formule chimique spéciale, tenue secrète par les pères blancs belges, qui, quand on

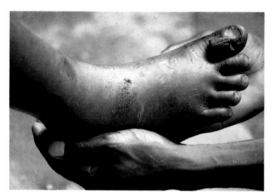

La « pierre » noire, contenant une formule chimique spéciale, tenue secrète par les pères blancs belges, appliquée sur les morsures de serpent, en extrait tout le venin.

l'applique sur la zone infectée, absorbe le poison en quelques jours ; le poison une fois extrait, la pierre se détache d'elle-même et tombe. On la met à tremper dans du lait quelques heures pour la purifier et elle est à nouveau prête à l'usage.

Nous avions rendu visite, avant de démarrer l'expédition, à James Ash, un connaisseur en matière de serpents, à Watamu, sur la côte kenyane. Cette rencontre nous revint en mémoire alors que nous examinions le pied enflé et douloureux de cette femme. «Le serpent le plus dangereux est la vipère heurtante, nous avait-il prévenus. Pour attraper ses proies, elle se sert de son art du camouflage — et seul un contre-poison peut éviter la mort à ses victimes. Le cobra cracheur est dangereux, car il peut cracher son venin à quatre ou cinq mètres ; s'il atteint vos yeux, le lait est le meilleur remède, à appliquer immédiatement, car le tissu conjonctif de l'œil est très absorbant. Le mamba vert est un serpent mortel, que l'on reconnaît à son "sourire" et à ses petits yeux en vrille. Le "boom slang", ajouta-t-il, est un serpent craintif, qui tente toujours de s'enfuir. Il est très rare d'être mordu par lui ; si c'est le cas, il faut savoir que l'effet de son venin est très lent : on a tout le temps de s'envoler pour l'Afrique du Sud, seul endroit sur terre où l'on puisse trouver un contre-poison, du fait de sa rareté. Au début, la morsure n'est pas

James Ash nous prévint, avant notre départ, que le serpent le plus dangereux est la vipère heurtante.

douloureuse, puis la peau se couvre d'ecchymoses bleu marine, le tout suivi d'hémorragies dans les gencives et aux coins de l'œil, parfois ; la mort est provoquée par des pertes de sang, qui s'écoule par les vaisseaux capillaires. Il est important, soulignat-il, d'apprendre à distinguer les vipères des mambas et des cobras, afin de pouvoir administrer à temps le bon antidote. Après avoir été mordu par un cobra ou un mamba, on sent le trajet du venin dans la zone infectée, comme si on tirait un fil au travers. Dans le cas d'une morsure de vipère heurtante, la douleur, localisée, est très forte. »

Les signes symptomatiques d'une morsure de serpent ressemblent à s'y méprendre à ceux de la peur : dilatation des yeux et des pupilles, maux de ventre, coliques et diarrhées, bouche sèche, sudation. Il est souvent impossible d'apercevoir le serpent car il se faufile dans l'herbe ou les fourrés, après avoir infligé sa morsure ; mais il a été prouvé que la pierre noire agit, quel que soit le serpent. Dans les lieux isolés, c'est la meilleure médication comme la plus sûre.

Nous avons campé pendant deux jours, sous de vieux manguiers, près du fleuve, à moins d'un kilomètre de la mission de Mpanga. Nous avons pu ainsi remballer nos affaires avant d'aborder le long parcours par voie de terre qui nous mènerait à Mbeya, à 320 kilomètres de là. Nous avons nettoyé le terrain et débroussaillé les abords du camp pour en éloigner les serpents. Les pluies qui nous avaient surpris à Shuguli avaient par ici gonflé les eaux du fleuve, dont le niveau était toujours élevé. Des arbres déracinés étaient couchés dans les eaux boueuses ; comme partout, un petit attroupement s'était formé sur le rivage et nous attendait, se détachant en couleurs vives sur le fond de verdure.

Des dizaines de mains impatientes s'emparèrent des cordes de l'ancre que nous leur lançâmes. Actifs comme des fourmis, tous nous aidèrent à décharger les bateaux et transportèrent nos affaires jusqu'au camp, tout près de là. Alors que nous accomplissions le rite primordial du thé, ils firent cercle autour de nous, entrecroisant leurs membres maigres et suivant respectueusement des yeux chacun de nos gestes.

Un vieil homme arriva, suivi d'un garçonnet, portant dans ses bras un petit chien jaune. Coiffé d'un grand chapeau de paille, il était accoutré d'une robe de femme et d'un pantalon de treillis déchiré. Le petit garçon était affublé d'une chemise trop grande pour lui et qui avait besoin d'une bonne lessive. Tous deux restèrent immobiles dans l'ombre, sans dire un mot, jusqu'à ce que nous leur ayons offert une tasse de thé. Ils l'acceptèrent avec déférence, timidement.

L'un après l'autre, les habitants de la forêt quittaient l'abri des arbres, portant avec eux leurs outils et possessions. L'un d'entre eux, armé d'un long fusil de sa fabrication, nous demanda des cartouches. Le sourire désarmant sur son visage ridé, les loques qui habillaient son corps décharné nous le firent aimer immédiatement ; nous l'avons invité à partager notre repas du soir et à nous narrer ses prouesses à la chasse, avec ce fusil rudimentaire.

Sur le sentier, derrière lui, deux femmes approchèrent ; elles portaient des paniers lourdement chargés sur la tête et des fagots de bois liés dans leur dos. Après nous avoir examinés de la tête aux pieds et échangé quelques paroles de bienvenue, elles passèrent leur chemin, empruntant le sentier étroit qui longeait le fleuve sur plusieurs kilomètres, à travers les arbres.

A la tombée de la nuit, chacun se replia dans la forêt. Mais dès le lever du soleil, ils firent tous leur réapparition, entre-temps, leur nombre avait doublé. Les enfants nous apprirent que l'école leur avait donné congé ce jour-là, pour venir nous voir ; leurs instituteurs pensaient, semblait-il, qu'ils en apprendraient beaucoup plus avec nous que dans leurs livres de classe. Le vieil homme au fusil réapparut avec une bouteille de vin de palme — en contre-partie des cartouches, nous expliqua-t-il. Il nous emmena avec lui voir comment il recueillait la sève des palmiers dans de petites bouteilles attachées avec un morceau d'écorce à une entaille faite dans le tronc. La substance gluante suintait dans un petit tuyau de 5 centimètres de long sur 1 de large, avant de s'écouler goutte à goutte dans la bouteille. Des abeilles profitaient de l'aubaine ; cette installation témoignait d'une technologie rudimentaire et ingénieuse. Additionnée de miel, laissée à fermenter au soleil, c'est une boisson à forte teneur alcoolique.

Ils restèrent tous deux dans l'ombre, immobiles et muets, jusqu'à ce que nous leur ayons offert une tasse de thé.

Le chef du village du Mpanga nous dépêcha un messager ; il nous invitait, en mauvais anglais, à nous présenter devant lui. C'était la coutume, nous expliqua-t-il, pour les nouveaux arrivants dans la région. Nous avons passé une heure en sa compagnie ; c'était un homme aimable et bienveillant. Il nous fit faire avec fierté le tour du village et nous apprit, sur un ton de regret, que Mpanga, à l'époque coloniale, avait été un centre administratif. On y voyait encore des vestiges de la Loi et de l'Ordre sous la forme du Tribunal, en ruine, où des poules picoraient en grattant le sol de terre battue. Les habitants, assis sur des chaises en bois, bavardaient à l'extérieur de constructions de brique et de terre, à l'ombre d'énormes arbres plantés à dessein. Un mélange mélancolique d'abandon et de cette indifférence propre à l'Afrique planait dans l'air. Etait-il vraiment important, pensai-je en descendant l'allée, que les « bienfaiteurs » blancs ne soient plus là ? Les habitants étaient-ils privés des agréments de leur présence ? Avaient-ils seulement servi à quelque chose ? En surface, cette perte paraissait à peine être ressentie ; chacun, avec une résignation bien africaine, s'était retourné tout naturellement vers un mode de vie ancestral. C'était là le salut de l'Afrique et la raison de sa survie. La présence des Blancs avait toujours été considérée comme celle d'une armée d'invasion, dont la retraite avait permis aux choses de reprendre leur cours naturel.

Un poids lourd de cinq tonnes nous emmena jusqu'à la gare de Malimba, à 30 kilomètres de là, où nous avons pris le train de la Tanzam pour Mbeya. Nos véhicules de soutien avaient rallié directement Mbeya depuis Malai ; à Malimba, la voie ferrée était plus près du fleuve et donc plus facile d'accès pour nous. Le train venait de partir et le prochain n'était pas attendu avant deux jours. Après plusieurs heures de route dans la chaleur, deux jours dans cet endroit abandonné parurent une éternité.

Nous avons établi notre campement pour ces deux nuits dans une clairière, au pied d'une colline, un peu au-dessus des voies. Nous avons grimpé jusqu'au sommet, à travers la forêt, où il était évident que des charbonniers détruisaient les arbres. L'existence de la voie ferrée avait rendu la région plus accessible et les conséquences commençaient à se faire sentir. Un torrent précipitait ses eaux pures comme le cristal par-dessus d'énormes rochers dans un bassin naturel. Ce qui nous offrit une magnifique douche d'eau minérale.

Après une succession de faux départs, nous étions enfin prêts à monter dans le train, à la fin de l'après-midi du troisième jour, quand le chef de gare nous informa que nous ne pourrions pas y charger notre matériel : le train ne prenait que des passagers et notre équipement, que nous avions trimballé depuis le campement, suivrait dans le train de marchandises qui, à l'heure qu'il était, n'avait pas encore quitté

Shona enseignait parfois quelques mots d'anglais aux enfants qui s'attroupaient autour de notre campement.

Dar-es-Salaam. On l'attendait dans les prochaines quarante-huit heures. *In cha'Alah !*, ajouta-t-il pour nous rassurer. Nous étions retombés dans les griffes de l'administration africaine et donc plus maîtres de notre sort. Nulle autre solution que d'adopter leur manière de réagir face à ces inconvénients : rire et hausser les épaules. Nous avons laissé derrière nous Majiji, fort mécontent, pour surveiller le matériel et nous sommes mêlés à la foule sur le quai, luttant à ses côtés pour monter à bord du train avec armes et bagages. Il n'y avait pas un recoin de libre. Compartiments et couloirs étaient pleins à craquer et le voyage devait durer dix-huit heures, nuit comprise. La bonne humeur de nos compagnons de voyage ne put dissiper notre sensation de claustrophobie ni nous faire oublier la forte odeur d'urine et de sueur.

CINQUIÈME CHAPITRE

LES
CROCODILES
DU LAC
RUKWA

CETTE NUIT-LÀ, NOUS AVONS GRIMPÉ À 1 200 MÈTRES PENDANT les 350 kilomètres du voyage en train. A notre arrivée à Mbeya, le lendemain matin à dix heures, il faisait un froid vif et nous pouvions apercevoir les pics des montagnes à travers la couche basse des nuages qui les enveloppaient encore. C'étaient les monts Mbarara, où tous les fleuves que nous avions empruntés prenaient leur source. Passer de Mpanga à Mbeya équivalait à revenir d'Afrique en Europe en plein hiver. Notre équipe de soutien nous avait précédés de quelques jours et avait établi son campement à la sortie de la ville, sur le terrain d'une compagnie française de construction routière. On était début décembre, au soixante-cinquième jour de l'expédition. La situation évolua brusquement : trois autres de nos compagnons nous quittèrent après une confrontation où le malaise, qui était allé grandissant tout au long du voyage, éclata au grand jour — nous ne pouvions plus l'ignorer plus longtemps.

Lorenzo demeura stoïque et coi pendant la prise de bec. Quand chacun se fut exprimé, les véritables motifs de mécontentement n'avaient toujours pas été éclaircis. Il s'agissait bien sûr d'une incompatibilité d'egos, mais surtout beaucoup de nos accompagnateurs avaient enfin compris la différence entre l'expérience de terrain et une expédition en Afrique rêvée depuis l'Europe. Certains mots perdent de leur magie une fois qu'on est pris dans l'engrenage et seule une motivation suffisante peut vous propulser en éliminant une monotonie parfois inévitable.

Je regardais Lorenzo, assis en face de moi, sous son chapeau de paille effrangé ; son visage ne trahissait aucune émotion et je savais qu'il n'écoutait pas ce qui se disait, déjà entièrement tourné vers le trajet du lendemain, sans aucun doute, et les nouvelles découvertes qui nous attendaient. Pour la première fois depuis que l'expédition avait quitté Milan pour le Kenya, je me sentis tenue de prendre la parole, de façon assez abrupte : aucun d'entre nous, au départ, ne savait à quoi s'attendre et si certains, à présent, se sentaient déçus, il semblait inutile qu'ils poursuivent une expérience qui ne leur apportait aucun plaisir. Ils étaient évidemment trop marqués par la vie citadine qu'ils avaient connue depuis leur enfance. Ils n'avaient pas pu adopter un nouveau rythme, celui qu'une telle aventure impose : impossibilité de faire des prévisions à long terme, nécessité de faire face à des circonstances inattendues, changements de plans ou de parcours, tous les éléments à prendre en compte quand on suit des chemins non frayés.

Richard, Sally et Marco l'avaient fort bien compris et n'éprouvaient aucune difficulté à nous suivre, appréciant presque autant que nous cette expérience. Je savais ce que ressentaient les autres et j'appréciais à leur juste valeur les efforts qu'ils avaient fournis — mais il n'y avait rien à faire ; en raison de leur jeunesse et de leur perplexité, je jugeais de mon devoir de dissiper toute illusion supplémentaire. S'ils se sentaient incapables de répondre aux exigences de l'expédition, le moment était arrivé pour eux de la quitter et de rentrer en Europe, leur dis-je. A l'exception de Marco, Sally et Richard, tous s'esquivèrent.

Le lendemain, en compagnie de nos trois « jusqu'au-boutistes », nous nous sommes mis en route pour le lac Rukwa, assez peu connu, qui se trouvait à une dizaine d'heures à l'est. Par un heureux hasard, un petit avion privé, qui rentrait à vide à Dar-es-Salaam de l'aéroport de Mbeya, prit à son bord nos derniers transfuges, facilitant leur prompt départ. Il est intéressant de noter que leur absence ne se fit absolument pas sentir : dès qu'ils eurent disparu, ce fut comme s'ils n'avaient pratiquement jamais été avec nous. Au contraire, nous nous sentions plus à notre aise, une parfaite entente régnant entre nous.

Il était malaisé de se rendre à Rukwa et cela nous prit toute la journée, tout en nous offrant une vision de l'Afrique depuis longtemps oubliée. C'était celle dans laquelle j'étais née, celle de mon enfance, d'avant l'électricité, les routes et les aéroports ; l'Afrique sur laquelle on écrivait des livres, dissimulant encore sous d'aimables contours et des paysages à couper le souffle l'énigme qui y attire l'homme blanc.

L'affrontement de Mbeya avait plus affecté Lorenzo qu'il n'avait daigné l'admettre ; moi seule avais conscience de sa profonde déception ; mais les dix heures de route à travers un agréable paysage, sur lequel les pluies avaient jeté un manteau de verdure, remirent les choses à leur vraie place. Quand le lac fut en vue, chacun se sentit beaucoup mieux.

Notre expédition au lac Rukwa allait nous entraîner dans une contrée où une complète autonomie était indispensable. Nous avions prévu que, même en conservant un contact-radio avec la civilisation que nous quittions, il nous serait impossible de réclamer une aide quelconque : évacuation, carburant ou autre. Notre vieux camion 4×4 militaire, un Bedford, allait devoir effectuer des miracles au cours des semaines à venir.

Le lac Rukwa avait un aspect sinistre, vu du haut de l'escarpement, et ne ressemblait pas du tout aux descriptions qui nous en avaient été faites. Encerclé de montagnes, il est typique de la chaîne des lacs de la Rift Valley qui va du lac Victoria au lac Nyasa. La piste, qui descend de l'à-pic au rivage, cent mètres plus bas, était raboteuse et remplie de cailloux que nous avons dû enlever. Les véhicules empruntaient rarement cette voie et les habitants de la région se déplaçaient à pied. Depuis Mbeya, la route grimpait à plus de 3 300 mètres avant de redescendre à moins de 900, au niveau du lac. Le convoi de l'African Rainbow devait avancer avec beaucoup de précautions. Il fallait nous souvenir que le plus important était que l'expédition arrive à son terme et que ce terme était encore fort loin. Et tout notre matériel devait nous accompagner jusqu'au bout de notre itinéraire. Ce n'était pas tant la difficulté de la descente qui nous inquiétait que la perspective de la remontée, quand nous quitterions le lac. En Afrique, on est parfois obligé d'abandonner son véhicule, et si cela avait été le cas avec notre Bedford, un mauvais coup aurait été porté à l'expédition.

Du haut des montagnes, on pouvait clairement discerner les anses marécageuses, le cours tortueux de la rivière qui descendait, en se dissimulant, du plateau, les grands arbres au feuillage vert sombre aux pieds desquels les eaux du lac venaient clapoter doucement. C'était la contrée des crocodiles.

Les crocodiles du lac s'étaient multipliés en grand nombre et avaient fait de nombreuses victimes chez les habitants du rivage. Le Game Department de Mbeya avait commencé à les éliminer et on nous demanda notre aide car fusils et munitions manquaient. On avait fixé à 400 environ le nombre de crocodiles à éliminer. Comment on y parviendrait et qui se chargerait de la besogne n'était pas encore très clair.

Nous avons établi notre camp au bas de la route, mis à l'eau deux de nos bateaux et sommes partis le lendemain pour Rungwa, à deux jours de voyage au nord ; les crocodiles y pullulaient particulièrement et quelques jours auparavant, l'enfant d'une femme qui lavait du linge avait été emporté sous ses yeux. La beauté sauvage du lac ajoutait une dimension supplémentaire à cette aventure inattendue où l'idée de tuerie ne cadrait pas avec l'environnement. Les rares rencontres avec la civilisation mises à part, plus nous nous enfoncions dans les terres, plus nous pénétrions au cœur véritable du continent africain. A Rungwa, le dernier homme blanc, un prêtre italien, était passé quatre ans plus tôt, se dirigeant à pied vers une mission à 500 kilomètres de là.

Wellington et ses amis étaient assis à l'ombre d'un grand manguier quand il vit

Les crocodiles s'étaient multipliés en grand nombre et avaient fait de nombreuses victimes parmi les habitants des bords du lac.

95

« Je vous présente Abeli. C'est le meilleur chasseur de crocodiles. Avec son fusil, il a tué beaucoup, beaucoup de crocodiles », nous raconta Wellington.

nos bateaux relâcher sur la plage de sable noir volcanique. Ils descendirent à notre rencontre et nous accueillirent avec force éclats de rire. Et bientôt nous parlions tous des crocodiles. Wellington habitait la région depuis longtemps et, tout comme ses amis, il était né à la mission qui se trouvait à une centaine de kilomètres au nord. Ils vivaient à Rungwa avec leurs familles depuis des années et faisaient venir dans le sol fertile du littoral du lac les cultures de base qui les maintenaient en vie : manioc, tomates sauvages, blé, patates douces ; les poules les fournissaient en œufs et les manguiers sauvages, qui poussaient en abondance, portaient les fruits les plus gros et les meilleurs que j'aie goûtés. En parfaite autarcie, on trouvait ici un merveilleux exemple d'individus vivant en harmonie avec la Nature — la présence de l'homme blanc et de ses bienfaits y paraissait superflue. La perspective d'une tuerie provoqua une vague d'excitation immédiate. C'est la nuit, à la lueur des torches, qu'on chasse le crocodile, nous expliqua-t-on, car il est plus facile de les surprendre dans l'obscurité où leurs yeux brillent comme des perles rouges.

Wellington fit s'approcher l'un de ses amis.

— Je vous présente Abeli, nous dit-il fièrement. C'est le meilleur chasseur de crocodiles, nous précisa-t-il en anglais, un large sourire illuminant son visage rond et luisant. Avec son fusil, il a tué beaucoup, beaucoup de crocodiles.

Abeli, d'aspect réservé et tranquille, répondit à ces éloges par un sourire hésitant. Il nous fixa de son regard d'acier et nous tendit la main. Nous remarquâmes qu'il lui manquait la main gauche, sectionnée à hauteur du poignet. Il l'avait perdue en chassant le crocodile, nous dit-il en montrant son moignon ; le fusil qu'il avait fabriqué avait explosé.

Ce même soir, après avoir fini d'installer le campement, nous avons vu Wellington se présenter à nous avec une dizaine d'hommes. Ils nous dirent qu'ils avaient des pirogues et voulaient participer à la chasse. Nos bateaux ne convenaient pas, nous expliquèrent-ils, ils étaient trop volumineux et trop bruyants. Wellington, qui avait fait partie de l'armée tanzanienne, y avait acquis le sens du commandement. Il le mit en pratique sur-le-champ pour choisir quatre hommes et deux pirogues. Il appela les quatre hommes par leur nom, en leur touchant le bras et nous les présenta comme « des hommes de confiance, des connaisseurs... ». Gaudens Kilimandjaro, Stanislaus, Denzio et Abeli se levèrent, rayonnants et fiers d'avoir été désignés. Les autres baissèrent la tête, déconfits, et firent un pas de côté. Wellington, vêtu du pardessus pied-de-poule noir et blanc qu'il ne quittait jamais, pas même dans la chaleur de midi, devint notre intermédiaire ; et dès ce moment, tout ce que nous fîmes semblait devoir tout naturellement passer par lui. Il ne nous quitta pas d'une semelle sauf pour aller rejoindre sa famille pendant la nuit.

Par la suite, on passa en revue les pirogues, on vérifia les torches et les fusils et on prit rendez-vous. Il fallait attendre le coucher de la lune. On décida que Richard et Lorenzo, accompagnés chacun de deux hommes, iraient en pirogue dans deux directions différentes puisqu'il n'était pas possible de savoir dans quel endroit les crocodiles seraient en maraude.

: LORENZO

Les quelques familles de pêcheurs qui vivent sur le sombre rivage de ce lac paient presque chaque semaine un impôt du sang aux crocodiles. Les victimes sont le plus souvent des enfants. Jouant au bord du lac, nageant parmi les touffes de roseaux, ils oublient que le danger rôde et tout à coup les mâchoires d'acier de ces reptiles antédiluviens tranchent le fil de leur existence insouciante.

Poussé par les pêcheurs qui étaient venus en pirogue jusqu'au camp, j'acceptai de sortir avec eux cette même nuit pour jeter un œil sur les crocodiles et étudier leurs déplacements. Abeli m'accompagna, tenant fièrement devant lui le fusil qu'il avait fabriqué de ses mains. Il m'expliqua qu'il s'était servi pour le canon de l'acier du blindage d'une barre de gouvernail.

J'avais choisi d'aller dans la pirogue de Stanislaus ; elle était large et profonde, et faisait 6 mètres de long. Je me retrouvais recroquevillé à la proue dans une très inconfortable position fœtale. La carabine .375 Magnum que j'avais empruntée pesait sur mes genoux. Pour me permettre de me pencher en avant, viser et tirer, allumer ma torche ou saisir le container d'eau potable placé entre mes jambes, Stanislaus avait entassé sous moi une brassée de feuillages humides. Pendant que je m'installais, Wellington et quatre de ses hommes avaient dû maintenir la pirogue, flottant en eau peu profonde, pour éviter qu'elle ne chavire. L'idée d'un naufrage en eaux profondes, au cœur de la nuit, me traversa vivement l'esprit. En prévision, j'avais fixé un fil de nylon à la crosse de mon fusil ; à l'autre extrémité, une bouteille de plastique vide. Ainsi, si la pirogue se retournait, je ne perdrais pas le fusil, qui ne m'appartenait même pas. Avec l'aide de Dieu, je surnagerais en m'agrippant aux flancs de la pirogue.

Mes compagnons de chasse m'avaient emmené voir une sorcière guérisseuse, une vieille femme aux yeux vifs, enfoncés dans leurs orbites. Elle nous avait reçus devant sa case qui se dressait dans une clairière entre le lac et la forêt. Elle prononça quelques mots magiques en charabia tout en écrasant une poignée de feuilles rougeâtres dans un mortier. Elle enduisit mon front et le canon de mon fusil de cette mixture, puis prit tendrement mes mains entre les siennes et en examina les paumes comme si elle voulait y lire mon destin. Après avoir déposé un peu de potion magique au creux de chacune

Mes compagnons de chasse m'emmenèrent voir une sorcière guérisseuse. C'était une vieille femme à l'œil vif qui me reçut à la porte de sa case.

d'elles, elle me demanda de serrer très fort les poings en fermant les yeux quelques instants. Puis elle frotta de cendre blanche mes paupières. A présent, m'avait-elle dit, j'étais prêt à affronter les mangeurs d'hommes du lac Rukwa.

J'ai toujours eu le plus grand respect pour les sorciers guérisseurs et leurs pratiques magiques. Je ne me suis jamais prêté à leurs cérémonies pour leur plaire mais j'ai toujours accepté leurs invitations pour montrer mon adhésion et mon respect pour les traditions locales. Plus d'une fois j'ai été témoin de résultats surprenants.

Tassé au fond de la pirogue, j'écoutais le faible clapotis de l'eau tandis que de sa longue perche Stanislaus nous manœuvrait lentement. C'est à peine si je pouvais distinguer les grosses touffes de roseaux qu'il fallait franchir pour se retrouver au cœur du lagon. Mon excitation naissait de cette incursion nocturne et solitaire au sein de cette nature primitive et éternelle, bien plus que de la perspective de chasser le crocodile. J'avais par bonheur emporté avec moi une puissante torche électrique que je braquais de temps à autre sur les eaux du lagon, les arbres et les papyrus. Le large cône de lumière éclairait les

yeux rubis de nombreux crocodiles flottant autour de nous ou cachés derrière les racines d'arbres morts qui émergeaient des eaux marécageuses et créaient, en un jeu d'ombres innombrables, des formes étranges et gigantesques ; branches et racines se contorsionnaient comme les effrayants tentacules de monstres tapis aux aguets. En ces instants sublimes, intemporels, je me sentais précipité dans une atmosphère dantesque : enfer ou paradis, peu importait. La nuit se peuplait d'ombres et de cris, ceux des créatures nocturnes invisibles que notre présence alarmait et que le faisceau de ma lampe emprisonnait à l'occasion. Très souvent, je suivais le lent envol des hérons avant qu'ils disparaissent dans l'obscurité.

Abeli se penchait de temps à autre vers moi pour me chuchoter des informations sur les crocodiles. Il me dit en swahili comment distinguer les petits crocodiles des gros au reflet de leurs yeux rouges étincelants. Il voulait me voir tirer et ne cachait pas sa surprise devant ma répugnance à le faire. La vérité était que déchirer le silence de cette nuit magique d'un coup de feu ne me souriait guère.

Mais pour un partisan de la sauvegarde de l'environnement, il aurait été évident qu'il y avait beaucoup trop de crocodiles dans ces parages. Même si l'on en tuait 400,

En nous rapprochant, nous avons pu voir que le crocodile remplissait la pirogue sur toute sa longueur.

99

Wellington avait déjà huit enfants mais il était chagriné que sa femme ne puisse plus en avoir d'autres.

la différence ne serait guère visible. Cependant, cela aurait pour effet de remonter le moral défaillant des villageois du lac Rukwa — une sage décision politique.

Après une longue nuit d'inconfort, Richard et Lorenzo revinrent à l'aube avec deux petits crocodiles morts, couchés à la proue de la pirogue. Les plus gros leur avaient échappé : les avoir dans sa ligne de mire se révélait plus ardu que ne l'avaient prédit nos optimistes chasseurs. Les nuits suivantes ne furent pas davantage couronnées de succès ; finalement, les hommes décidèrent d'installer un appât et de construire un affût sur une langue de sable qui s'enfonçait dans le lac.

On abattit une antilope pour nourrir les chasseurs et servir d'appât. Richard partit, flanqué de deux hommes, comme la lune disparaissait à l'horizon. Il devait se glisser dans l'affût et guetter. Il n'était pas parti depuis une heure que deux détonations successives, suivies rapidement d'une troisième, déchirèrent la nuit et les collines environnantes en répercutèrent l'écho, comme un coup de tonnerre. Après une longue période de silence, nous vîmes briller les torches sur l'eau noire et nous sûmes qu'ils revenaient.

Richard sauta de la pirogue, modérant avec peine son enthousiasme.

— Je l'ai touché entre les deux yeux, laissa-t-il échapper, se contenant avec difficulté. Nous avons à peine eu le temps de nous installer dans la cache. En balayant la surface de l'eau avec nos torches, nous avons vu tous ces yeux à trois mètres de l'appât. Il ne nous a pas fallu attendre longtemps avant que l'un d'entre eux s'avance et se glisse furtivement hors de l'eau, s'empare de la carcasse et se mette à tirer dessus. Mais nous l'avions solidement fixée à une souche. J'ai allumé ma torche et j'ai vu cette grosse tête et ses yeux rouge sang qui s'encadrait entre les cornes de l'antilope. J'ai tiré en visant entre les yeux et ma balle a fait mouche. Tous les autres crocodiles ont plongé en eau profonde avec force éclaboussures. Nous nous sommes précipités hors de notre cachette et j'ai vu celui que j'avais touché se laisser glisser dans l'eau. Je lui ai tiré une autre balle derrière la tête et ça a suffi...

Nous buvions ces paroles qui nous dépeignaient la scène de façon si vivante que nous avions l'impression d'y avoir assisté.

— Qu'en as-tu fait ? lui demandai-je.

— Il est dans la pirogue, répondit-il avec désinvolture, en tâchant de retrouver son flegme britannique.

Nous nous sommes dirigés vers la pirogue et nous avons vu que le crocodile la remplissait sur toute sa longueur. Quand nous l'avons mesuré le lendemain matin, nous avons découvert qu'il faisait plus de 4 mètres. Les pêcheurs vinrent voir le crocodile mort et certains nous apportèrent des cadeaux.

La nuit suivante, ce fut au tour de Lorenzo de s'embusquer.

: LORENZO

Une étrange pensée me traversa l'esprit tandis que nous pagayions vers la cache, qui se trouvait à plus d'un kilomètre du camp. Je me souvins du pape Jules II qui bénissait ses ennemis avant de les tuer. Au nom de la protection de l'environnement, j'allais tuer des crocodiles ; et déjà l'instinct primitif du chasseur s'emparait de moi. En tant que représentant de la civilisation au cœur de l'Afrique la plus sauvage, je prenais une conscience de plus en plus aiguë du conflit violent qui oppose nos instincts naturels à la discipline que nous leur avons imposée.

En observant l'expression d'Abeli, je pouvais discerner sa paix intérieure et la tranquillité de son âme. Il ignore, sans s'en soucier, ce qui se passe au-delà des confins du lac Rukwa. Il sait si peu de choses et pourtant son ignorance évoque plus la pureté qu'un manque de connaissances. Et moi, qui sais tant de choses, je me sens coupable, je nie mes instincts primitifs, je lutte contre eux tout en leur permettant de me guider. Oui, je vais tuer un crocodile, pour Abeli et sa famille.

Abeli faisait progresser la pirogue, pagayant avec des gestes réguliers : trois fois à droite, une fois à gauche. Comme chaque pirogue épouse la forme de l'arbre dans

101

laquelle elle a été creusée, elle requiert un rythme différent du pagayeur. Abeli sauta soudain dans le lac et pendant une seconde, je crus qu'il était devenu fou. Il se tenait debout, de l'eau jusqu'aux genoux, scrutant l'obscurité environnante. A fleur d'eau, je distinguai la forme d'un arbre mort taché de déjections d'oiseaux blanchâtres. Cette nuit paraissait particulièrement noire. Je descendis de la pirogue et me tins debout sur la plage ; je ne pouvais pas encore allumer ma torche car cela risquait de troubler les crocodiles qui pouvaient se dissimuler dans le coin. Je savais où se trouvait l'affût et j'y suivis Abeli — une vingtaine d'enjambées dans une obscurité familière ; je pouvais visualiser le rivage car j'y étais déjà venu avec Richard.

Je m'installai dans la cachette alors qu'Abeli regagnait la pirogue. Un homme seul est beaucoup plus silencieux ; il n'est pas tenté de parler et bouge moins.

Il y avait des moustiques mais je les tenais à distance avec ma bombe aérosol. Là-bas, sur la langue de sable, cernée par des touffes de roseaux en rang serré, rien ne bougeait. L'éclat des étoiles était si vif qu'elles paraissaient artificielles.

Je perçus un mouvement derrière moi. Une main toucha mon épaule. C'était Abeli. Il était temps d'allumer la torche. J'avais du mal à déglutir. J'avais tant espéré ce moment et je détestais qu'il soit venu. Regarder les étoiles ne protégerait pas les filets de pêche d'Abeli. Je braquai ma torche devant moi et éclairai la zone marécageuse qui m'entourait. Le spectacle était fantastique, terrifiant, impressionnant. Je ne vis d'abord que les yeux rouges de nombreux crocodiles, comme épinglés à la surface calme et brillante du lac, puis le bois flotté épars alentour, troncs d'arbres morts, immenses et desséchés, que la lumière argentait. Je vérifiai que l'appât était toujours solidement fixé par des cordes à la souche d'un arbre, qui se trouvait à dix mètres devant moi, sur le sable, au ras de l'eau.

En face de moi, je m'aperçus que ce que j'avais pris d'abord pour un morceau de bois à demi immergé était muni d'une paire d'yeux rubis. A n'en pas douter, c'était un crocodile énorme. J'ignorais encore quelle serait sa réaction. Fallait-il attendre qu'il émerge davantage et se rapproche ou était-ce l'occasion rêvée pour moi d'éliminer le mangeur d'hommes que j'avais au bout de mon .375 Magnum ? Abeli me pressa légèrement l'épaule. Je levai ma carabine, visai entre les deux yeux après avoir mis en joue, et appuyai sur la détente.

A cette distance, je ne pouvais pas le manquer. Mais il faut se méfier de la facilité. La détonation, fracassante, fut suivie d'un tumulte de plongeons. Je rechargeai et fis feu encore une fois dans cet amas convulsif mêlant l'écume à des corps écailleux. Cette fois, je tirai au jugé, n'ayant plus d'yeux rouges pour cible. Je serrai ma torche et le canon de mon fusil dans la main gauche. J'aurais mieux fait d'attacher la torche au canon.

Je ne vis soudain plus rien là où se trouvait le crocodile — juste une ride sur l'eau.

Je rechargeai le fusil et me relevai. Abeli, brandissant sa longue perche, courut avec moi vers la plage. Je gardai ma lampe allumée et le doigt sur la détente. Les crocodiles, quand ils se déplacent, peuvent vous surprendre en ouvrant leurs mâchoires comme des pièges d'acier. Abeli sondait l'eau avec la perche — à quelques pas du rivage, elle devenait profonde. Je goûtai à l'amertume de la défaite : il me fallait à présent traquer une bête blessée pour l'achever. Mais où et comment ? Dans l'eau, un crocodile ne laisse aucune traînée de sang. Abeli continuait à sonder l'eau avec sa perche — mais sans succès. Je ne cessais de braquer ma torche dans toutes les directions.

Du coin de l'œil, j'aperçus soudain mon crocodile s'éloigner lourdement à la nage vers les eaux profondes du lac. Je discernais seulement le sommet de son crâne et les épaisses écailles de son dos qui traçaient un fin sillage sur les eaux calmes. Il se déplaçait lentement, visiblement blessé, ayant mis le cap sur le milieu du lac. Je visai une fois encore, juste au-dessous du sommet de son crâne, en retenant mon souffle et en tentant de contenir mon excitation et ma rage, puis tirai. Je rechargeai immédiatement et tirai à nouveau, plus par frustration que par conviction. Si je l'avais touché une fois de plus, mon crocodile, mort ou blessé, plongeait en eau profonde et il me faudrait attendre le lever du jour pour entreprendre quelque chose.

Je balayai une dernière fois le marécage du faisceau de ma lampe. Les yeux de rubis avaient disparu. Ne régnait plus que le silence sur ce théâtre liquide, les troncs d'arbres morts, les bouquets de roseaux et les ombres ; tous les acteurs avaient quitté la scène. J'éteignis la lumière et retournai au camp dans la nuit noire, en ruminant de sombres pensées. Abeli demeura silencieux et impassible. Il prenait la vie comme elle venait. Pas moi.

Après le départ de Lorenzo et d'Abeli, nous nous sommes tous assis autour du feu. En buvant du thé, nous guettions les coups de feu révélateurs. Mais, durant plusieurs heures, la nuit resta silencieuse et, un par un, nous avons fini par aller nous coucher. Nos amis les chasseurs se roulèrent en boule sous une couverture devant le feu et s'endormirent. Au tout petit matin, quand la Croix du Sud effleurait l'horizon, deux coups de feu successifs me réveillèrent ; deux autres les suivirent assez rapidement — puis ce fut le silence. Impossible d'en tirer des conclusions.

Je sortis dans la nuit constellée. Il faisait très sombre mais, à la clarté des étoiles, on pouvait distinguer les tentes à l'ombre des grands arbres. Le chant des grillons, le coassement d'un crapaud et le ressac assourdi de l'eau sur la rive brisaient seuls le silence. Je levai les yeux vers le ciel. Les étoiles jetaient un vif éclat, comme des diamants dans l'espace. On apercevait à peine l'horizon. C'était l'une de ces nuits magiques d'Afrique.

: MIRELLA

103

Je n'ai pas vu la pirogue qui revenait, sauf quand elle a été tout près : ce n'était qu'une forme sombre et allongée, se déplaçant comme une ombre à la surface du lac, et les quatre hommes à son bord se découpaient imperceptiblement contre le ciel nocturne. Le faisceau de la lampe balaya le rivage, cherchant l'anse où nous campions.

Je descendis à leur rencontre au bord de l'eau.

— Eh bien ? demandai-je.

— J'ai tué un énorme crocodile noir, me répondit Lorenzo. Je l'ai touché deux fois entre les yeux quand il est sorti de l'eau, mais il s'est enfui. Je l'ai vu disparaître sous l'eau ; avant qu'il ne plonge, j'ai encore tiré ; mais il n'a pas refait surface, il s'est échappé Dieu sait où. Il doit être mort — ou grièvement blessé — à l'heure qu'il est. Il n'a pas pu aller bien loin, nous le trouverons demain, probablement, quelque part dans les roseaux.

Lorenzo avait les traits tirés et il m'observait en dessous de son chapeau de paille effrangé. La déception, la colère et la frustration se lisaient tour à tour sur son visage.

Je savais ce qu'il avait en tête. Pour créer un bon équilibre entre les animaux sauvages dans une zone où ils sont trop nombreux, il est souvent nécessaire d'en éliminer — pour ne pas dire massacrer — certains ; et pourtant, les spécialistes de l'environnement savent bien que ce type d'« élimination » est peu compatible avec leur éthique protectionniste. De plus, ça peut devenir un sale boulot. Quand les conditions sont difficiles, ça signifie qu'inévitablement certains animaux sont blessés et que le chasseur doit les poursuivre pour les achever.

SIXIÈME CHAPITRE

MANGUES, AMOUR ET SORCELLERIE

L ORENZO RECHERCHA COMME UN FORCENÉ SON CROCODILE pendant trois jours. En vain. Chaque fois qu'il mentionnait le malheureux monstre, sa voix était lourde de colère rentrée. Je fus plutôt surprise de l'importance que cette perte prenait à ses yeux et essayai d'analyser la chose, sans grand succès. Ayant grandi en Afrique, la présence d'un crocodile de plus ou de moins dans le lac me paraissait négligeable. Mais Lorenzo en faisait presque un point d'honneur. Il ne pouvait supporter l'idée de cet animal blessé, souffrant et saignant à mort quelque part. Richard, Marco, Sally et moi regagnâmes notre camp de base pour en rapporter provisions et carburant, car il devenait de plus en plus évident que notre séjour sur les rives du lac Rukwa allait être beaucoup plus long que prévu. Nous avons laissé Lorenzo, entouré de ses chasseurs de crocodiles, sur la plage de sable noir, en lui promettant d'être de retour la veille de Noël, quatre jours plus tard. Je savais qu'il ne serait pas en repos tant qu'il n'aurait pas retrouvé son crocodile.

Ce fut la première — et dernière fois — que je restai seul au cours de l'expédition. J'étais totalement coupé du reste du monde « civilisé » et me trouvais dans l'une des régions les plus sauvages d'Afrique. Je me sentais devenu l'un de ses villageois, jouissant

: LORENZO

de tous les avantages d'une vie communautaire tout en étant confronté à une existence pour laquelle je n'étais préparé ni moralement ni physiquement. Mon meilleur atout résidait dans les excellents rapports que j'entretenais avec les autochtones. Sachant que Mirella et les autres seraient bientôt de retour, j'étais vraiment heureux de me retrouver seul. La solitude me réussit ; je chasse et je pêche mieux quand personne n'est là pour me donner des conseils.

MIRELLA : Richard, Sally, Marco et moi avons rallié notre camp de base une heure avant la nuit. Un orage se préparait à l'autre bout du lac et le vent fouettait l'eau rageusement. J'étais heureuse de retrouver la terre ferme. Kirubai, l'un des hommes auxquels nous avions confié le camp, fut surpris de notre retour et nous accueillit en souriant, heureux de nous voir. Nous l'avions laissé derrière nous sans lui demander son avis et en lui ordonnant de nous attendre, comme on le fait souvent avec les Africains, j'ai horreur de l'admettre. Sans émettre un murmure de protestation, il était devenu l'ami des pêcheurs de l'endroit qui amélioraient son ordinaire de poisson fumé, leur spécialité. Il nous raconta qu'il avait souffert de la malaria pendant trois jours mais qu'il s'était soigné avec de l'aspirine et de la quinine qu'il avait trouvées dans la boîte à pharmacie. Deux petits garçons, âgés de cinq ans à peine, avaient veillé sur lui, lui apportant de l'eau et lui faisant la cuisine. Le camp paraissait frais et accueillant à l'ombre des flamboyants vermillon, en pleine floraison. Le Bedford et les deux Fiat Panda, garés côte à côte, donnaient un aspect familier à cet endroit. C'était comme rentrer chez soi.

Tout en étant installés au bord du même lac, le contraste entre les deux camps était extrême : l'un était rudimentaire comme le bivouac d'un chasseur ; l'autre, avec ses tentes spacieuses et ses véhicules à l'ombre d'arbres en fleur, donnait une impression de luxe et de permanence.

L'orage, qui s'était graduellement amoncelé, éclata quelques minutes après que nous eûmes déchargé les bateaux. Assise sous ma tente, j'observais les larges gouttes de pluie éclater en touchant le sol. Pendant un moment tout fut effacé alors que coups de tonnerre et éclairs se déchaînaient au-dessus de nos têtes. En Afrique, les orages sont violents et impitoyables et il n'y a rien d'autre à faire qu'à attendre qu'ils passent. J'étais soulagée d'être sous ma tente et non plus sur le lac. L'air fraîchit soudain quand la pluie s'abattit sur le versant de la montagne derrière nous. Les derniers rayons du soleil filtrèrent à travers une brume épaisse et enflammèrent l'extrémité des papyrus qui poussaient devant ma tente, les dessinant délicatement comme dans une estampe japonaise. Peu à peu, le ciel sombre et menaçant s'estafila de rouge et d'orangé et les nuages noirs teintés de mauve s'évaporèrent. Un court instant, le ciel et les collines, dans le lointain, prirent feu avant de s'éteindre doucement, tandis que la nuit tombait furtivement. Les couchers de soleil peuvent être spectaculaires en Afrique, mais je n'en avais jamais vu d'aussi saisissant.

Je me pelotonnai dans mon sac de couchage et me replongeai dans *Cent ans de solitude* de Garcia Marquez, dont les pages déroulaient une histoire violente et sauvage comme la nature qui nous environnait. La flamme de la lampe-tempête, au chevet de mon lit de camp, et le léger clapotement des dernières gouttes de pluie tombant sur la toile de tente me tenaient compagnie. L'histoire que je lisais et l'existence que nous menions avaient un étrange lien. Je songeais à mes deux filles que j'avais laissées dans le brouillard d'Angleterre, à mes parents morts depuis dix ans et aux exploits qui nous attendaient. La vie était une aventure et nous étions des aventuriers-nés. Soixante ans ou presque avant nous, mon père et ma mère avaient vécu une expérience semblable quand ils avaient mis un an à traverser le Congo belge — sauf qu'à cette époque, l'Afrique était encore le continent noir, inconnu. Je glissai dans le sommeil grâce à ce kaléidoscope de visions et de sensations qui appartiennent déjà au royaume des songes.

Nous avons retrouvé Lorenzo et notre bivouac de chasseur quatre jours plus tard, la veille de Noël. Le soleil se couchait dans un ciel pur comme du cristal quand nous avons touché la plage de sable noir. Notre bateau, lourdement chargé de provisions et de carburant (nous pouvions tenir un mois si nécessaire), était au ras de l'eau. Lorenzo et ses chasseurs de crocodiles en haillons nous attendaient au bord du lac, là où nous les avions laissés. Lorenzo avait maigri, il était hirsute et mal rasé mais je vis dans ses yeux une telle lueur de contentement que je sus immédiatement qu'il s'était enfin retrouvé dans son élément. La vie rude, le régime spartiate à base de poisson séché et de mangues, la simplicité de ses compagnons et la recherche obsessionnelle du crocodile disparu semblaient lui convenir tout à fait. Depuis notre départ, chaque jour, ils avaient passé au peigne fin le rivage pour y découvrir quelque trace du monstre mais étaient rentrés bredouille. Cette nuit-là, autour du feu, nous avons décidé de demander de l'aide à un autre sorcier-guérisseur. On nous dit qu'il était doué de pouvoirs qui pourraient nous mettre sur la bonne voie.

Un peu avant minuit, des enfants surgirent d'entre les arbres en trottinant sur le sentier. Ils restèrent quelque temps avec nous autour du feu. Ils nous racontèrent qu'ils se rendaient à la messe de minuit, au village voisin. Assister à une messe de minuit au bord du lac Rukwa, en plein cœur de la Tanzanie, valait le coup d'œil ; nous leur avons emboîté le pas dans la nuit.

Le petit village était vide et silencieux tandis que nous nous faufilions entre les arbres et les cases au toit de palmes vers une baraque en bois surmontée d'une croix,

Le lac Rukwa est bordé de grands papyrus à plumets.

qui se détachait sur le ciel clair. A l'intérieur, des lampes-tempête pendues le long des murs remplissaient la pièce d'une lumière orangée. Des chants de Noël familiers résonnaient dans la nuit, filtrant au travers des parois. L'endroit était bondé. Tous les habitants du village s'étaient entassés sur les bancs de bois, comme autant de taches de couleurs vives. Les femmes, en robe de coton, avaient noué des mouchoirs autour de leur tête ; leurs bébés, propres comme des sous neufs, tétaient leur sein ou étaient attachés dans leur dos. Les hommes, endimanchés, portaient tout un assortiment de frusques sans forme, à l'européenne, des vestes démodées sur des chemises à col ouvert. Écoliers et écolières, en uniformes jaunes et verts, étaient assis sur un côté. L'enseignement catholique que les missionnaires, partis depuis longtemps, avaient apporté dans cette contrée reculée, avait laissé sa marque ; et aujourd'hui, des années après leur départ, la tradition de Noël était toujours vivace. Discipline et respect s'étaient perpétués dans l'humble école du village. A notre entrée, tout le monde se retourna pour nous regarder, puis se serra davantage sur les bancs pour nous faire de la place. Trois joueurs de tam-tam, deux guitaristes et des sortes de maracas, faites de calebasses séchées avec leurs graines à l'intérieur, donnaient aux cantiques un tempo africain. Les voix fortes, variées et mélodieuses, nous donnaient envie de danser. A minuit, exactement, l'aumônier du village, costume gris et col blanc amidonné, prit place derrière le petit autel de bois ; il commença son sermon en dialecte local, que nous ne comprenions pas. La pièce était plongée dans le silence alors qu'il parlait de Dieu le Père, de la Vierge Marie et de la Nativité. Il encouragea les prières de l'assistance d'une voix claire, presque suppliante. Après la messe, les chants commencèrent pour de bon et les cantiques cédèrent rapidement la place aux tambours de la jungle, comme la foule sortait dans la nuit. Les tam-tams résonnèrent plus fort, puis s'arrêtèrent d'un seul coup, relayés par les voix aiguës des femmes. Frappant dans leurs mains, les hommes mêlèrent leurs voix graves aux voix perçantes des femmes, puis les tam-tams reprirent, les accompagnant. Les accents de ce méli-mélo vocal nous suivirent longtemps sur le chemin du retour.

Le sorcier se présenta le lendemain à midi. Nous avons fait cercle autour de lui, à l'ombre d'un arbre, en le regardant tirer d'un sac de cuir graisseux boîtes de conserve, plumes et pierres magiques. C'était un homme à forte carrure qui pouvait avoir soixante-cinq ans. Il était coiffé d'une casquette tricotée orange, et portait un short kaki crasseux et une chemise à carreaux, sous un sweater sans manches. On lui avança un tabouret et nous nous assîmes autour de lui sur des pierres. Il disposa avec soin ses instruments devant lui sur le sol, et versa un peu d'eau sur un morceau de bois sculpté de 10 centimètres de long qu'il se mit à frotter avec un galet blanc tiré de sa poche ; il crachait dessus de temps à autre tout en marmonnant des incantations.

Il releva ses yeux injectés de sang et chassieux, et posa des questions à Lorenzo. Puis il se remit à frotter le bout de bois ; il répéta ce manège une demi-douzaine de fois, puis il ferma les yeux.

Nous le regardions en silence. Je pouvais entendre le gazouillis des oiseaux dans les arbres et le bourdonnement des mouches. Nos fronts se couvraient de sueur et je la sentais ruisseler sous ma chemise de coton. Il ouvrit enfin les yeux et regarda droit devant lui.

— Le crocodile est toujours vivant. Il est en train de mourir dans l'herbe, quelque part par là-bas, dit-il en désignant un point par-dessus nos têtes. Allez-y tout de suite, avant la tombée de la nuit, et vous le trouverez.

Il ramassa son attirail, se leva et étira ses bras au-dessus de sa tête. Lorenzo mit de l'argent dans sa main, le remercia et s'éloigna. Les chasseurs de crocodiles s'attardèrent auprès du vieil homme, bavardant tranquillement avec lui, avant de lui serrer la main respectueusement ; puis il reprit le sentier qui menait à son village à travers les hautes herbes.

Le corps enflé par la chaleur, nous nous sommes empilés dans les bateaux pneumatiques et avons mis le cap vers la cache où la fusillade avait eu lieu. Après nous être transbordés dans deux pirogues, abandonnées sur le sable, nous nous sommes faufilés entre des bouquets de papyrus dorés, propres à cette région, jusqu'à un étang recouvert d'un tapis végétal vert sombre où étaient piquées, comme des papillons exotiques, des fleurs mauve pâle, aux pétales fragiles, quasi transparents. Il y régnait une touffeur moite. Les pirogues fendaient sans effort cette végétation flottante ; à deux reprises, nous avons aperçu des rides sur l'eau trahissant la fuite de crocodiles vers les bouquets de papyrus. Nous restions assis, immobiles, au fond des pirogues pour éviter de les faire tanguer ou chavirer.

Nous avons atteint l'autre côté et en descendant de la pirogue, nous nous sommes retrouvés plongés jusqu'au genou dans une boue noirâtre et élastique. Nous nous sommes mis en file indienne. Abeli prit la tête, sa carabine sur l'épaule, suivi de Lorenzo qui avait armé son .375 Magnum, brillant au soleil. Le sentier était bordé de chaque côté par des herbes hautes qui nous arrivaient à l'épaule et dressaient dans la plaine, qui s'étendait entre l'eau et les collines, leurs murailles de verdure. Si la prédiction du sorcier était vraie, le crocodile agonisait par ici dans les herbes. Nous avancions prudemment sous le soleil brûlant ; la transpiration collait nos vêtements à nos corps. Les tiges cinglaient nos jambes et nos bras nus — ce qui nous procurait des démangeaisons insupportables.

Nous avons marché en silence pendant une heure, puis nous nous sommes arrêtés sous un bouquet d'épineux. Je commençais à me sentir lasse et à avoir envie de

— *Page suivante* —
Nous nous sommes faufilés entre les grands papyrus dorés et avons débouché sur un étang couvert d'un tapis végétal vert sombre, où étaient piquées des fleurs mauve pâle, aux pétales fragiles, presque transparents, comme autant de papillons exotiques. Il régnait là un calme moite.

Nous avons abordé de l'autre côté de l'étang et, en débarquant, nous nous sommes enfoncés jusqu'au genou dans la boue noirâtre.

tourner les talons. Comment réussir à retrouver le crocodile dans ces parages — y était-il seulement ? Mais nos chasseurs africains, regonflés par les paroles du magicien, continuaient à fouiller les herbes, en se déployant dans toutes les directions. Ils disparurent, me laissant seule avec Lorenzo.

Nous avons entendu alors siffler Abeli. Il n'y avait pas à s'y tromper, il nous appelait. Nous nous sommes tous dirigés vers lui et l'avons trouvé, avec sa main coupée et sa carabine à l'épaule, en train d'examiner l'énorme carcasse grisâtre du crocodile fuyard, qui nous avait tant fait courir. Le cadavre était enflé et les plaies béantes, provoquées par les balles derrière le crâne et au-dessus de l'épaule droite, suppuraient et étaient couvertes de mouches vertes. Les yeux minuscules, de chaque côté du crâne prolongé par la gueule caverneuse aux dents acérées, étaient ouverts et vitreux. Depuis quand gisait-il là était la question que chacun se posait. S'être traîné à presque quatre cents mètres du rivage, dans un dernier effort pour survivre, représentait un exploit impressionnant et commandait le respect. Le sorcier ne s'était pas trompé. Nous l'avons regardé en silence, puis nous nous sommes tous mis à parler en même temps. Il ne mesurait pas loin de 5 mètres de la queue au bout du museau. Abeli et Denzio, aidés par Gaudens Kilimandjaro et Wellington, le retournèrent sur le dos, ce qui découvrit ses minuscules écailles ventrales blanches comme du lait, lisses et brillantes, qui contrastaient avec celles de l'échine, dures et noires. On dégaina les couteaux pour le dépecer. La grosse chaleur diminuait. Je m'assis par terre, le dos contre un arbre, et levai les yeux vers son feuillage sombre, écoutant les commentaires enthousiastes des chasseurs de crocodiles, accaparés par leur horrible tâche. Nous sommes rentrés au camp dans la fraîcheur du soir. La peau du crocodile, prête à la salaison, avait été roulée en boule et liée par une longue tige d'herbe ; nous avions laissé derrière nous la carcasse dépecée de notre brave saurien qui, dès le lendemain, aurait nourri toute une colonie de carnivores d'Afrique.

Cette nuit-là, nous avons été réveillés par des éclats de voix, dans la direction du feu de camp. J'écoutai un moment en essayant de saisir quelques bribes de la dispute et de comprendre de quoi il retournait. Au travers des fines parois de nylon de la tente, je vis s'approcher deux silhouettes au clair de lune. Elles s'arrêtèrent devant la moustiquaire tendue à l'entrée. Je ne pouvais distinguer, de mon lit, que deux paires de jambes noires. Elles s'accroupirent et on m'appela par mon nom.

— *Shauri qani ?* demandai-je en swahili, qu'y a-t-il ?

— Venez, nous avons besoin de vous : il y a eu un accident.

J'enfilai mon *kikoi* et rampai hors de la tente. Pendant que nous nous dirigions vers le feu, qu'on avait ranimé, on m'expliqua qu'il y avait eu dans le village une querelle d'ivrognes et qu'un homme avait été salement amoché par un coup de *panga* à la tête. Il était accroupi près du feu, la tête enveloppée d'un *shuka* (linge) blanc et sale. A ses côtés, se tenaient un autre homme et une jeune femme, au visage enflé et barbouillé de larmes.

Lorenzo et Richard vinrent nous rejoindre et nous avons écouté tous les trois une violente histoire de jalousie et de trahison.

J'examinai le blessé en ôtant avec précaution le linge taché de sang. Une profonde entaille partait du milieu du front et se terminait derrière l'oreille droite. La tête était baignée de sang. A la lueur de la torche, je crus voir battre le cerveau. Je fus prise de nausées et je me raccrochai d'une main à Lorenzo pour garder mon équilibre.

— Mets de l'eau à bouillir, ordonnai-je à Wellington et apporte-moi la boîte à pharmacie, puis prépare du thé et un lit de camp.

Lorenzo tenait la torche tandis que je nettoyais la plaie à l'eau tiède et la désinfectais en enlevant des bouts d'os, des grains de sable et des brins d'herbe. Le blessé

L'énorme corps grisâtre du crocodile fuyard, qui nous avait tant fait courir, gisait à nos pieds.

En Afrique, la naissance de jumeaux est une preuve de la générosité de Dieu.

n'émettait aucune plainte ; il restait assis là, accroupi et serrant les genoux, son menton soutenant sa tête. Je recouvris la plaie de gaze stérile et fit un léger bandage. Puis je m'occupai des estafilades sur le dos et les épaules ; une heure plus tard, j'avais fini. Je lui tendis une tasse de thé fumant dans laquelle j'avais dissous deux comprimés d'aspirine. Il ne restait rien d'autre à faire qu'attendre le matin, où une pirogue pourrait le ramener au camp de base, d'où un véhicule des pêcheries l'emmènerait à l'hôpital voisin, à 100 kilomètres sur la route de Mbeya. Nous l'avons fait s'étendre sur le lit de camp avec une couverture, en attendant le matin.

Les parents du blessé vinrent le lendemain nous apporter six magnifiques mangues jaunes dans un petit panier de palmes tressées. Couchées au fond du panier, succulentes et satinées, elles composaient une parfaite nature morte tropicale. Ensemble, nous avons installé leur fils dans la pirogue, où ils partirent avec lui sur le lac pour rejoindre notre camp de base. Le visage du blessé était horriblement enflé et il ne pouvait plus ouvrir les yeux. Il avait l'air résigné mais ne trahissait sa souffrance par aucun signe visible. La pirogue et son chargement s'éloignèrent sur l'eau, accompagnés d'adieux joyeux et de souhaits de bon voyage. Nous les avons regardés devenir un point noir à la surface miroitante du lac avant de nous atteler à nos tâches journalières. Nous n'en avons plus jamais entendu parler.

Wellington nous raconta qu'il connaissait un endroit proche de là où les arbres ployaient sous des mangues semblables à celles qu'on nous avait offertes ; il nous proposa de nous y conduire si nous voulions en avoir d'autres. En chemin, il me demanda si je n'avais pas de pilules contre la stérilité pour sa femme. Elle avait fait deux fausses couches et, depuis, ne tombait plus enceinte. Je lui demandai combien d'enfants il avait.

— Huit, me répondit-il fièrement.

— Mais, Wellington, huit enfants c'est bien suffisant, tu te plains déjà du mal que tu as à les habiller et à les éduquer, ne vaudrait-il pas mieux t'en tenir là et concentrer tes efforts sur ceux que tu as au lieu d'en avoir d'autres ? ai-je poursuivi avec ma logique européenne. Aujourd'hui la vie a changé. Tu dois décider quel chemin tu veux prendre. Si tu veux adopter un mode de vie moderne et que tes enfants reçoivent une éducation occidentale, tu ne peux pas continuer à en avoir autant. Par contre, si tu veux continuer à vivre comme tes ancêtres, alors tu continues à en faire autant que tu peux et ils prendront soin de toi quand tu seras vieux et t'aideront à cultiver la terre et à pêcher; mais on ne peut pas faire les deux à la fois.

Il éclata de rire et déclara avoir compris, m'ayant écoutée avec attention pendant que nous avancions; le chemin passait entre des carrés de maïs, de haricots et de manioc, cultivés autour des cases disséminées sous les arbres. Mais il n'était pas convaincu et me dit que sa femme ne pourrait jamais accepter cette théorie et le planterait là s'il lui tenait ce langage. Ce que cela impliquait était trop éloigné de la mentalité simple de ces gens que les idées du siècle n'avaient pas contaminés. Wellington, qui avait servi dans l'armée, avait évolué mais les autres habitants des bords du lac Rukwa étaient restés heureusement à l'écart et n'essayaient pas d'amalgamer présent et passé, équation impossible qu'ils mettraient beaucoup de temps à résoudre.

Nous avons croisé un vieillard assis devant sa case sur un siège en bois et enveloppé d'une couverture. Sa femme, près de lui, triait des haricots secs sur une natte, ses jambes allongées devant elle. Elle fredonnait tranquillement. Nous nous sommes arrêtés pour les saluer; la femme leva la tête vers moi.

— Mama, me dit-elle, peux-tu aider mon mari? Il est très malade, il doit aller à l'hôpital mais nous n'avons pas d'argent pour payer le voyage. Il saigne des intestins et il a du mal à uriner.

Cela paraissait assez sérieux et, si c'était vrai, nécessitait des soins immédiats, peut-être même une opération de la prostate. Je tirai de ma poche les 300 shillings que j'avais pris pour acheter les mangues et les lui donnai.

— Prends cet argent, lui dis-je, et va demain à l'hôpital, il ne faut plus attendre.

Son fils, Jonas, jeune homme de vingt ans, vint me remercier et m'assura qu'ils se mettraient en route à la pointe du jour.

Jonas nous accompagna pour aller chercher les mangues; il nous dit qu'il en avait et je passai un marché avec lui.

— Comme je n'ai plus d'argent, tu me donneras pour 300 shillings de mangues en échange de l'aide que je t'ai apportée pour ton père.

Il hésita un instant, espérant à moitié que je lui donnerais plus d'argent, puis me dit «OK». Mais il n'avait pas 300 shillings de mangues.

— Je te les apporterai demain.

Trois jours s'écoulèrent et pas de mangues à l'horizon. Aussi sommes-nous revenus au village savoir ce qui se passait et prendre des nouvelles du vieillard. Nous l'avons trouvé où nous l'avions laissé : assis devant sa case, mais avec une couverture neuve sur le dos.

— Eh bien, qu'est-il arrivé ? Tu n'es pas allé à l'hôpital ? lui demandai-je avec surprise.

Jonas apparut et nous dit :

— Oh, mon père va beaucoup mieux et nous avons décidé qu'il n'avait pas besoin d'aller à l'hôpital après tout, alors nous lui avons acheté une couverture neuve.

— L'argent lui a fait de l'effet à ce que je vois, lui dis-je, un peu furieuse d'avoir été menée en bateau.

Après avoir passé tant d'années en Afrique, être encore victime de ce genre de ruses !

— Et mes mangues ?

— Oh, tes mangues. Je n'ai pas pu en trouver encore assez. Je te les apporterai demain.

Je passai mon chemin, pas très convaincue et me résignant à être bernée une fois de plus. En Afrique, un *musuungu* est toujours une cible ; toutes les ruses sont permises pour lui extorquer quelque chose. Normal, après tout ; ils possèdent si peu de choses et nous, tant.

Et pourtant, le lendemain, Jonas arriva dans sa pirogue où était empilé un monticule de mangues jaunes et vertes. Il les compta une par une, en les déchargeant. Il y en avait six cents — deux pour chaque shilling que j'avais donné à son père. La légende veut que ces délicieux fruits tropicaux, qui poussent naturellement sur les bords du lac Rukwa, proviennent de graines jetées par les caravanes d'esclaves descendant du Zaïre vers l'océan Indien. Si la route légendaire des esclaves passait bien sur ce rivage, nous en récoltions les fruits.

Dix jours s'étaient écoulés depuis que nous avions jeté l'ancre sur cette rive hostile. On continuait à nous abreuver de récits d'attaques de crocodiles, car notre campement était situé au bord du chemin principal qui reliait les différents villages des bords du lac. Nous avons décidé de repartir et de nous diriger vers le nord où les crocodiles, nous dit-on, étaient beaucoup plus gros et beaucoup plus nombreux. Alors que nous emballions nos affaires et chargions les bateaux, la victime d'un crocodile (qui en avait réchappé) vint tranquillement nous regarder déployer notre activité. Sa jambe droite portait de vilaines cicatrices et l'un de ses pieds était complètement déformé.

— Que t'est-il arrivé ? lui demandai-je.

— J'ai été mangé par un crocodile, me répondit-il avec flegme.

Les petits enfants accompagnent leur mère partout où elle va et sucent leur sein jusqu'à ce qu'il soit asséché.

Nous sommes allés nous mettre à l'ombre et il me raconta son histoire.

— J'étais allé rendre visite à ma sœur dans ce village, là-bas, dans l'intérieur des terres, commença-t-il. Je l'ai quittée pour regagner mon village avant la nuit mais, arrivé sur la langue de sable où vous avez tué le crocodile, il faisait déjà noir. Alors j'ai décidé de dormir sur la plage, car il était trop dangereux, je le savais, de marcher dans l'eau la nuit. J'étais très fatigué et je me suis endormi très vite sur le sable. Pendant mon sommeil, un crocodile est sorti de l'eau, s'est approché de moi et m'a saisi par le pied. Je me suis mis à crier et je l'ai frappé à la tête de toutes mes forces avec mon *rungu* [casse-tête]. A chaque coup que je lui portais, il ouvrait la gueule et me saisissait la jambe un peu plus haut en m'entraînant vers l'eau. Je m'agrippais aux roseaux mais c'était un gros crocodile, et ma prise n'était pas assez solide pour résister à sa poussée. Les gens du village ont entendu mes cris et sont accourus à ma rescousse. Quand ils sont arrivés, j'étais déjà à moitié dans l'eau ; mais, en voyant survenir tant de monde, le crocodile m'a lâché immédiatement et a disparu dans le lac. Il faisait très sombre, j'avais très mal et je saignais beaucoup. Mes amis m'ont enveloppé la jambe dans un *shuka* et m'ont transporté au village. Le lendemain, l'un des pêcheurs m'a emmené à l'hôpital sur la route de Mbeya. J'y suis resté quatre mois. C'est un docteur italien qui m'a soigné jusqu'à ce que j'aille assez bien pour rentrer dans mon village. Ça m'a encore pris six mois pour remarcher correctement. C'était il y a un an. Maintenant, je vais très bien. Dieu s'est montré bon pour moi. *Mungu Iko* [Dieu est présent].

Il racontait son histoire avec détachement, comme si elle était arrivée à quelqu'un d'autre.

A midi, le chargement des bateaux était terminé et tout était solidement arrimé. Les 600 mangues, soigneusement rangées dans des paniers, enveloppées d'herbe pour leur éviter de se meurtrir, occupaient la place d'honneur. Le lac était immobile. Il brillait comme un miroir et reflétait la lumière dure de midi. Tous nos nouveaux amis nous entouraient, attristés par notre départ. Wellington et Abeli me prirent des mains le dernier panier, plutôt abattus ; ils me regardèrent rouler le bas de mon pantalon avant de patauger dans l'eau boueuse. Nous souffrions tous de piqûres d'insectes aux jambes, qui s'étaient infectées et paraissaient ne jamais devoir se cicatriser à cause de notre contact permanent avec l'eau. Les miennes, en particulier, avaient un vilain aspect : pour les garder au sec et hâter quelque peu leur guérison, je demandai à Abeli s'il voulait bien me porter jusqu'au bateau.

— Sans problème, me dit-il en souriant.

A califourchon sur son dos, j'atteignis le bateau où il me déposa délicatement. Je ne pus m'empêcher de songer au tableau que nous devions offrir : entourée de chasseurs de crocodiles, la « memsahib » blanche est transportée à dos d'homme à bord de son bateau, ancré près de ces rives magnifiques et sauvages !

Nous sommes arrivés à Rungwa plusieurs heures plus tard. La chaîne de montagnes, que nous avions longée jusqu'alors, se détacha du rivage et parut se fondre à l'horizon pour céder le passage au fleuve Rungwa, qui se jetait dans le lac à l'endroit où la rive s'incurve vers Sumbawanga et les montagnes qui sont de l'autre côté. Le paysage, avec ses arbres blanchis par le soleil, avait un aspect primitif. Des hippopotames, frétillant des oreilles et crachant de l'eau, étaient vautrés entre les arbres comme des monticules immobiles. Nous avons coupé les gaz et avancé doucement pour ne pas troubler ce silence. Des aigles-pêcheurs, perchés sur ces branches desséchées, lançaient leur cri lancinant au cœur de l'après-midi brumeux ; les crocodiles flottaient lentement comme des troncs d'arbres menaçants à la surface de l'eau, leurs yeux en vrille et leur dos écailleux à peine visibles, puis plongeaient à notre approche sans propager une onde. Des spatules aux pattes roses, des mésanges et des poules d'eau arpentaient précautionneusement les bancs de boue qui émergeaient de la vase noirâtre du lac, à l'embouchure du fleuve. Une île flottante formée de pélicans passa près de nous — ils plongeaient ensemble pour pêcher les poissons qui avaient suivi le flux de la rivière vers l'aval. Aucune trace d'habitation humaine. Un silence surnaturel saturait l'air à légère senteur de soufre. Nous restions muets, abattus, nous sentant des intrus dans un monde mystérieux ; le ronronnement amical de nos moteurs hors-bord troublait seul le calme tandis que nous empruntions les chenaux à hippopotames, où l'eau était plus profonde.

Nous avons pénétré dans l'embouchure du fleuve par le lac. Les rives n'étaient hautes que de quelques mètres et partout, sur les étendues herbeuses comme sur les plages de sable, des crocodiles se chauffaient au soleil. Ils sautaient dans le fleuve avec force éclaboussures, se contorsionnant comme des ogres préhistoriques pour retrouver la sécurité des eaux, escortés de traînées d'ondes. Des troupes d'aigrettes blanches volaient vers l'aval pour aller se jucher sur les arbres pour la nuit et des vols groupés d'oiseaux à gorge orange filaient à une vitesse incroyable au ras de l'eau.

Situé à 100 mètres en amont, sur le fleuve Rungwa, le lieu où nous campions était accueillant avec ses ombrages et son gazon d'herbe rase, qui évoquait les vertes pelouses d'un parc. Nous avons planté nos tentes sur la rive, à quelques mètres à peine au-dessus du fleuve. Il y avait une nette différence avec le camp infesté de mouches et d'une touffeur désagréable que nous avions quitté le matin même. Il y avait pléthore de bois mort aux alentours et bientôt le feu de camp crépitait joyeusement

Vlasinka, Costansia et Gaudencia, les demoiselles du lac, vinrent nous offrir des mangues sauvages.

en parfumant l'air de son odeur familière ; notre nouvel habitat de brousse, avec nos affaires éparpillées autour de nous et les bateaux pneumatiques vides, à l'ancre et prêts à servir, devint très vite fonctionnel. Après nous être réconfortés rituellement d'une tasse de thé, nous sommes partis en reconnaissance avant la nuit. A une centaine de mètres, dans notre dos, un bras du lac s'enfonçait dans les terres sur un kilomètre à peu près, formant le promontoire sur lequel nous nous étions installés. Le terrain était plat, sablonneux, et l'eau peu profonde. Pélicans, flamants et autres espèces de gibier d'eau se rassemblaient là pour la nuit. Les aigrettes blanches que nous avions croisées plus tôt s'étaient juchées avec des ibis sur les arbres, silhouettes immobiles et gracieuses se découpant, comme des fleurs exotiques, sur le soleil couchant. Comme nous revenions tranquillement vers le camp, la lune se leva à l'est tandis que le soleil se couchait derrière les montagnes à l'ouest. De minuscules papillons blancs et des lucioles, aux ailes transparentes tachetées de brun, voletaient à nos pieds, nous escortant à travers l'herbe tendre. Un court instant, nous fûmes environnés par une lueur opaline irisée, qui disparut. Il faisait nuit avant même notre retour au camp.

A cette extrémité du lac, l'invasion des crocodiles était bien telle qu'on nous l'avait décrite, plus bas au sud. Quand nous sommes retournés le lendemain explorer la zone autour des arbres morts, nous y avons trouvé des crocodiles flottant partout, immobiles et grisâtres, comme du bois flotté.

Afin de pouvoir les observer de plus près, nous avons construit un abri de palmes sèches sur un monticule de boue ; Richard a abattu une antilope *puku*, qui ressemble beaucoup à l'impala, pour servir d'appât. Nous avons attaché très solidement le cadavre à la souche d'un arbre, à 30 mètres de la cache. Et pour attirer les crocodiles, nous avons répandu sang et entrailles dans l'eau ; puis nous avons pris l'affût. J'ai posé sur un bâton en forme d'Y mon appareil-photo, dont l'objectif dépassait entre les feuilles. Lorenzo était assis près de moi avec ses jumelles. Richard, Sally et Marco allèrent déplacer le bateau pneumatique, à 50 mètres de là, parmi le bois mort ; ils firent le guet, soigneusement dissimulés dans un fourré. La chaleur nous oppressait et nous étions en sueur. Les feuilles des palmiers pendaient lourdement et la surface de l'eau n'était parcourue d'aucun frémissement.

De notre observatoire avantageux, nous pouvions à peine discerner le dos de quelques crocodiles émergeant de l'eau. Nous n'avons pas eu longtemps à attendre. « Les voilà », murmura Lorenzo, sans abaisser ses jumelles. Ils commençaient à s'agiter et nous pouvions apercevoir quelques rides sur l'eau. A travers l'objectif de mon appareil, je les regardais converger lentement vers nous, en silence, comme des sous-marins. Puis ils s'immobilisèrent à quelques mètres de l'appât et ne bougèrent plus. Nous en avons compté 3, puis 7, puis 10, puis 15. Ils se rapprochèrent les uns des autres et, côte à côte, leurs museaux allongés tournés dans notre direction, ils braquèrent sur l'antilope un regard meurtrier. Je pouvais distinguer maintenant les écailles de leur échine dans mon objectif. A mes côtés, Lorenzo ne faisait pas un geste, rivé à ses jumelles. Nous attendions qu'ils avancent encore ; mais ils prenaient leur temps. Tout à coup, l'un d'entre eux émergea peu à peu, se détacha des autres et rampa très lentement comme un lézard géant sur ses pattes courtes et ses pieds palmés ; il était entièrement visible maintenant. Il s'immobilisa encore une fois, à moins de 2 mètres de l'antilope, l'oreille tendue, comme pour s'assurer qu'il ne risquait rien en obéissant à la force magnétique qui le poussait à quitter la protection des eaux. Alors il se précipita en avant, ouvrit son énorme gueule et la referma sur la dépouille, comme un étau. Comme s'il avait donné le signal, ses congénères, en un frénétique crawl amphibie, convergèrent vers la viande saignante.

Sans en croire nos yeux, nous les avons vus se disputer le cadavre, dressant vers le ciel leurs têtes grotesques pour mieux en engloutir d'énormes morceaux. Les crocodiles sont dépourvus de langue et ne mâchent pas la nourriture avec leurs dents. Ils l'avalent d'un seul coup avant de la digérer grâce à de puissants sucs gastriques. Les dents qui arment leur mâchoire ne leur servent qu'à tuer et déchirer leurs proies.

123

D'autres sauriens surgirent de partout, comme attirés par un aimant. En un quart d'heure nous en avons dénombré jusqu'à 60 qui s'entassaient dans cet étroit espace. Ils se grimpaient les uns sur les autres, dégringolant et glissant dans leur tentative effrénée de plonger leurs dents dans la chair morte de l'antilope ; leurs queues leur servaient de gouvernail. Parmi eux, certains dépassaient 5 mètres, et notamment un grand noir qui avait perdu sa mâchoire inférieure au cours d'une lutte, à moins qu'une balle ne la lui ait arrachée ; elle pendouillait grotesquement, sectionnée à moitié et lui donnait une apparence encore plus démoniaque. Ils ne prenaient pas du tout garde à notre présence ni au cliquetis de l'obturateur de mon appareil, même si rester aussi longtemps à découvert les rendait visiblement nerveux. Ils essayaient d'entraîner le cadavre dans l'eau, mais nous l'avions solidement fixé.

Une demi-heure et trois rouleaux de pellicule plus tard, Lorenzo rampa hors de la cachette et se dirigea très lentement vers eux, masqué d'une palme. Quand il fut à mi-chemin, ils se mirent soudain en alerte et, en un éclair, firent volte-face, complètement paniqués ; ils dégringolèrent dans l'eau en fouettant la boue de leur queue, dans une ronde sauvage et reptilienne. En quelques minutes, ce spectacle diabolique était terminé et les eaux qui les dissimulaient avaient retrouvé leur calme. Ne restait sur les lieux que la tête coupée de l'antilope, attachée par les cornes. Ce fut un moment mémorable que cette plongée au cœur de l'Afrique la plus sauvage, comme si on nous avait permis de pénétrer au saint des saints d'un univers tabou, réservé à de rares privilégiés.

Le lendemain, nous sommes revenus pour expérimenter une nouvelle idée de Lorenzo.

— Qu'arriverait-il, nous demanda-t-il, si nous accrochions un morceau de viande au bout d'un gros hameçon et tentions de pêcher un crocodile comme un poisson-épieu ?

L'idée nous parut séduisante. Nous avons grimpé dans un arbre et attaché à l'une des branches une corde munie d'un hameçon et d'un morceau de viande ; puis, nous l'avons jetée dans l'eau. Nous nous sommes mis à l'affût dans l'une des fourches de l'arbre, à deux mètres au-dessus de la surface des eaux. Cette fois-ci, bien sûr, nos troncs flottants se rapprochèrent avec une prudence accrue. Nous n'avons pas fait un geste et l'un d'eux se retrouva bientôt juste au-dessous de nous. Il nous fixa, la gueule à demi ouverte, très longtemps, sans bouger. Soudain quelque chose se débattit furieusement dans l'eau et notre crocodile de garde disparut. Nous savions que l'un des sauriens venait de mordre à l'hameçon. Nous avons sauté au bas de l'arbre et avons saisi la corde ; nous avions l'illusion que nous pourrions hisser l'animal sur la berge. Mais ce n'était pas un poisson-épieu que nous avions au bout de la ligne.

Autant vouloir dompter un lion. La corde tressautait et nous échappait des mains, comme si nous étions des pantins reliés à une force surhumaine ; finalement corde et hameçon furent emportés, ce qui mit un terme à cette malheureuse expérience.

Pendant notre retour en bateau, nous avons navigué avec précaution, car nous redoutions que les crocodiles, que nous avions perturbés, ne soient devenus un petit peu nerveux ; il leur était facile de lacérer le caoutchouc de nos bateaux pneumatiques. En particulier, nous ne quittions pas des yeux l'un d'entre eux, plutôt volumineux : il décrivait des cercles concentriques, de plus en plus étroits, autour de nous, plongeant et refaisant surface successivement, toujours plus près. Nous avons senti soudain une secousse, comme si le bateau avait touché le fond ou heurté une souche. A la proue, nous avons vu émerger alors une ombre grise allongée, à quelques centimètres de la surface, qui replongea d'un coup de queue et disparut de notre champ de vision.

Richard nous conseilla de nous éloigner mais, fasciné par ce comportement énigmatique, Lorenzo répugnait à partir.

Deux pêcheurs et leur pirogue apparurent au milieu de ces arbres blanchis. Ils s'arrêtèrent près de nous ; après avoir échangé quelques banalités, nous avons mentionné le crocodile qui faisait mine de nous encercler.

— Oui, nous le connaissons, nous dirent-ils excités. C'est un vieux mâle blessé qui nous a pris deux enfants et plus d'une chèvre au village. Nous lui donnons la chasse depuis longtemps mais il est très rapide et nous n'avons jamais pu le tuer. Si vous pouvez nous y aider, nous serions très heureux.

Nous discutions à mi-voix, quand le crocodile réapparut subrepticement, tout près de nous. Lorenzo saisit son .375 Magnum, l'arma et visa le crocodile à la tête, suivant ses évolutions. Le bruit de la détonation nous fit sursauter.

Un son mat mais distinct nous apprit que le coup avait porté. Et pendant un très court instant, tout autour de nous, l'eau parut exploser. Quand le calme se rétablit, ne surnageait qu'une tache de sang rougeâtre — mais pas de crocodile. Avait-il touché le fond ou s'était-il enfui, c'était impossible à dire. Nous avons attendu qu'il refasse surface, guidant notre bateau pneumatique entre les arbres, à sa vitesse minimale. Nous avons rôdé pendant deux heures dans les parages avant d'abandonner les recherches. Nous sommes repartis vers notre camp en laissant les deux pêcheurs de garde.

— Nous avons une voie d'eau, dis-je, en tâchant de garder mon sang-froid. Le bateau est plein d'eau.

Nos sandales, nos chapeaux et nos avirons flottaient sur quelques centimètres d'eau, qui recouvraient le fond. Nous avions été si absorbés par les événements que nous n'avions pas remarqué que nous étions en train de couler, peu à peu.

— Mieux vaut rentrer vite fait, dit Richard. Je n'aime pas beaucoup l'idée de m'échouer dans les parages.

Nous étions tous de son avis. Si le crocodile était mort, nous le trouverions le lendemain matin. L'après-midi tirait à sa fin quand nous avons atteint le camp. Nous n'étions pas mécontents que le jour finisse. Nous étions partis depuis l'aube et étions moulus et brûlés par le soleil. Après avoir tiré le bateau sur la rive et l'avoir retourné, nous avons découvert une entaille de 30 centimètres due aux écailles acérées du crocodile quand nous l'avions heurté.

Vers minuit, les deux pêcheurs vinrent nous avertir qu'ils avaient découvert l'animal, mort, dans des eaux peu profondes, non loin du lieu où nous l'avions touché.

Nous avons réparé le fond du bateau et sommes repartis le lendemain avec les dépeceurs. Le crocodile faisait 5,20 mètres de long ; quand on l'éventra, nous découvrîmes à l'intérieur une carapace de tortue d'eau douce à moitié digérée, deux défenses de bébé hippopotame d'une dizaine de centimètres de long et la moitié d'une sandale de caoutchouc rouge.

Les pluies commencèrent une semaine plus tard et, une nuit, le niveau du fleuve atteignit le bas de nos tentes. Les flots boueux et écumants emportaient branches et débris sur leur passage, comme un torrent furieux. Le ciel resta gris et couvert toute la journée et, autour de nous, le sol saturé était plongé dans plusieurs centimètres d'eau. Nous pataugions, pieds nus, éclaboussés de boue. Il plut du matin au soir pendant plusieurs jours ; quand, vers midi, le soleil sortait de derrière les nuages pour quelques heures, nous faisions sécher sur les arbustes literie, vêtements et cartes. Nous en profitions aussi pour aller planter plus haut nos tentes. Il nous fallait arroser le bois de kérosène si nous voulions qu'il s'enflamme. Nos repas se réduisaient à la portion congrue. Nous avons commencé à perdre le moral quand, au bout d'une semaine, le temps ne marqua aucune amélioration notable. Nous avons décidé finalement de plier bagage avant que le fleuve ne sorte de son lit.

Nous avons consacré notre dernière journée relativement peu pluvieuse à l'exploration du fleuve Rungwa. Il était en crue à présent ; nous l'avons remonté pendant plusieurs heures et avons croisé des troupeaux d'hippopotames, se baignant avec délices dans les hautes eaux. Toute une horde d'antilopes *puku*, qui paissaient sur la rive dans un coude du fleuve, s'égaillèrent entre les arbres, paniquées par notre arrivée soudaine. Des cigognes à longues pattes becquetaient grenouilles et insectes dans l'herbe détrempée ; canards et autre gibier d'eau flottaient au gré du courant avec satisfaction, avant de s'envoler à tire-d'aile. Les grands arbres se dressaient, resplendissants, au-dessus des fourrés. Plus d'une fois, nous avons dû faire manœuvrer nos bateaux pneumatiques autour de ceux qui, tombés, étaient emportés comme des fétus vers le lac ; leurs racines et le feuillage de leurs branches étaient encore recouverts de l'écume brunâtre des chutes, qu'on trouvait un peu plus haut en amont. La force du courant était une preuve suffisante que de fortes pluies tombaient plus au nord et il n'existait aucun moyen de déterminer leur durée. Nous avons éteint les moteurs et sommes rentrés au camp en silence, nous laissant porter par le courant, au milieu des débris, escortés par le gibier d'eau, nous déplaçant très vite au cœur de ce monde muet, imprégné d'humidité, à l'unisson avec le rythme d'une nature si peu encore — par bonheur — bouleversée par l'homme.

Nous avons levé le camp. Le jour suivant, nous avons refait en sens inverse notre trajet le long du lac pour rallier notre premier camp de base. Trois semaines s'étaient écoulées de manière imperceptible, depuis notre descente vers les bords de ce lac peu connu et surprenant de la Rift Valley.

De retour à Mbeya, après avoir essuyé de grosses averses tout au long du voyage, Lorenzo succomba à la fièvre et grelotta pendant quarante-huit heures sur son lit de camp. Nous l'avons traité contre la malaria, ce qui le remit sur pied. Mais il paraissait épuisé tout à coup ; amaigri, il manquait d'énergie et d'appétit.

C'est là, à Mbeya, que nous avons décidé de faire notre première halte. Il ne servait à rien de poursuivre notre route sous la pluie. Nos amis français des ponts et chaussées mirent à notre disposition un container pour y stocker bateaux et matériel ; c'était la fin de la première partie de notre expédition. Richard, Sally et Marco et nos quatre Kenyans repartirent avec le Bedford pour le Kenya. Lorenzo et moi sommes rentrés avec les deux Fiat Panda à Dar-es-Salaam avant de nous envoler pour Nairobi.

En attendant la fin de la saison des pluies, nous avons décidé de retourner en Europe pour jeter un œil sur la pellicule impressionnée. Je retrouvai Londres quelques jours plus tard, et Lorenzo était à Milan avec Roberto. Nous étions fin janvier et il gelait en Europe. Nous reprendrions l'expédition au mois de mars, quand les conditions climatiques seraient plus favorables.

DEUXIÈME PARTIE

SEPTIÈME CHAPITRE

LE LAC DES TEMPÊTES

L E MALAISE QUE LORENZO AVAIT ÉPROUVÉ À MBEYA PERSISTA à Milan. Il consulta un docteur qui lui recommanda de se faire faire une prise de sang pour la malaria. Le test fut négatif. « C'est sans doute la philippina », lui dit le médecin, citant une forme particulièrement virulente de grippe asiatique qui ravageait l'Europe à cette époque, avec des symptômes très semblables aux siens. Il lui donna quelques cachets et lui dit de se reposer.

Chaque fois qu'il m'appelait à Londres, Lorenzo se plaignait de son état, en m'assurant toutefois toujours qu'il n'était pas assez malade pour me faire revenir. Comme ce n'était pas la malaria, cela passerait probablement, affirmait-il. Cela dura une semaine ; j'étais préoccupée mais pas encore vraiment inquiète. Puis, un jour, je reçus un appel.

— Tu ferais bien de venir, je perds contrôle, l'entendis-je dire d'une voix faible et tremblante.

Roberto était toujours en Irak et ne devait pas rentrer avant le soir. C'était assez ; je pris l'avion pour Milan et, quelques heures après, j'étais au chevet de Lorenzo. Il était couché dans la pénombre, transpirait abondamment, il avait la bouche sèche et se plaignait de fortes douleurs dans le cou et de migraines. Comment était-il possible que ce soit autre chose que la malaria, m'étonnais-je. Je décidai de l'emmener à l'hôpital des maladies tropicales de Londres et attendis le retour de Roberto ce soir-là.

Lorsqu'il arriva, Roberto m'entraîna hors de la chambre et dit :

— Je ne l'ai encore jamais vu dans un état pareil.

— Moi non plus, répondis-je.

Il appela un docteur ; je me sentais un peu rassurée à présent qu'il était de retour. Roberto est le genre d'homme qui, dans les moments de crise, prend immédiatement le contrôle et, de sa voix douce et polie, prend des décisions sans hésiter et communique sa confiance à ceux qui l'entourent ; caractéristiques que j'admire le plus chez les hommes.

Le docteur l'assura qu'il n'y avait pas de quoi s'inquiéter, que ce n'était certainement pas la malaria, et qu'avec le temps, cela passerait. J'étais assise sur le lit de Roberto avec lui et j'écoutais la conversation téléphonique ; il tendit la main vers l'horaire des trains pendant que le docteur lui parlait.

— Très bien, merci beaucoup, dit-il en consultant l'horaire. (Il raccrocha et se tourna vers moi.) Bon, vous allez l'emmener au Kantonspital à Zurich tout de suite. Un train part dans une demi-heure. Faites lever Lorenzo et habillez-le. Manuel vous conduira à la gare. Je me charge des réservations.

Dès que nous fûmes confortablement installés dans un compartiment de première de l'express Milan-Zurich, Lorenzo s'affaissa en tas, à demi conscient, en face de moi. Je réalisai soudain qu'il était peut-être en train de mourir. Jusqu'alors, je n'avais jamais associé la mort avec aucun de nous deux. Les interventions rapides de Roberto déclenchèrent le signal d'alarme. Le voyage parut interminable. Lorenzo passait sans cesse de l'état conscient à l'inconscience, marmonnait de façon incohérente, les yeux ouverts mais semblant ne rien voir. Il ne répondait pas lorsque je lui parlais et avalait simplement l'eau que je lui donnais. Il avait une soif insatiable.

Lorsque nous arrivâmes à l'hôtel, le téléphone sonna tandis que je remplissais la fiche d'inscription. C'était Roberto ; il voulait des nouvelles du voyage et dit qu'il rappellerait à l'hôpital le lendemain à midi. Nous dormîmes côte à côte dans la petite chambre d'hôtel. Lorenzo se débattait dans le lit, se plaignant de suffoquer. Il avait mal à la tête et il était couvert de sueur. J'essayais de rester calme tandis que la bataille faisait rage dans son corps.

Le lendemain matin de bonne heure, nous étions au Kantonspital. L'infirmière principale nous attendait. Lorenzo s'effondra dans le fauteuil roulant et nous longeâmes le couloir jusqu'à l'ascenseur au pas de charge. En un rien de temps, il se retrouva dans un lit si blanc et net, que nous ne pouvions être qu'en Suisse, pensai-je. Le *primario* arriva immédiatement. C'était un homme de belle allure, d'une quarantaine d'années, bronzé et bien-portant. Il rayonnait de confiance en lui. Je sentis tout de suite que nous étions entre de bonnes mains et commençai à me détendre en me retirant à l'arrière-plan pour laisser les professionnels prendre le relais. Trois *professori*, spécialistes de médecine tropicale, se joignirent à nous tandis que les infirmières s'affairaient avec des éprouvettes, faisant des prélèvements et des prises de sang pour le laboratoire. On lui mit un goutte à goutte de glucose au bras puis on le laissa se reposer jusqu'à ce qu'un diagnostic soit fait.

— Il est très malade mais ne vous inquiétez pas, vous êtes entre de bonnes mains, me dit le *primario*.

Je retournai à l'hôpital à quinze heures pour le verdict.

— Un cas sévère de malaria cérébrale, dit le *primario* gravement. C'est mortel mais vous l'avez amené ici juste à temps, ajouta-t-il. Personne ne meurt de malaria au Kantonspital, m'assura-t-il en souriant, mais il ne lui restait que quarante-huit heures à vivre, peut-être moins.

Dieu bénisse Roberto, pensai-je. Il avait tout pris en main une fois de plus ; sans lui, il serait mort. Je pensai avec effroi à mon intention de l'emmener par avion à Londres à l'hôpital pour les maladies tropicales ; il n'y serait jamais parvenu. Plusieurs de mes amis étaient morts de cette maladie. Le virus se répand rapidement lorsqu'il atteint le cerveau, bloquant les vaisseaux sanguins ; c'est une course contre le temps. Durant dix jours, Lorenzo resta dans un état de semi-torpeur, avec un goutte-à-goutte de quinine dans le bras, vingt-quatre heures sur vingt-quatre ; il se remit très lentement. Je n'avais jamais songé à la vie sans lui et, bien que nous passions pas mal de temps séparés, il remplissait cet espace primordial qui me permettait de vivre seule et indépendante sans crainte. Notre séjour à l'hôpital, en lutte contre le virus de la malaria, fut un point de repère important dans notre relation de trente ans ; il servit de rappel de l'importance que, bon gré mal gré, nous avions l'un pour l'autre.

Une dispense spéciale m'avait été accordée afin que je puisse partager sa chambre. Je dormais sur un lit roulant étroit qu'une infirmière, jolie, efficace et amidonnée amenait chaque soir. Ces infirmières devinrent nos amies, fascinées par les récits de notre aventure. Lorenzo dormait la plupart du temps. Je restais assise à côté de lui devant les grandes fenêtres à la française qui donnaient sur un joli balcon en fer forgé. A travers les voilages en tulle blanc, je regardais l'hélicoptère ambulance passer plusieurs fois par jour, amenant de riches patients à l'hôpital, tache rouge brillante sur un canevas hivernal. Du quinzième étage, la jolie ville de Zurich, avec ses hauts clochers d'église et ses vieux toits sous un manteau de neige, avait l'air d'une carte postale.

Lorsque Lorenzo quitta l'hôpital, il avait perdu 10 kilos et avait vieilli de façon inquiétante ; la maladie avait pris son dû. Il tremblait à tel point qu'il ne put pas signer le registre de sortie. Pour la première fois depuis la mort de mon père, j'avais revécu les tristes jours passés dans les hôpitaux de Nairobi, durant les dernières années de sa vie, tandis qu'il nous quittait lentement. Lorenzo lui ressemblait maintenant, avec son corps maigre et penché et sa démarche vacillante. Il avait été bien soigné dans cet hôpital luxueux. Des rives du fleuve Rungwa, en Tanzanie, à la magnifique chambre blanche de l'hôpital le plus célèbre d'Europe, le passage était bref mais l'abîme qui les séparait était plus que matériel. Il était le reflet de la civilisation et du monde primitif de nos ancêtres.

Roberto nous prêta son chalet de Gstaad pour la convalescence. Nous traversâmes les Alpes suisses dans un petit train pittoresque utilisé par les skieurs et les habitants de la vallée du Léman. Un mois dans ce nid doré, à se promener parmi un des paysages les plus spectaculaires du monde et nourri des meilleurs aliments, ramena Lorenzo presque à sa forme précédente.

Nous retournâmes au Kenya plus tard que prévu, à la fin avril, juste au moment où le printemps éclatait dans toute l'Europe. Je pris l'avion de Nairobi un peu à contrecœur mais les impératifs de l'expédition taquinaient notre fibre et il n'y avait pas d'alternative. C'était le retour en Afrique.

Avant de quitter Nairobi, nous rendîmes visite au Dr Reese, le directeur de l'AMREF, le service aérien de médecins de l'Afrique de l'Est, pour lui parler de l'expérience de la malaria de Lorenzo. Reese a exercé de nombreuses années au Kenya et connaît bien ce tueur africain silencieux.

La malaria cérébrale, cliniquement connue sous le nom de *Plasmodium falciparum*, nous dit-il, est la pire des sortes de malaria et, si elle n'est pas rapidement détectée, elle vous tue. Les parasites de la malaria envahissent les vaisseaux sanguins du cerveau et les bloquent, donnant naissance à des symptômes cérébraux et mentaux qui, finalement, provoquent la mort. Depuis environ cinq ans, en Afrique de l'Est, les parasites de la malaria réagissaient de façon très différente aux médicaments. La Chloroquine était autrefois très efficace dans le traitement de la maladie et aussi comme préventif, mais, maintenant, les parasites sont devenus très résistants et il faut administrer de la quinine à la place. La meilleure façon d'échapper à la malaria, bien entendu, c'est d'éviter de se faire piquer. Presque toutes les piqûres transmettant la malaria ont lieu tard le soir et aux heures très matinales. Si on peut donc se mettre à l'abri sous une bonne moustiquaire durant ces heures et prendre un médicament préventif comme la Paludrine qui est le meilleur d'Afrique de l'Est — deux cachets tous les soirs lorsqu'on se trouve dans la zone dangereuse et, ce qui est essentiel, pendant deux semaines après avoir quitté la zone, ce que Lorenzo n'avait pas fait —, les chances d'attraper la maladie sont minimes.

Les deux espèces principales de moustiques qui transmettent la malaria en Afrique de l'Est et au Zaïre sont l'*Anopheles gambi* et l'*Anopheles funestas*. Bien que la malaria soit une des maladies les plus communes d'Afrique et que beaucoup de gens l'aient eue ou soient susceptibles de la contracter au cours de leur vie, il ne faut pas la prendre à la légère car il y a de plus en plus de décès dus à la forme cérébrale de la maladie ; nous devrions nous estimer heureux, dit le Dr Reese ; les symptômes de Lorenzo ont été pris à temps et nous étions à proximité d'un hôpital.

Il fallait maintenant affronter le fait que les derniers membres de notre équipe avaient abandonné l'expédition. Ils avaient été pris par le temps ; ils s'étaient lassés de nous attendre et leurs propres impératifs les avaient contraints à partir. Richard commença à mettre sur pied ses safaris pédestres dans le Selous, Sally partit au Yémen pour acheter des perles d'argent et des bijoux pour une affaire qu'elle comptait lancer et Marco retourna en Italie pour faire son service militaire. Seuls Lorenzo et moi restions maintenant pour faire la deuxième partie de l'expédition et il nous fallait rassembler une nouvelle équipe. C'est la perte de Richard qui était la plus importante. Où trouverais-je un remplaçant qui aurait la multitude de talents qui étaient les siens ? Son dévouement total à l'expédition et à l'Afrique, ses connaissances de la brousse, ses qualités de mécanicien, son enthousiasme sans bornes pour la nature et, par-dessus tout, comme Lorenzo et Henry Morton Stanley avant lui, le goût de la découverte de contrées sauvages inconnues...

Un mois à Nairobi à la poursuite de tous mes contacts et vieilles connaissances amena Hugo Duglas-Dufresne à ma porte et, lorsque Lorenzo arriva, j'avais mis sur pied une nouvelle équipe : Charlie Babault, vingt et un ans, fils d'un de mes amis chasseurs ; le cousin de Hugo, Adam James ; et Juliette Westlake, une jolie infirmière canadienne brune qui avait l'aventure dans le sang. C'était une équipe bien meilleure que la précédente quoique, pour eux aussi, le romantisme d'une telle expédition parût irrésistible. Hugo, un brillant jeune ingénieur de vingt-cinq ans, était en vacances au Kenya et venait de la plate-forme pétrolière de la mer du Nord sur laquelle il travaillait. Charlie cherchait l'aventure. Adam, vingt-quatre ans, était revenu au Kenya après deux ans passés dans une ferme dans le nord de l'Angleterre. Juliette, trente-deux ans, qui avait travaillé comme infirmière dans la tribu Samburu au nord du Kenya, était dans l'expectative ; son visa était périmé et elle attendait un permis de travail permanent.

Notre ami italien Ludovico, suave et mondain, qui refaçonnait le casino international de Nairobi, nous invita à installer notre quartier général dans sa somptueuse maison. Il vivait là tout seul dans un vrai style colonial ancien, servi par un essaim de serveurs parfaitement entraînés en uniformes blancs amidonnés. Je ne sais pas ce que nous aurions fait sans Ludovico à ce moment précis. Son charme et son esprit italiens, son énergie sans limites et ses solutions toutes prêtes à tous les problèmes, les repas délicieux servis en grand apparat et accompagnés par une sélection de vins de marque maintinrent notre moral au sommet tandis que, jour après jour, nous remettions l'expédition sur pied.

Une nouvelle équipe d'Africains fut embauchée : Michael, un cuisinier du casino prêté par Ludovico, qui n'avait jamais fait de safari de sa vie ; Mwangangi, un chauffeur de camion que nous prêta la famille de Charlie ; et Wainaina, son assistant. Le camion Bedford fut révisé, le nouvel équipement de camping testé et nous partîmes à nouveau un beau matin de la fin du mois de mai pour Dar-es-Salaam et arrivâmes une semaine plus tard à Mbeya, ranimés, restructurés et impatients de partir. Nos amis français du chantier routier étaient toujours là à nous attendre avec nos bateaux et notre équipement intacts et en bon état. Après quelques jours passés à contrôler, vérifier et recharger, nous décidâmes d'aller jusqu'au lac Malawi, à une centaine de kilomètres vers le sud. Ce n'était pas exactement sur notre route mais, après l'expérience du lac Rukwa, nous répugnions à le laisser inexploré.

La veille du départ, tandis que je me trouvais dans la ville crasseuse de Mbeya pour faire des achats de dernière minute, je me fis voler mon sac contenant tous mes appareils photo dans ma voiture. J'étais dans un *duka* (magasin) africain bondé et je payais mes achats lorsque, sans que je m'en rende compte, une main se glissa subrepticement dans la poche de ma veste de safari. L'instinct me fit pivoter et je vis un grand jeune homme se précipiter vers la porte. Je me jetai vers lui et, sans réfléchir, parvins à le saisir par la chemise, la déchirant en deux lorsqu'il s'écarta et s'enfuit. Je me rendis compte avec soulagement que mon argent se trouvait dans l'autre poche et je courus après lui. Je le vis disparaître dans la rue principale encombrée de monde. Lorsque je retournai à la voiture, je constatai que le sac d'appareils photos manquait et je me précipitai à la police pour faire état du vol et de l'incident dans le *duka*. Quelques minutes plus tard, nous étions de retour dans la rue encombrée. Le jeune homme était toujours là ; je reconnus sa chemise verte déchirée. Le policier en civil descendit tranquillement de la voiture et le suivit jusqu'à la place du marché où il retrouva deux de ses acolytes. Les policiers leur sautèrent dessus et en prirent un ; les autres s'enfuirent et disparurent parmi la foule.

De retour au poste de police, nous fîmes la déclaration et la liste de l'équipement perdu. L'homme arrêté fut un peu brutalisé par l'inspecteur qui le frappa fort avec un bâton sur les tibias, le faisant hurler, pour l'inciter à donner le nom de ses amis. J'eus soudain pitié de lui ; je fus submergée par la vieille culpabilité de ceux-qui-ont-et-ceux-qui-n'ont-pas qui me donna la nausée.

— Ne vous inquiétez pas, Madame, nous retrouverons vos appareils, m'assura l'inspecteur.

Je n'étais pas convaincue et je paniquais. Comment pourrais-je récupérer mon

135

équipement à temps pour le départ de demain s'ils ne le retrouvaient pas ce soir ? Constamment en mouvement, il serait impossible de me faire expédier un nouveau lot et que ferais-je entre-temps ? Lorsque je revins au camp, j'étais au bord de l'hystérie. Le majeur de ma main gauche me faisait mal et, lorsque je le montrai à Juliette, elle me dit qu'il était cassé. Tout s'était passé si vite que je n'avais pas senti la douleur lorsque le voleur que j'avais saisi s'était arraché à mon étreinte mais la secousse avait été si violente qu'elle m'avait cassé le doigt.

Le lendemain matin, lorsque tout fut emballé et prêt pour le départ, je m'arrêtai au poste de police sur le chemin en sortant de la ville. « Est-ce votre équipement ? » demanda l'inspecteur souriant, en sortant les appareils un par un du tiroir de son bureau. Je restai bouche bée pendant au moins une minute avant de pouvoir parler. J'avais envie de l'embrasser mais je me retins, essayant de rester calme. Je le remerciai et lui tendis une large récompense, après qu'il m'eut raconté comment ils avaient pris les voleurs dans leur case à trois heures du matin, conduits par celui qu'ils avaient arrêté.

« Peu de sites géographiques dans le monde ont été "découverts" autant de fois que le lac Malawi, nommé auparavant lac Nyasa, le lac des Tempêtes. Le Dr Livingstone fut le premier homme à donner une description juste de cette mer intérieure mais, bien avant son époque, de nombreux autres pionniers avaient buté dessus. Les pygmées à la peau de bronze furent les premiers à trouver le lac. Ils furent suivis, des siècles plus tard, par des Noirs des forêts congolaises et par des Arabes venant des sables rouges d'Oman. Il est presque certain que les premiers yeux européens à contempler Nyasa furent ceux d'un marchand portugais en 1616 mais ses compatriotes ne réussirent pas à exploiter sa découverte. A partir de là, un long silence retomba sur le lac ; il perdit son parfum d'authenticité et rejoignit les autres mythes et récits de voyageurs. Puis, il y a juste un peu plus de cent ans, Livingstone le révéla à nouveau à l'Europe et son génie en fit presque quelque chose qui lui était personnel, tandis qu'en contrepartie, le lac nous révélait son caractère à lui. Aujourd'hui, son esprit plus que celui de tout autre plane sur ses eaux.

C'est une région aride et désolée, aux couleurs fauves, avec un charme qui lui est propre. Toutes les rives du lac sont noyées dans le parfum lourd et sucré des arbres en fleur mêlé à l'antique odeur moisie des chauve-souris, de fumée de charbon de bois et de terre humide. Le lac lui-même n'est jamais longtemps hors de vue. Avec ses rochers éclaboussés d'écume et ses plages dorées baignées de douces vagues paresseuses, il ressemble plus à une mer qu'à un lac. Nyasa est un endroit singulièrement étrange et exotique ; il possède une essence élémentaire et indisciplinée qui le range en dehors du champ des expériences ordinaires. Des sources chaudes bouillonnent le long de ses rives et sifflent comme des reptiles en colère, en se déversant dans ses eaux froides et, lorsque les nuages descendent, un bataillon de trombes d'eau tournoyantes bondissent à 200 mètres de hauteur à leur rencontre, comme si le lac même essayait de fuir quelque démon caché dans ses profondeurs. Il n'y a pas de marée pour mélanger les eaux de Nyasa mais quelque chose de similaire, quoique plus étrange qui fait continuellement osciller les couches superficielles d'eau oxygénée de la surface, sur la couche inutile et stagnante du fond ; comme si le lac était secoué, tel un gigantesque baquet. Aucune vie ne pourrait exister dans ces eaux profondes, qui s'enfoncent de près de six cents mètres vers le lit du lac. Cependant, une telle impression de mystère énigmatique se dégage de Nyasa, qu'après avoir écouté les histoires des indigènes sur les monstres qui en émergent, on se demande avec angoisse quelle faune abyssale y demeure vraiment. La manière inconstante dont le niveau du lac varie périodiquement de sept mètres ou plus change sa forme d'année en année. Il n'a été découvert que récemment que Nyasa n'est rien de plus qu'une rivière endiguée dont le déversoir étroit s'engorge périodiquement de débris jusqu'à ce que le poids de l'eau s'élevant après plusieurs années fasse éclater la barrière et que le torrent se précipite vers le Zambèze. »

Je lisais à voix haute un passage de *Livingstone's Lake*, d'Oliver Ransford, tandis que notre petit convoi se dirigeait vers le lac Malawi. En 1967, Ransford avait été pendant six ans médecin officiel du Nyasaland où, aux abords du lac Nyasa (ainsi qu'on appelait le lac Malawi à cette époque), il avait trouvé un buisson sauvage, *Tephrosia vogelli*, un poison naturel contre les escargots, dont les feuilles réduites en poudre répandues sur les mares infestées tuaient les responsables de la bilharziose. De cette façon, il avait débarrassé la région de la bilharziose et était tombé amoureux du lac.

« Depuis l'époque de l'entaille de la Right Valley jusqu'au jour présent, le lac Nyasa avait une histoire turbulente, excitante et pittoresque. Pendant longtemps, il resta un mythe pour le monde extérieur mais lentement, l'information s'accumulait. Les intrusions arabes et portugaises ajoutèrent grandement aux connaissances de ce continent éloigné mais chacune dégénéra en sordide chasse aux esclaves. David Livingstone est, bien entendu, le grand héros du lac et son expédition du Zambèze est toujours d'un intérêt soutenu, surtout lorsque, à partir de 1862, l'expédition fut rejointe par cinq femmes, dont Miss MacKenzie, qui amena avec elle, dans ce pays sauvage, un âne familier, deux mules boiteuses, sa gouvernante et sa servante. Après Livingstone, les bords du lac virent la fondation de missions de confessions multiples qui amenèrent une rivalité religieuse si déroutante pour les indigènes, puis vint la partition du continent, dans la prise de possession la plus gigantesque de l'histoire, de ''frontières chauvines dessinées par des diplomates en queues-de-pie d'Europe''. Finalement, l'indépendance fut accordée ; le Dr Banda prit les rênes et le lac Nyasa devint Malawi. »

Le soir avant d'arriver au lac Malawi, nous eûmes notre première confrontation déplaisante avec la bureaucratie africaine depuis le début de l'expédition, lorsqu'un commissaire de district ivre et agressif nous contraignit à quitter le campement ravissant que nous avions trouvé sous un bosquet de bambou au bord d'une petite rivière qui se déversait dans le lac, parce que nous n'avions pas signalé notre arrivée avant d'installer le campement. Ceci était une zone stratégique à la frontière de la Tanzanie et de Malawi, déclara-t-il. Il était évident qu'il se donnait de l'importance.

Il était six heures du soir, une pluie fine tombait et nous venions de finir de dresser les tentes et de gonfler nos canots avec l'intention de rester sur place pendant plusieurs jours pendant que nous explorions le lac.

— Vous avez une demi-heure pour quitter les lieux. Je ne veux pas vous revoir lorsque je reviendrai, nous dit-il sèchement, singeant je ne sais quel contrôleur colonial de sa jeunesse.

— Ainsi soit-il, dis-je à l'équipe tandis qu'il s'éloignait rapidement sur la route. Remballons et fichons le camp avant qu'il ne fasse nuit et que nous ne soyons trempés.

Lorenzo prit Hugo, Adam et Juliette avec lui dans les canots et se dirigea vers le large me laissant avec Charlie et nos Africains pour replier le camp et recharger les camions avant la tombée de la nuit. Un groupe de villageois, exaspérés par le comportement hostile du commissaire de district, s'offrit pour nous guider jusqu'à la mission, endroit pratique pour retrouver Lorenzo et son équipe en canots, de l'autre côté du lac. La pluie éclata tandis que nous chargions les dernières affaires dans le camion mais, parce que c'était notre première journée en brousse et la deuxième partie de notre expédition, notre moral resta excellent en dépit du soudain et désagréable changement de programme.

LORENZO : Le départ précipité sous la pluie battante à sept heures du soir du camp à Itungi ne m'avait pas perturbé outre mesure. Il était important, je le savais, de descendre la rivière Kiwira juste assez pour être hors de portée de la police hostile et de trouver un endroit pour passer la nuit. La Kiwira, avec ses grands bosquets de bambous s'élevant sur ses deux rives, lui donnant un aspect asiatique, est une petite rivière et, dans ses parties plus étroites, le sommet des bambous se rejoignent pour former un tunnel. Les rayons du soleil filtrent à travers les feuilles vert-jaune de ces plantes qui sont sacrées pour les Japonais.

Après quelques heures de navigation, la végétation et les tunnels disparurent de ses rives. D'après mes calculs, nous avions maintenant atteint son estuaire et n'étions pas loin du lac Malawi. Il était décidément temps de s'arrêter. La frontière de la Tanzanie et de Malawi est imprécise ici. Il était à présent impossible de tomber sur une patrouille militaire à ce point. Dans l'obscurité, rompue par moments par les rayons de ma torche que je maintenais basse, au niveau de l'eau, j'avais détecté la présence de canoës et de voix humaines. Rassurés par une première distribution de cigarettes et des salutations courtoises, ils nous dirent en swahili que nous étions à environ 2 kilomètres du lac. Pour atteindre les eaux profondes, il fallait suivre un barrage naturel de sable et d'herbes jusqu'au *melango*, le passage donnant sur le fameux « lac des Tempêtes ».

C'était la première fois que nous étions contraints de dormir dans les canots pneumatiques. Ils étaient parfaits pour nous transporter ainsi que notre matériel mais dormir à quatre dedans était une autre affaire. L'impossibilité de nous protéger des moustiques m'inquiétait le plus ; si dormir recroquevillé par-dessus le matériel n'était pas vraiment un problème, les moustiques en étaient un de taille. Il ne sert à rien de s'envelopper dans un filet car, aux endroits où il frôle la peau, on se fait piquer à travers. A l'aide des avirons attachés en croix au-dessus du milieu du canot, le filet bordé partout où c'était possible, nous parvînmes à passer une uit raisonnablement bonne en attendant la lumière du jour suivant. Étendu, écoutant le bourdonnement aigu des moustiques qui essayaient de nous atteindre, je me souvins de la mise en garde du Dr Reese à Nairobi, que les moustiques de la malaria sont particulièrement infectieux, tard le soir, entre dix heures et les premières lueurs de l'aube.

Moustiques mis à part, la nuit africaine passée dans l'estuaire de la rivière Kiwira avait une fascination particulière. Les monts Livingstone, nommés d'après le premier homme à nous donner une description correcte de cette mer intérieure, étaient visibles au loin. Je ne me souviens pas avoir beaucoup dormi cette nuit-là mais un voyage comme le nôtre chasse tout sentiment de fatigue. Les canoës de pêche avaient commencé à bouger avant l'aube, se heurtant les uns aux autres avec le bruit caractéristique du bois creux. Les avirons caressaient la surface, ajoutant une note de plus au doux concert offert par les oiseaux à leur réveil. Je me souviens des couleurs pastel de cette région, des gris pâle de l'aube, des vert tendre des joncs, des vols successifs d'aigrettes blanches au ras de l'eau virant brusquement pour éviter nos embarcations. Les pêcheurs nous précédaient ; nous nous faisions de grands signes de main pour montrer que nous n'étions pas hostiles. C'est tout ce qu'ils demandaient. Tout était extraordinairement clair : chaque tige, chaque fleur se détachait comme gravée dans du cristal. J'avais l'impression que ma vue s'était soudain améliorée, que j'étais plus jeune, plus vif, rempli d'énergies renouvelées par une source inconnue.

— *Pages suivantes* —
Les monts Livingstone se dressaient, sombres et majestueux.

Heureusement, nos moteurs n'étaient pas bruyants, ce qui nous permit de descendre vers le lac sans déranger la nature autour de nous. A travers les touffes de joncs qui s'éclaircissaient, nous aperçûmes une langue de sable noir couvert de débris laissés par les eaux. Nous suivîmes le bord du barrage de sable, passâmes quelques pêcheurs qui revenaient et entrâmes doucement dans le lac Malawi.

Un regard sur la carte me montra que nous étions au port d'Itungi, à l'extrémité nord du lac. Un nom sur la carte, un point pour charger et décharger de la marchandise, une longue plage d'une douzaine de kilomètres, joignant l'embouchure de la rivière Kiwira aux monts Livingstone se dressant au-dessus du lac qui, à cet endroit, a 600 mètres de profondeur. A Matema, un autre nom sur la carte, nous étions censés retrouver Mirella, les véhicules et le reste de l'équipe. Le lac était calme et plat ce matin-là, les montagnes, éclairées transversalement par le soleil encore bas, étaient couvertes d'un voile de brume coloré par en dessous, par la réfraction bleue de l'eau. Les sommets étaient mauves et les profondes entailles suivant les pentes des montagnes vers le lac d'un vert sombre teinté d'or.

De l'endroit où je me trouvais, je réussis à distinguer les petites maisons carrées de brique aux toits de tôle rouillée du village de Matema mais il n'y avait pas encore signe de nos véhicules. Nous approchâmes de la rive noire. L'eau léchait la berge avec des petites vagues roulantes plus semblables à celles d'une mer que d'un lac. Le soleil nous cognait dessus férocement tandis que nous descendions des embarcations. Mirella apparut à travers les buissons, nu pieds, décoiffée mais heureuse de nous voir.

Nous avions roulé lentement pendant plusieurs heures sur une piste pleine d'ornières et de trous remplis d'eau et, en dépit de tous nos efforts, nous dérapâmes finalement hors de la route et restâmes embourbés pour le reste de la nuit. Le matin nous trouva raides, ébouriffés et fermement enlisés au milieu d'une plantation de bananes, entourés d'un groupe d'Africains éberlués qui étaient sortis de dessous les feuillages pour voir les arrivants nocturnes. Avec leur aide, nous réussîmes à dégager les légères Fiat Panda et à les remettre sur la route mais le Bedford de sept tonnes, lourdement chargé, ne voulut pas bouger et il fallut beaucoup creuser et pousser pour dégager les roues.

Je pris une voiture pour aller au rendez-vous sur le lac et rassurer les autres, et laissai Charlie derrière avec l'autre voiture pour s'occuper du camion. Le voyage de deux heures jusqu'aux rives du lac fut un enchantement. Tout le long du chemin, de chaque côté de la route, les plantations de bananes étaient entremêlées de palmiers et de cacaotiers à travers lesquels on apercevait des exploitations bien entretenues entourées d'habitations de bambous aux toits de feuilles de palmier. De grandes plantes tropicales aux feuilles bordées de blanc et des patates douces rampantes rendaient hommage au riche sol noir dans une symphonie de couleurs vertes. Pas étonnant que cette petite zone fût connue sous le nom de corbeille à pain de la Tanzanie. C'est la région la plus fertile et intensément cultivée de tout le pays. On pouvait presque sentir la végétation respirer et pousser.

Il était presque midi lorsque nous reprîmes enfin contact avec les autres. Ce soirlà, nous nous installâmes tous sur la plage pour boire les trois bouteilles de champagne apportées pour baptiser la seconde partie de l'expédition.

Nous restâmes une semaine au bord du lac Malawi, notre campement dressé sur la plage au sable gris métallique qui borde la pointe septentrionale. Les monts Livingstone se dressaient, sombres et majestueux d'un côté et de l'autre, l'eau scintillait vers un horizon perdu se fondant dans le ciel. Une mission délabrée, luttant pour faire survivre les enseignements des missionnaires depuis l'époque de David Livingstone, avait perdu tout signe d'authenticité. Vêtus de shorts et de chemises, les gens étaient indéfinissables et occidentalisés, sans identité particulière. Nous aurions pu nous trouver n'importe où dans le monde noir.

Durant les jours suivants, nous explorâmes le lac, nous arrêtant dans de petits villages de cases en terre battue, aux toits de chaume s'étalant sous les manguiers, pour bavarder avec les habitants et les regarder vivre leur vie simple, occupés aux tâches essentielles de leur existence. Ils brassaient de la bière de bananes et de noix de coco, broyaient la farine de maïs en poudre blanche et piquante, cuisaient des pots de terre qu'ils décoraient de peintures blanches à la chaux et les emmenaient au marché, empilés très haut dans leurs canoës ou attachés à une perche en équilibre sur leurs larges épaules. Ils restaient assis pendant des heures sur la plage ou à l'ombre des arbres, plongés dans d'interminables conversations. Sur les pentes des collines en terrasse, ils cultivaient le manioc et le maïs. Nous étions les seuls Européens dans la région et on nous sollicitait pour notre argent. Loin d'être misérables, les gens ici étaient bien versés dans l'art du commerce : tout avait un prix et était à vendre.

Lorsque nous partîmes, une semaine plus tard, nous rencontrâmes un enterrement groupé sous des manguiers au bord de la route. Environ 200 pleureuses en robes de coton colorées étaient assises, les pieds étendus devant elles, sur le sol couvert de feuilles, autour de la mère en deuil. Le corps de son petit enfant, enveloppé dans un linceul finement tissé, était étendu par terre à côté d'elle. Nous nous arrêtâmes et nous avançâmes vers eux en hésitant. Un groupe d'hommes assis autour d'un feu fumant non loin de là nous souhaita la bienvenue et nous demanda d'où nous venions.

La mère affligée, avec
son visage de madone
baigné de larmes,
contemplait le corps de
son petit enfant reposant
dans un linceul finement
tissé à côté d'elle.

144

— Pourrais-je prendre des photos pour mon récit ? leur demandai-je, un peu embarrassée par ma requête.

— Aucun problème, madame, si vous payez, répondirent-ils.

— Nous serions heureux de contribuer aux dépenses des funérailles, répondis-je en essayant d'adoucir le côté pécuniaire.

L'un d'eux se leva et alla voir la mère, avec son visage de madone baigné de larmes, pour lui délivrer le message. Tous les yeux se tournèrent instantanément dans notre direction, l'intérêt pour l'enfant mort momentanément détourné. «Allez-y, c'est entendu», revint nous dire l'homme. Nous mîmes de l'argent dans sa main. Les lamentations reprirent et soudain, le père, accablé de douleur, se détacha des arbres et s'avança vers nous en brandissant une machette, nous criant de nous en aller. Des larmes lui coulaient sur les joues. Il fut immédiatement maîtrisé par deux hommes plus âgés qui l'encadrèrent et il tomba à genoux en sanglotant dans ses mains. Nous nous éloignâmes silencieusement.

Peu après, la palette de couleurs vives se redressa et s'avança au soleil pour former la procession funèbre qui se dirigea en longue file vers le cimetière où le petit paquet fut déposé dans son lit de terre. Le père de l'enfant marchait seul à l'arrière. Silhouette solitaire et pathétique, comme un point de ponctuation noir à la fin d'une ligne colorée.

Nous nous arrêtâmes à un marché joyeux et bourdonnant le long de la route et nous perdîmes pendant un bref moment dans la foule colportant le produit de la région fertile que nous traversions. D'énormes régimes de bananes vertes et des paniers d'oranges s'entassaient à côté de piles de chilis, de fèves et de pommes de terre, des bouteilles d'huile de palmier vermillon étaient posées sur des tables à côté de piles odorantes de tabac séché, de poissons, de manioc et d'une quantité de produits africains qui nous étaient encore inconnus.

Une quinzaine de kilomètres après Mbeya, notre camion Bedford et les deux Fiat Panda virèrent vers l'ouest et traversèrent les monts Mbarara dans un brouillard épais. L'air était frais au sommet et le vent soufflait fort, chassant les nuages dans les vallées et le long des pentes escarpées vers les plaines surchauffées en contrebas. Nous étions soudain dans les landes écossaises, semblait-il, avec les pentes des montagnes couvertes de hautes herbes dorées au lieu de bruyère. Des fleurs sauvages poussaient au hasard le long de la route. Élégantes, à longues tiges, elles tendaient leurs pétales vers le ciel, buvant la brume ou rampaient, désorientées, sur la terre et se déversaient en brillantes cascades par-dessus les talus de la route. C'étaient les volubilis azur qui m'étonnaient le plus, si incongrus dans ce brouillard africain. Notre petit convoi

Le lac Tanganyika est imprévisible ; on ne peut jamais se fier à lui.

apparaissait et disparaissait en serpentant le long des crêtes puis sur la route qui menait vers les plaines chaudes en contrebas.

Notre arrêt suivant était sur les bords du lac Tanganyika, jalon important de notre expédition. Le fameux lac avait vu de nombreux explorateurs avant nous et pris sa place dans les annales de l'histoire tortueuse africaine. La curiosité avec laquelle nous attendions d'y parvenir nous aida à supporter le long, torride et épuisant voyage de deux jours sur des routes défoncées et poussiéreuses jusqu'à Sumbawanga, la dernière petite ville avant la descente raide jusqu'au bord de l'eau. Nous rampions en première par-dessus les grands rochers volcaniques qui encombraient la voie et que nous étions contraints de dégager à la main lorsqu'ils devenaient infranchissables. Notre nouvelle équipe de Kenyans se débrouilla magnifiquement, négociant les passages difficiles avec précaution et grande expérience. Quand, après plusieurs heures, le lac apparut soudain à travers les arbres, ils poussèrent un grand cri de joie. Grande étendue de verre fondu se déversant vers l'horizon, mer intérieure dont les rives éloignées étaient hors de vue, scintillant sous le soleil, le lac était si brillant qu'il nous faisait mal aux yeux.

Après avoir déchargé, nous dressâmes le campement sur une petite plage à côté d'un village en feuilles de palmier niché sous un bosquet de cocotiers. La terre tout autour était brûlée et nue, creusée de grandes entailles, au fond desquelles poussaient de hauts arbres avec une apparente facilité dans la terre accumulée par l'érosion. Il faisait doux et frais à l'ombre et les villageois nous accueillirent avec joie, visiblement surpris par notre apparition. Peu de Blancs venaient par ici tant le coin était reculé et difficile d'accès.

Nous dûmes garer nos véhicules sur une butte à environ trente mètres au-dessus du niveau de l'eau ; le groupe habituel de curieux nous suivait dans nos allées et venues sur le chemin tortueux, pendant le transfert de notre équipement jusqu'à la petite plage, embarcadère idéal et inattendu, juste assez grand pour notre campement. Durant les soirées, et le matin de bonne heure, une brume bienvenue venant du lac nous enveloppait dans un linceul d'humidité qui rafraîchissait nos visages brûlés et nos lèvres gercées. De longs canoës étroits émergeaient à ce moment des joncs ; propulsés par de longues perches, ils glissaient délicatement sur les eaux calmes.

Il nous fallut cinq jours pour atteindre Ujiji, le site de la rencontre historique où Stanley avait trouvé Livingstone. Adam et les Africains arrivèrent avec les véhicules quelques heures après nous. Nous suivîmes la côte découpée et nue de l'aube au crépuscule, tous les jours, nous arrêtant pour passer la nuit sur les plages ou dans des criques abritées lorsque le lac devenait agité, ce qui arrivait souvent l'après-midi quand le vent se levait. Le lac Tanganyika est imprévisible ; on ne peut jamais se fier à lui. Beaucoup de gens se sont noyés dedans, surpris par un soudain changement d'humeur. Comme en mer, les matinées sont calmes, sans signes de turbulence. Mais lorsque la chaleur de la journée augmente, l'air montant des plaines surchauffées se précipite le long des pentes des montagnes et balaie l'immense surface d'eau à grandes rafales, formant des vagues qui atteignent parfois 2 ou 3 mètres, rendant le retour à terre difficile pour les frêles et instables embarcations en troncs évidés utilisés par les habitants lacustres. Le décor de ses berges témoigne de sa violence. Le peu de végétation qui survit ici s'est adapté aux conditions climatiques difficiles. Les herbes et les joncs sont durs et peu engageants ; regroupés en murs protecteurs, les cactus et les euphorbes s'accrochent avec leurs racines noueuses aux rochers et les plages de sable sont souvent recouvertes de débris rejetés par le lac. Les canoës sont sortis loin hors de l'eau et amarrés à des pierres la nuit. Les huttes sont construites en treillage solide, recouvert de boue et de pierres avec des toits en feuilles de palmier ou en herbe. Les villages plus importants s'étalent le long des grandes baies, à l'endroit où la rive s'incurve vers l'intérieur des terres et où les eaux sont

147

De longs canoës étroits
émergèrent des joncs;
propulsés par des
perches, ils glissèrent
délicatement vers nous
sur les eaux calmes.

148

calmes, protégées par des promontoires rocheux qui sont de bons points de repère et sont indiqués clairement sur les cartes.

Nos canots pneumatiques insubmersibles, propulsés chacun par un moteur Mariner de 25 chevaux, franchissaient les vagues avec une remarquable aisance. Ce n'était pas toujours agréable de voyager par mauvais temps et les jours paraissaient interminables mais Lorenzo, Juliette, Hugo et Charlie semblaient préférer un peu d'action et adoraient négocier les vagues difficiles et les embruns. Nous nous arrêtions souvent le soir, mouillés et épuisés, heureux d'être à nouveau sur la terre ferme. Certains jours étaient calmes et permettaient une observation plus intense du rivage. C'étaient les jours que je préférais, baignée par le soleil ou à l'abri de mon ombrelle, sélectionnant des images d'une Afrique primitive avec mon appareil photo. C'était un décor continuellement changeant qui nous divertissait et excluait la monotonie. Par moments, le décor devenait dramatique et presque théâtral avec les rochers géants, polis et battus par les vagues, se dressant à 30 mètres au-dessus de l'eau.

L'eau ici était profonde et froide et les gens pêchaient au fond avec des hameçons accrochés à de longues lignes. Le cabillaud d'eau douce avait de grands yeux bulbeux protubérants — habitant disgracieux d'un monde sombre où les rayons de lumière sont atténués et réfléchis. Tous nos efforts de pêche à la mouche furent un échec.

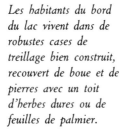

Les habitants du bord du lac vivent dans de robustes cases de treillage bien construit, recouvert de boue et de pierres avec un toit d'herbes dures ou de feuilles de palmier.

En dépit de l'éventail d'appâts tentants avec lesquels nous les courtisâmes, nous ne prîmes pas un seul poisson. La pêche de nuit au filet, avec des lampes à kérosène, fournit cependant les protéines nécessaires aux habitants sous forme de grands bancs de minuscules sardines et de friture qui sont mises à sécher au soleil sur le sable chaud tous les matins et ramassés dans des paniers l'après-midi. Cuites à l'huile de palmier avec des tomates sauvages et des herbes ou rôties sur des fers plats, elles sont consommées une fois par jour avec une *polenta* de manioc, denrée de base et diète monotone de ces rudes habitants du lac dont les conditions de vie difficiles les rendaient aussi résistants et énergiques que les plantes qui poussaient auprès d'eux.

Peu d'étrangers venaient par ici étant donné la rareté des routes. Il nous paraissait étonnant, avec tous nos besoins matériels, de voir à quel point les habitants du lac étaient peu exigeants et satisfaits : simples, sains, partout ils nous accueillaient avec un enthousiasme touchant, toujours prêts à nous aider ou à simplement s'asseoir et parler sans fin, assoiffés qu'ils étaient de nouvelles. Chaque village avait sa propre petite infrastructure — un chef, un groupe d'anciens et un maître d'école. Les enfants suivaient des cours élémentaires : lecture, écriture, grammaire et arithmétique, sous les arbres, assis sur des pierres par terre ou dans des salles de classe rudimentaires en torchis avec des bancs grossièrement taillés dans du bois. Une de ces classes était

Les enfants vont ici à l'école primaire dans une « classe » sous un arbre mukuyu sauvage agrippé à un rocher ; la partie lisse du rocher sert de tableau noir.

151

particulièrement originale et imaginative. Elle était installée sous un arbre *mukuyu* sauvage agrippé à un rocher d'environ cinq mètres de haut. Une des surfaces du rocher était plate et lisse et servait de tableau noir. Les branches basses procuraient de l'ombre sur un fragment de plage qui avait été nettoyé et tassé. Les élèves, âgés de six à dix ans, étaient assis sur des pierres avec de petites ardoises sur les genoux, récitant les mots que l'instituteur leur montrait sur le rocher avec un long bâton.

Ils étaient au milieu d'une leçon et nous tournaient le dos lorsque nous débarquâmes sur la plage. Nous les avons regardés pendant un moment, ne voulant pas les déranger, mais un chien se mit à aboyer et nous trahit. L'instituteur nous demanda de venir et nous présenta à sa douzaine d'élèves qui, à l'unisson, nous souhaitèrent la bienvenue. Nous restâmes un moment avec eux puis on nous demanda de parler de notre voyage. Lorenzo s'avança à côté de l'instituteur et, pendant une demi-heure, les amusa avec ses histoires. Puis il leur offrit de faire un tour en canot et devint instantanément leur héros. Ce ne fut pas facile de les quitter à la fin de la matinée ; nous promîmes de revenir mais, bien sûr, ne le fîmes jamais, car il fallait aller de l'avant. Comment aurions-nous pu autrement quitter ces âmes simples ? Nous y retournerons peut-être un jour ; pour tous deux, c'est un projet tentant.

Notre campement, ce soir-là, fut un des rares hostiles. Le site était très attirant avec son sable fin doré bordé de roches et d'arbres mais, à peine avions-nous débarqué, qu'une armée invisible de puces de sable redoutées nous assaillit, bourdonnant dans nos oreilles, notre nez, nos yeux et notre bouche, nous rendant fous. Mais la nuit tombait et nous avions déchargé les canots. Impossible de trouver un autre endroit. Nous nous enveloppâmes la tête et le visage dans un *kikois*, les *sarongs* africains colorés que nous avions toujours avec nous et, pour la première fois, sortîmes nos chapeaux à moustiquaire, une invention ingénieuse pour de telles occasions : une fine moustiquaire cousue autour d'un chapeau de toile et attachée autour du cou. Heureusement, l'armée des envahisseurs se retira avec l'obscurité et nous eûmes une nuit paisible, sans moucherons. Mais le lendemain matin, ils étaient de retour avec le soleil. Je n'avais jamais été aussi pressée et soulagée de m'embarquer à nouveau et je fis promettre à l'équipe de ne jamais répéter cette expérience.

HUITIÈME CHAPITRE

CHIMPANZÉS ET BABOUINS

L A PLAGE D'UJIJI OÙ STANLEY AVAIT RETROUVÉ LIVINGSTONE en 1873, était aussi discrète que son nom était célèbre, avec des canoës tirés sur le sable et une foule de gens occupés à leurs affaires, achetant et vendant du poisson, lavant du linge, réparant des filets ; elle avait un air d'abandon. Bien qu'elle fût marquée clairement sur la carte, nous passâmes devant et dûmes rebrousser chemin en nous apercevant que nous arrivions à Kigoma.

Kigoma est un des ports principaux du lac, à environ 20 kilomètres d'Ujiji, qui défigure le paysage avec ses quais en ciment, ses réservoirs à pétrole et les grands bateaux en fer à l'ancre. Par constraste, Ujiji, à cause de son association avec les grands explorateurs, est baignée de romantisme mais à présent, juste un peu plus de cent ans après leur rencontre historique, ce n'est qu'une plage de plus.

Deux Anglais à l'allure excentrique, se tenant à côté de leurs ânes au milieu d'un petit groupe d'Africains, nous rejoignirent et se présentèrent avec exubérance ; surpris par notre arrivée inattendue, ils s'assimilèrent rapidement à notre groupe. John Tardios et Adrian Cantor, un Méditerranéen aux cheveux noirs, de Malte, et un rouquin du Lincolnshire, étaient arrivés à Ujiji une semaine auparavant, après une course de deux ans à travers la Tanzanie, en suivant la route de Stanley. Endurcis par la course, les accès de malaria, de dysenterie et les coups de soleil, leurs visages tannés témoignaient de leur étrange équipée.

Nous chargeâmes nos sacs et notre équipement sur des ânes et, ensemble, suivîmes la piste qui menait de la plage vers l'intérieur jusqu'à la petite ville poussiéreuse et l'endroit où la rencontre historique avait eu lieu. L'arbre légendaire sous lequel les deux explorateurs s'étaient serré la main pour la première fois était mort depuis et avait été remplacé par un immense manguier. Tout le secteur avait été entouré d'un mur de pierre avec deux portes en lattes de bois, fermées par une chaîne et

— À droite —

Nous chargeâmes nos sacs et notre équipement sur des ânes et suivîmes la piste qui menait du rivage vers l'intérieur jusqu'à la petite ville poussiéreuse d'Ujiji.

— Ci-dessous —

*Mary-Ann Fitzgerald, correspondant africain de l'*International Herald Tribune, *nous rejoignit à Ujiji. « Où êtes-vous ? » avait-elle demandé par radio. « Au milieu du lac », avait répondu Lorenzo.*

154

Henry Morton Stanley fut envoyé par l'agence parisienne du Herald Tribune *pour retrouver David Livingstone en Afrique.*

un cadenas. Une pancarte en carton, percée à une extrémité et accrochée à un fil de fer indiquait : «Monument Livingstone — Fermé.»

Nous tambourinâmes sur les portes et, après quelques instants, une main féminine délicate et blanche apparut et nous tendit une clef à travers les lattes. Les portes s'ouvrirent, révélant la propriétaire de la main. Elle était grande et mince, vêtue d'un pantalon de treillis militaire vert olive et d'une chemise kaki, les cheveux tirés en arrière. Elle avait un visage creux et tanné qui s'éclaira de surprise lorsque John nous présenta mais la tension du long voyage était encore très visible dans ses yeux vert clair anxieux. C'était Christina, la femme de John Tardios. Douce et polie, il était difficile au premier abord de l'associer à un voyage si éprouvant mais, en apprenant à la connaître, nous découvrîmes que sous son apparence fragile se cachait une femme tenace, d'un caractère calme et patient.

Un simple monolithe de pierre et de ciment, avec une croix gravée dans un contour de l'Afrique, se trouvait sous le manguier, avec «David Livingstone 1813-1873» inscrit sur une plaque de bronze à sa base. A sa droite se trouvait une autre plaque avec les noms et les dates de Burton et Speke. Nous restâmes debout devant les trois noms évoquant les exploits à présent familiers des explorateurs légendaires. L'endroit était très calme. Le soleil, filtrant à travers les feuilles du manguier, dessinait des motifs tachetés sur le monument gris et les ânes grignotaient les buissons plantés autour.

John, Adrian et Christina avaient dressé leur camp dans un petit bâtiment en pierre de deux pièces à l'intérieur de l'enclos, qui servait de refuge aux voyageurs. Construit par le gouvernement de Tanzanie, c'était un joli hommage aux trois hommes qui, les premiers, avaient tracé la route. Nous fîmes du thé sur un réchaud à gaz et nous installâmes pendant quelques heures à l'ombre du grand arbre, échangeant nos récits et laissant la fatigue s'évaporer. L'endroit semblait idéal pour une telle pause.

Lorsque la chaleur diminua, nous flânâmes à travers la petite ville aux maisons de terre recouvertes de toits en tôle rouillée. La rue principale était goudronnée mais pleine de nids-de-poule à cause de l'étonnante circulation de camions traversant la ville, soulevant un nuage constant de poussière. Les boutiques étaient pleines de tissus colorés, de matelas, de pots et de poêles en fer. Les habitants bavardaient et les enfants nous suivaient partout. A l'extérieur de la mosquée, des Ara-

« Livingstone était une personne que je vénérais, qui éveillait tout mon enthousiasme, qui n'évoquait rien d'autre que l'admiration la plus sincère », écrivit Stanley dans son journal après leur rencontre à Ujiji.

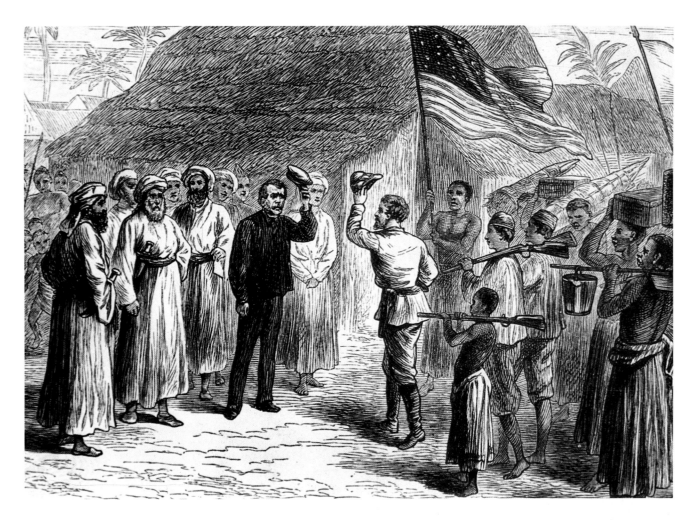

bes en longs *kanzus* blancs étaient assis par groupes, jouant aux dominos africains ou plongés dans d'interminables conversations. D'une école à proximité, un chœur de jeunes voix récitant le Coran et chantant des chants musulmans nous parvenait à travers des fenêtres à barreaux, soulignant un passé d'esclavagistes arabes. Deux immenses arbres aux racines apparentes et rongées se dressaient, témoins silencieux d'un endroit macabre qui avait été autrefois le marché aux esclaves car c'est ici, à Ujiji, que les esclaves capturés étaient regroupés avant de commencer leur long voyage vers l'océan Indien et les dhaws arabes qui les attendaient à Bagamoyo. Ujiji, pour ceux qui sont familiers avec l'histoire de l'Afrique, évoque une multitude de telles images dramatiques, dont les traces sont encore partout apparentes.

A Kigoma, nous retrouvâmes une fois de plus nos véhicules et nous restâmes plusieurs jours pour trier, ranger et réorganiser. Le prochain rendez-vous fut fixé

Lorsque Stanley et Livingstone se rencontrèrent enfin, Stanley était en marche depuis plus de deux ans et Livingstone était arrivé à Ujiji juste une semaine auparavant.

Les esclaves qui
essayaient de s'enfuir
étaient sévèrement punis
en public pour
décourager les autres.

— Ci-dessus —
Hamidi bin
Mohammad, un arabe
de Zanzibar, connu
sous le nom de Tippu
Tip, devait devenir le
plus grand marchand
d'esclaves d'Afrique
Centrale.

— À droite —
Une caravane d'esclaves
en marche.

*Une résistance têtue et
passive était souvent le
seul recours des esclaves
capturés.*

159

Les esclaves en fuite étaient pourchassés et, comme des animaux sauvages, pris à l'aide de solides filets.

Les gorilles, comme les esclaves, étaient aussi chassés dans les forêts mais tués ensuite.

à Bujumbura au Burundi, à l'extrémité septentrionale du lac. Nous nous rendîmes en canot à la rivière Ngombe, à environ une heure de trajet vers le nord, jusqu'au sanctuaire de chimpanzés de Jane Goodall, où elle étudie et contrôle le comportement des chimpanzés depuis vingt-cinq ans. Elle venait juste de finir le premier livre vraiment érudit sur la question, intitulé *Chimpanzees of Gombe : Patterns of Behaviour*.

Par une magnifique coïncidence, Jane, qui à présent habite à Dar-es-Salaam, venait juste d'arriver pour passer une semaine avec ses chimpanzés et collecter les observations rassemblées par son équipe durant l'année écoulée. Nous passâmes plusieurs jours fascinants avec elle et sa famille de chimpanzés. En dépit de quelques cheveux gris, Jane a très peu changé au cours des années. Son ravissant visage à la Botticelli avec ses yeux verts tranquilles, ses cheveux tirés en arrière et coiffés en queue de cheval, sa silhouette nette et pimpante en habits de brousse élégants lui donnent un air de sérénité, celui d'une femme maîtrisant parfaitement sa vie, son environnement et elle-même. C'était à la fois rassurant et intimidant.

Je ne l'avais pas vue depuis vingt ans mais j'avais suivi son ascension vers la célébrité dans le domaine de la faune sauvage par l'intermédiaire de ses livres et de ses films. Les rumeurs la présentaient comme une femme difficile, arrogante et inabordable et nous ne savions pas comment elle nous recevrait dans son petit royaume. Nous avions laissé des messages à son intention à Kigoma mais ils étaient restés sans réponse, ce qui nous déconcerta jusqu'à ce que nous l'apercevions dans son bateau à moteur, passant à quelques centaines de mètres du campement, en route pour Ngombe.

— Bon, allons à sa poursuite, dit Lorenzo, en sautant dans un canot pneumatique.

Il y avait des vagues et elle ne ralentit pas à notre approche mais poursuivit simplement sa route. Elle avait un grand chapeau de paille et était assise avec quelques-uns de ses collaborateurs, un Indien, deux Africains et un Blanc, et paraissait assez distante. Nous la saluâmes en criant pour couvrir le bruit des moteurs, l'informant de notre visite, le lendemain, à la rivière de Ngombe, si elle le permettait. Elle acquiesça d'un signe de tête assez indifférent tandis que le vent nous couvrait d'embruns. Mais nous avions pris contact et avions un rendez-vous.

Notre rencontre du lendemain effaça nos craintes et tout le monde tomba amoureux d'elle. Courtoise, accueillante et attentive, elle nous invita dans sa demeure de brousse, un bâtiment en pierre ayant l'aspect d'un bunker, avec une longue véranda en bois et un toit de feuilles de palmier, complètement entouré de grillage, qui ressemblait à une cage.

— C'est pour empêcher les singes de rentrer, expliqua-t-elle. Autrement, il ne resterait plus rien ici.

Il n'y avait pas grand-chose de toute façon, juste le minimum indispensable à la survie — une table en bois, trois chaises et des caisses empilées les unes sur les autres qui servaient d'étagères à des conserves de denrées de base : lait concentré, margarine, légumes, viande, quelques biscuits, thé, sucre, farine, huile et quelques sachets de soupe. Il y avait deux lampes-tempête et un réchaud à kérosène par terre à côté d'un carton de casseroles et de poêles en fer, une bouilloire et un peu de vaisselle et de couverts. C'était à peu près tout. Au mur, quelques agrandissements fantastiques de chimpanzés dans des postures et avec des expressions singulièrement humaines, et une grande carte de la Tanzanie, jaunie par l'âge et l'humidité. Cet endroit avait été sa maison autrefois mais elle l'avait abandonné lorsqu'elle s'était installée à Dar-es-Salaam et ne s'en servait maintenant que comme abri durant ses visites annuelles à Ngombe.

L'intérieur était sombre et peu engageant, un peu comme un entrepôt, avec son parquet en bois, ses fenêtres grillagées et les objets en désordre mais Jane s'y déplaçait comme une figurine Renaissance, donnant une certaine solennité professionnelle à tout. Ceci était la demeure d'une scientifique qui, durant vingt-cinq ans, avait observé le comportement des chimpanzés et dont les découvertes étaient incorporées dans les annales de la vie sauvage et le savoir humain. Elle avait eu l'idée et l'endurance nécessaires pour étudier l'extraordinaire comportement du primate le plus proche de l'homme parce que, nous dit-elle, lorsqu'elle avait quitté l'école, elle avait éprouvé un désir très fort d'observer la nature et d'écrire sur la vie sauvage, vocation qu'elle avait totalement accomplie. Nous nous promenâmes avec elle dans la forêt et le long de la plage ; nous restâmes pendant des heures, observant les différents membres de sa famille de chimpanzés. Elle nous parla aussi de sa vie, de ses découvertes et de ses méthodes. Les chimpanzés et les babouins passaient parmi nous durant nos conversations, illustrant les remarques qu'elle faisait. Son équipe africaine, loyale, dévouée et efficace, avait été bien entraînée par elle et la soulageait des contrôles fastidieux.

A Mahali, à peu près à deux jours au sud de la rivière de Ngombe, nous avions rencontré nos premiers chimpanzés sauvages vivant dans la forêt, loin de tout être humain. Nous avions éprouvé une étrange attirance à leur égard, quelque chose que nous n'avions ressenti avec aucun autre animal. C'était presque comme s'ils étaient plus comme des humains ; il semblait y avoir un lien reconnaissable entre eux et nous. Jane nous expliqua que les chimpanzés sont, bien sûr, nos plus proches parents sur le plan biologique ; ce sont tous des individus distincts, comme nous, chacun est très différent de l'autre. Les chimpanzés vivent approximativement cinquante ans et un bébé naît tous les cinq ou six ans après que la mère a atteint l'âge de treize ans.

L'un des centres d'intérêt principaux de Jane est de définir comment les expériences de l'enfance affectent les adultes — d'où la nécessité d'une étude de longue

Jane Goodall a étudié et noté le comportement des chimpanzés sur la rivière Ngombe pendant plus de vingt-cinq ans. Les chimpanzés sont nos plus proches parents sur le plan biologique.

durée. « Il est très important dans cette étude, nous expliqua-t-elle, de savoir qui est apparenté à qui ; il y a par exemple de forts liens d'entraide entre les frères et sœurs qui n'existent pas envers les autres individus. Un frère aidera son frère, une grand-mère prendra soin de son petit enfant. Il existe un lien très fort entre une mère et ses filles et fils adultes. Les enfants la quittent entre l'âge de huit et onze ans, d'abord pour de courtes périodes mais, lorsqu'ils reviennent, les liens parentaux forts subsistent tout au long de leur vie. Cela fait une grande différence pour un jeune mâle d'avoir un frère ou pas, car deux mâles évoluant ensemble dans ce système d'entraide ont une bien meilleure chance de s'élever dans la hiérarchie dominée par les mâles que s'ils étaient seuls. Il sait qu'il peut toujours compter sur son frère qui ne se tournera jamais contre lui. Je ne fais que commencer à comprendre les complexités du comportement des chimpanzés dans leurs relations familiales. Comme les humains, par exemple, une grand-mère jouera beaucoup plus avec ses petits-enfants qu'elle ne l'a fait avec les siens propres ; elle n'a pas de responsabilités et peut simplement s'amuser avec. Je commence à travailler de plus en plus avec des psychologues pour enfants et avec des psychiatres parce que je trouve que les chimpanzés sont très semblables à nous. Ils sont très complexes mais ne sont pas liés par une culture, pas au même point que les humains et ne s'inquiètent donc pas de ce qu'on pense d'eux. Si, par exemple, un chimpanzé a eu une mauvaise expérience dans sa jeunesse, il est beaucoup plus facile d'en voir les effets que chez les humains. Ceux-ci apprennent à cacher ce qu'ils sentent ou pensent, ils n'aiment pas être dépréciés ou que l'on se moque d'eux et donc, à moins d'être sérieusement affectés mentalement, apprennent à contrôler leur comportement, ce qui n'est pas le cas chez les chimpanzés. »

Nous avons demandé à Jane si elle avait mis au point une façon de communiquer avec ses chimpanzés, si, par exemple, elle « parlait chimpanzé ». Elle rit. « Je le comprends, mais je ne parle pas avec les chimpanzés parce qu'en fait, ils ont des moyens de communication très complexes. Ce sont en partie des postures et des gestes, très semblables aux nôtres comme de tendre la main, se toucher, se saluer, s'étreindre, s'embrasser, se tenir par la main, se tapoter l'épaule. Cela, nous pouvons le comprendre intuitivement, même lorsqu'on n'a jamais vu un chimpanzé auparavant. Puis ils ont un répertoire de cris que j'ai dû apprendre à comprendre. Par exemple, le cri à distance qu'ils utilisent pour communiquer entre groupes dispersés. Il y en a au moins cinq différents types qui ont des significations différentes. »

Jane nous en fit une imitation si parfaite et réaliste que les chimpanzés dans les arbres derrière nous y répondirent et nous fûmes témoins d'un échange extraordinaire et émouvant entre les deux espèces.

Elle nous amusa aussi en nous montrant comment elle avait inventé une méthode pour contrôler la croissance de ses chimpanzés en attachant une corde à une balance attachée à une branche, sur laquelle était fixée une boîte contenant une banane. Lorsque le chimpanzé allait chercher la banane, il devait grimper à la corde et la balance enregistrait son poids — méthode ingénieuse et efficace.

Notre campement sur la plage, près des installations de Jane, était la cible de raids journaliers des babouins et nous étions contraints d'établir une surveillance étroite pour protéger notre nourriture, notre savon, notre dentifrice et nos chaussures. Leur familiarité, dénuée de toute crainte envers les humains, culmina un soir, quand nous vîmes un pêcheur, portant un régime de bananes sur sa tête, se faire assaillir. Les envahisseurs insolents détalèrent avec leur butin tandis que l'homme, terrifié, s'enfuyait sur la plage, provoquant l'hilarité générale dans notre camp. Puis ce fut au tour de nos canots pneumatiques, où un régime oublié de bananes fut saccagé et emporté dans leurs bouches, leurs mains, sous leurs bras tandis qu'ils fuyaient le long de la plage comme des voleurs coupables devant les membres de l'expédition qui criaient et agitaient des bâtons. Un vieux mâle tenta de prendre quelques bananes à une femelle agressive portant un minuscule bébé agrippé à son dos. La violente querelle qui s'ensuivit était si comiquement humaine, tandis qu'elle hurlait et le giflait, qu'ils furent immédiatement baptisés Lorenzo et Mirella. Nous en apprîmes beaucoup sur le comportement humain durant notre semaine sur la rivière de Ngombe avec les primates. Ils jetèrent un éclairage nouveau sur nos propres interactions dans l'expédition.

Les babouins sont biologiquement plus distants de l'homme que les chimpanzés ; ce sont des catarrhiniens alors que les gorilles sont des anthropoïdes. La lignée humaine se détacha sans doute de celle des chimpanzés quelque part entre cinq et dix millions d'années avant nous ; elle s'était détachée de celle des babouins avant cela. Ce qui distingue les anthropoïdes se voit sur le faciès de ces animaux. Le visage des gorilles et des chimpanzés ressemble bien plus au nôtre : il est plus expressif, et les signaux qu'il émet sont plus faciles à interpréter que celui des babouins.

Les babouins, particulièrement les mâles, ont de longs museaux pour permettre à leurs canines impressionnantes de pousser. Leur comportement est, sous bien des aspects, similaire à celui de l'homme. En fait, dans les années 1950 et 1960, les babouins étaient pris comme modèle de l'évolution humaine. Ce qui est unique chez eux par rapport aux autres primates, c'est qu'ils vivent autant dans la savane et les secteurs semi-arides que dans la forêt. Seuls les humains et eux sont capables de vivre en pleine savane.

— Page suivante
en haut à gauche —
Durant notre semaine avec les primates de la rivière Ngombe, nous apprîmes beaucoup sur le comportement humain et pûmes comparer les interactions des singes avec celles qui se produisaient dans notre expédition.

— Page suivante
en bas à gauche —
Les communications et le comportement entre babouins sont, sous bien des aspects, similaires à ceux des humains. Ils étaient si intrigués par la réflexion de leur image dans l'objectif de la caméra de Bruno qu'ils nous firent beaucoup rire.

— Page suivante,
image principale —
La violente querelle qui s'ensuivit était si comiquement humaine que ces deux babouins furent immédiatement baptisés Mirella et Lorenzo.

Les familles, chez les babouins, sont très unies. Une femelle garde tous ses petits et généralement la génération suivante, et parfois celle d'après, dans son groupe familial. Une troupe est composée de nombreuses familles différentes qui s'entraident dans les moments difficiles et aiment être ensemble. Ils mangent ensemble, se reposent ensemble, dorment ensemble et, à ce propos, le lien entre les mères et les petits — les liens de base de la famille — est très similaire à celui des chimpanzés et aussi des humains (quoique parfois les familles de babouins soient plus gentilles que les familles humaines).

Shirley Strum, anthropologue américaine de l'université de San Diego, a étudié le comportement des babouins pendant quinze ans. Nous l'avons rencontrée chez elle au Kenya et elle nous a dit qu'une des ressemblances les plus frappantes entre les humains et les babouins était leur système politique — qu'ils avaient un code social sophistiqué comparable non pas à une politique nationale mais locale. Un mâle, par exemple, bien qu'ayant tout le potentiel agressif, une grande force, de longs poils et des dents superbes, ne se bat que rarement. De nombreuses alliances sociales peuvent l'empêcher d'obtenir ce qu'il veut. Alors, au lieu d'utiliser l'agression, il forme lui-même des alliances. Par exemple, si les babouins se battent pour une femelle, celle-ci ne coopère pas nécessairement ; le mâle qui l'emporte ne peut pas la violer. Avant d'obtenir ce qu'il veut, qui est de s'accoupler avec elle, il doit lui faire des gentillesses et devenir son ami. Ensuite, il fera valoir ses droits.

Il en va de même avec les bébés. Très souvent, lorsque deux mâles se battent, le perdant attrape un petit et se le met sur le ventre puis se présente ainsi devant son adversaire pour désamorcer son agressivité. Mais cette manœuvre ne réussit que si le petit coopère ; s'il pousse des hurlements, alors toute la troupe attaque et il est vraiment dans une situation dangereuse. Leurs relations sont basées sur la réciprocité.

Si les babouins vivent dans un environnement riche comme la rivière de Ngombe, ils ont des petits tous les treize ou quatorze mois. Si l'environnement est plus aride, cela peut être tous les deux ans, deux ans et demi. Une observation intéressante — commune à bien des espèces animales —, c'est que l'âge de la femelle détermine sa fertilité. Les jeunes femelles sont moins fertiles que les femelles d'âge mûr. Puis, lorsque la femelle vieillit, sa fertilité diminue et sans doute, si les babouins vivaient assez longtemps, ce qui est le cas en captivité, elle connaîtrait une ménopause tout comme les humains.

Il est connu que les chimpanzés et les gorilles ont des cervelles plus grandes que celles des babouins mais il est difficile d'établir un QI comparatif parce que, chez les primates, il est mesuré dans le cadre de chaque espèce. Il faut très bien connaître l'animal pour établir le test. Auparavant, on croyait que les gorilles étaient stupides, mais c'était un problème de motivation, pas d'intelligence. Ils ne voulaient pas faire les tests. Plus tard, il a été établi que les gorilles et les chimpanzés avaient à peu près le même QI. Les chimpanzés et les gorilles sont capables de certaines performances que n'accomplissent pas les babouins mais, d'un autre côté, il y a bien des choses qu'un babouin peut faire et dont un chimpanzé est incapable dans son environnement naturel.

Le thé avait été servi sur un plateau d'argent et posé sur une pierre plate à côté de nous tandis que nous bavardions avec Shirley. La gorge masaï, profonde et splendide, avec ses hauts arbres jaunes poussant au fond s'étendait au pied de sa magnifique maison. Nous ne remarquâmes pas un vieux mâle babouin et sa compagne, portant un petit sur son dos, qui s'étaient glissés derrière nous, jusqu'au moment où nous entendîmes le bruit soudain de vaisselle renversée. Les biscuits avaient disparu et le thé était renversé sur le plateau, tandis que la petite famille de babouins fuyait sur la pelouse, mâchant les biscuits fourrés dans les poches de leurs joues.

NEUVIÈME CHAPITRE

RUZINA SE JOINT À L'EXPÉDITION

ARY ANNE FITZGERALD, LE CORRESPONDANT AFRICAIN DE l'*International Herald Tribune*, nous rejoignit à Ujiji. Elle avait été envoyée pour rencontrer Lorenzo par le même journal qui avait dépêché Stanley à la recherche de Livingstone. Elle vint avec nous à la rivière de Ngombe ; au bout d'une semaine, nous organisâmes une régate de canoës parmi les villageois du coin, en l'honneur de son départ. Tout le monde s'amusait si bien qu'elle faillit manquer le bateau à vapeur pour retourner à Kigoma. Lorsque le moment arriva pour nous de partir, les villageois nous supplièrent de rester un peu plus mais il fallait poursuivre. L'arrivée du bateau hebdomadaire qui s'arrête dans les villages plus importants sur les bords du lac Tanganyika est toujours le prétexte d'une fête ; les villageois s'assemblent sur la plage, vêtus de leurs plus beaux atours. Ce bateau moderne, qui suit une route remontant à l'époque coloniale, a grandement accru le trafic entre les villages, modifiant progressivement la vie des habitants. Il a répandu le désir des biens de consommation et a facilité les voyages depuis les villages jusqu'aux villes de Bujumbura au Burundi et Kigoma en Tanzanie. De nombreux jeunes quittent maintenant leurs familles, leurs villages et leurs traditions pour les promesses illusoires d'un style de vie européen que peu d'entre eux peuvent se permettre et les bidonvilles augmentent dans les villes avec la pénurie de travail. Le bateau hebdomadaire a aussi contribué à l'émigration vers les villages plus prospères où la croissance de la population est inquiétante et où les calamités de l'Afrique moderne sont déjà apparentes.

Bujumbura, à l'extrémité nord du lac Tanganyika, fut la première grande ville où nous fîmes halte depuis Dar-es-Salaam. Capitale du Burundi qui, jusqu'à il y a dix ans, était sous administration belge, elle a gardé son parfum européen distinct. Les avenues bordées d'arbres et les grands immeubles administratifs, les cafés et les boulangeries vendant du chocolat chaud, des croissants et des baguettes, et le super-marché, tenu par des Grecs, rempli de produits européens, nous catapultèrent de façon inattendue dans un monde que nous avions momentanément oublié.

Nous accostâmes tard un soir à la plage de l'hôtel du Lac, après une traversée inconfortable et agitée. Après avoir entendu parler de nos exploits, M. Léopold, le gérant distingué de l'hôtel, nous offrit généreusement un cottage de deux pièces avec salle de bains et eau chaude, un luxe que nous acceptâmes volontiers. Raffiné et bien élevé, Léopold parlait un français impeccable avec un doux accent du Burundi et il nous accueillit avec un charme et un enthousiasme typiquement continentaux, nous présentant fièrement à ses amis au bar et nous invitant à dîner et déjeuner avec lui. Après tant de privations, un peu de confort nous donnait l'impression de nous bai-gner dans du lait d'ânesse. Dormir à nouveau dans des draps frais et repassés, se bai-gner dans de l'eau chaude et s'asseoir à une table pour les repas paraissait d'une immense importance. Lorenzo m'offrit un modeste repas d'anniversaire sous les arbres avec des bouteilles de vin rouge, du camembert et de la baguette et Léopold m'apporta un gâteau nappé de sucre glace avec des bougies et une bouteille de champagne qui furent consommés avec tant de voracité que c'en était embarrassant.

Il y avait un petit zoo dans le jardin de l'hôtel que Léopold avait aménagé pour distraire ses hôtes, une ménagerie pitoyable qui nous chagrina beaucoup. Parmi les oiseaux et les animaux captifs, un petit chimpanzé était emprisonné avec deux jeu-nes babouins dans une petite cage. Les babouins, qui sautaient par-dessus le chim-panzé dans leurs efforts effrénés pour s'échapper, avaient dénudé une partie de son crâne velu. Il se tenait assis, s'agrippant de façon poignante au grillage, regardant le monde extérieur avec des yeux embués, remplis de désespoir. Chaque fois que nous passions devant la cage, il tendait sa main d'un air suppliant vers nous en pres-sant son petit corps poilu contre le grillage. Nous lui donnions des bananes, des carot-tes, de l'eau, et du lait à boire à la petite cuillère en lui adressant des mots de consolation qui ne pouvaient pas diminuer sa misère. Notre fille Amina, qui était venue avec Mary Anne nous rejoindre, restait assise avec nous pendant des heures en lui cares-sant la main à travers les barreaux de la cage jusqu'au jour où elle fut incapable de le supporter davantage.

— Il faut faire quelque chose pour ce chimpanzé, me dit-elle. Si nous ne le fai-sons pas, je me sentirai toujours coupable.

Alors je l'achetai le lendemain à Léopold et le lui donnai.

Nous l'appelâmes Ruzina, d'après la rivière Ruzizi que nous devions suivre durant notre trajet vers le lac Kivu. Ruzina se joignit à l'expédition et, à partir de ce moment, nous prit le cœur et ne le rendit jamais. Serrée dans les bras d'Amina, elle allait faire de grandes promenades sur la plage et, la nuit, elle dormait enveloppée dans un *kikoi*, dans un panier à côté de son lit. Lentement, elle perdit l'agressivité peureuse que sa captivité avait engendrée et nous pûmes la manipuler sans nous faire mordre ; c'était touchant de la voir progressivement réagir à nos soins et attentions, tirant une assurance du contact physique. Avec Amina, elle commença à reprendre confiance et à se sentir bien ; elle nous récompensa par ses familiarités, ses grimaces humaines amusantes, son espièglerie et ses colères. Chaque fois qu'elle nous regardait avec ses grands yeux expressifs, nous éprouvions une bouffée de tendresse et de dévouement et nous devînmes ses esclaves consentants, vingt-quatre heures sur vingt-quatre car elle éveillait en nous, quels que soient notre âge, notre sexe et notre couleur, les instincts parentaux primitifs présents chez tous les êtres vivants. Ruzina ajouta une dimension toute nouvelle à notre expédition et nous étions tous ravis de l'avoir avec nous.

Ruzina se joignit à l'expédition et, à partir de ce moment, nous prit le cœur et ne le rendit jamais.

Le Burundi est la patrie de l'élégante tribu Watusi (Tutsi), dont les membres sont célèbres dans toute l'Afrique pour leur grande taille — peu d'entre eux ont moins de deux mètres. Ils sont considérés comme les aristocrates du continent noir. De descendance nilotique évidente, ils partagent leur pays avec les Bantu Hutus, petits et trapus, du Rwanda frontalier. Les deux pays furent annexés durant la colonisation belge mais séparés à nouveau au moment de l'indépendance, lorsque de violents affrontements éclatèrent entre les deux tribus, et on prétendait que les Hutus coupaient les jambes de leurs arrogants adversaires pour les ramener à leur niveau. Lorsque la paix fut enfin restaurée, après un terrible massacre, le Rwanda-Urundi se scinda pour devenir le Rwanda et le Burundi et, dans une tentative pour éliminer toute nouvelle source de conflits, des présidents hutu et tutsi furent élus respectivement à la tête de chacun des pays. On se réfère maintenant aux habitants d'après le nom du pays et jamais celui de la tribu. Ils sont toujours très susceptibles quant à la question tribale, ainsi que nous le découvrîmes rapidement et on conseille fortement aux étrangers d'éviter de se référer à eux sous leur nom tribal.

Peut-être à cause de leurs origines nilotiques, les Watusi ont évolué plus rapidement que les Hutus, qu'ils dominent au Burundi et emploient comme serviteurs ou ouvriers. Avec les Bugandas en Ouganda, les Watusi ont essayé de maintenir leur supériorité et leur domination mais l'indépendance a amené des changements et des révoltes. Le Kabaka, roi d'Ouganda, a été déposé et a dû fuir son pays avec sa famille. Il est mort en exil en Angleterre. Au Rwanda et au Burundi, le massacre sauvage a été à peine écourté par une trêve difficile et rompue à présent.

Au Burundi, où la minorité tutsi prédomine toujours, le gouvernement contrôle l'éducation et guide les Watusi vers une scolarité plus avancée. Il leur donne des bourses pour étudier en Europe, reléguant les étudiants hutus dans des études élémentaires afin d'éviter toute rivalité et une répétition des révoltes passées. L'élégance naturelle, l'allure nonchalante et les manières exquises des Watusi mettent en valeur leur air de prééminence, encore évidente partout.

Les jours de marché, les routes goudronnées, merveilleusement bien entretenues, s'animent de femmes statuesques en grandes robes flottantes de couleurs vives, avec d'immenses paniers sur leurs têtes, qui ont l'allure de figurantes costumées sur la scène de quelque somptueux opéra italien. Le caractère social d'un marché africain est évident. Le jour de marché, pour de nombreux Africains qui sont principalement des paysans, est une soupape émotionnelle, une réunion publique et ils y vont avec l'esprit de gens qui passent beaucoup de temps dans des endroits isolés, lui apportant une atmosphère de fête. Au Burundi, l'allure gracieuse des Watusi donne un aspect presque lyrique à ces réunions.

Lorsque nos véhicules nous rattrapèrent, nous nous rendîmes dans l'intérieur des terres pour visiter les marchés qui s'étalaient sur les pentes luxuriantes des montagnes comme des tapis aux vives couleurs dans les matins brumeux. Nous regardâmes les Watusi-Intore danser dans leurs costumes ethniques colorés, hélas ! modernisés, et écoutâmes les Tambouriniers du roi qui sautaient et cabriolaient au rythme de leurs grands tambours antiques. Parce qu'il n'y a plus de roi, les tambouriniers sont maintenant des paysans et des pêcheurs qui gardent vivantes les vieilles traditions remontant au XVIe siècle. Ils se réunissent régulièrement pour se passer, de père en fils, les coutumes d'une Afrique médiévale encore très vivante dans l'esprit des habitants. La danse, nous expliquèrent-ils, est une prière jouée par les tambouriniers à travers champs pour encourager les paysans à bien travailler. Le cercle de tambours est un chant à Dieu et les danseurs Intore sont l'expression de Sa clémence et Sa force. Ils dansent maintenant pour eux-mêmes, dirent-ils, parce que les mouvements de la danse et le son des tambours leur sont aussi indispensables que l'air, l'eau et le feu. Les Tambouriniers du roi se sont produits plusieurs fois en tournée en Europe, où ils ont, bien entendu, attiré une grande attention et de vifs applaudissements.

— Page suivante —
Nous allâmes voir les Tambouriniers du roi, sautant et cabriolant au rythme de leurs tambours antiques.

175

Les danseurs Watusi-
Intore nous firent un
accueil royal.

178

La rivière Ruzizi descend du lac Kivu à 1 500 mètres jusqu'au lac Tanganyika et déverse des tonnes de boue dans ses eaux bleues.

Léopold nous accompagna jusqu'à l'embouchure de la rivière Ruzizi le jour de notre départ et, tout en nous faisant ses adieux et nous serrant vigoureusement la main, il nous avertit : « Je vous en prie, faites attention, souvenez-vous qu'au Rwanda et au Zaïre, les gens ne sont pas comme les autres Africains », soulignant ainsi une crainte sous-jacente née des événements passés. A peine quelques mois plus tôt, une malheureuse équipe française qui avait tenté de franchir les chutes de la rivière Inga et avait péri au Zaïre, avait été, disait la rumeur, massacrée par des tireurs isolés embusqués dans des arbres et mangée par des cannibales zaïrois. Ils avaient été les hôtes de Léopold à l'hôtel du Lac. Les échos de cet incident terrifiant nous étaient parvenus à Mbeya.

La rivière Ruzizi relie le lac Kivu, à une altitude de 1 500 mètres, au lac Tanganyika et déverse des tonnes de boue dans ses eaux bleues. Des bandes de poules d'eau, d'aigrettes et de hérons prenaient leur vol devant nous ; des crocodiles se glissaient dans l'eau boueuse, quittant les berges exposées et des hippopotames plongeaient autour de nous tandis que nous entrions dans le delta. Ruzina, perchée à la proue de notre canot gonflable, imperturbable, regardait le spectacle avec l'aplomb d'un marin endurci et grimpait sur tout puis se cramponnait à la barre. Nous étions de retour en Afrique primitive, juste à quelques kilomètres au nord de la ville moderne de Bujumbura, nous préparant à affronter des cannibales...

La rivière n'est navigable que sur trois quarts de son parcours. Nous commençâmes à heurter des rochers juste avant la frontière du Rwanda et la navigation devint hasardeuse et difficile. Le courant était fort et nous étions souvent plaqués contre les berges et forcés de tirer les embarcations dans les passages difficiles, à la main, debout dans l'eau jusqu'aux aisselles. Hugo et Adam firent un excellent travail, restant calmes et concentrés sous l'effort, prenant parfois des décisions plus rapides que Lorenzo ce qui conduisait à des échanges verbaux animés. Nous endommageâmes six hélices ce jour-là. Ruzina se cramponnait aux cordages, les yeux fixés sur les eaux bouillonnantes. Comme elle s'était adaptée rapidement à sa nouvelle vie avec nous, soulagée des terribles tracasseries de ses compagnons de captivité !

Nos véhicules, Charlie et notre équipe de trois Africains nous rejoignirent à nou-

Il y a cent ans, Livingstone et Stanley, pensant que la rivière Ruzizi était le Nil, découvrirent avec dépit que ses eaux se déversaient dans le lac Tanganyika au lieu d'en provenir.

181

Lorenzo et Hugo définissent l'itinéraire du jour sur le lac Kivu.

— Page suivante —
Nos véhicules et notre équipe d'Africains nous rejoignirent à Makaro, où nous quittâmes la rivière pour entrer au Rwanda par la route.

veau à Makaro, où nous quittâmes la rivière et poursuivîmes notre route vers le Rwanda par les terres, arrivant à la frontière un dimanche après-midi vers quatre heures, avec l'intention d'atteindre Cyàngugu sur le lac Kivu au Rwanda avant la tombée de la nuit. Les douaniers étaient ivres et se mirent à examiner nos permis, notre équipement photographique et l'énorme contenu de notre camion, chargé à bloc. Ruzina, qui voyageait clandestinement, sans papiers ni permis, était cachée au fond d'un sac de couchage, dans une boîte spéciale qu'Hugo avait construite pour elle. Découverte, elle serait sûrement confisquée. Après une heure de patient marchandage avec les fonctionnaires ivres, ils nous regardèrent simplement, les yeux voilés, et nous annoncèrent que nous ne pourrions pas continuer avant que leurs supérieurs, qui se trouvaient à Kigali — à 150 kilomètres de là — n'en aient donné l'autorisation. Il était virtuellement impossible d'attendre. Lorenzo essaya de rester calme quand l'homme insista pour que nous déchargions le camion avant de continuer, faisant appel à toutes les ruses de son répertoire pour le faire céder mais sans résultat. C'était précisément le genre de situation que nous avions craint et que nous avions si heureusement évité en traversant la frontière de Tanzanie à Lunga Lunga. La situation paraissait sans issue tandis que la nuit tombait. Lorenzo sortit la fausse montre Rolex qu'il avait apportée pour une telle éventualité, attira l'officier des douanes à part et la lui offrit comme « petit souvenir de notre expédition ».

— *Mais*, monsieur, c'est de la corruption de fonctionnaire, dit le douanier, indigné. Je ne peux pas accepter ce présent. C'est contraire à la loi, ne le savez-vous pas ?

Surpris par cette réaction inattendue, Lorenzo se détourna, confus et embarrassé.

Il commençait à faire froid et bientôt il ferait nuit ; tout le monde était sur le point de perdre patience.

Arriver dans une ville inconnue de nuit était un problème que nous n'avions pas envisagé. Aussi lorsque, après trois heures, il parut qu'il n'y avait rien de plus à dire ou à faire, Lorenzo se mit en colère. Il se mit à crier sur les douaniers qui le regardèrent bouche bée. Il menaça de signaler aux autorités de Kigali qu'ils étaient ivres durant leur service et qu'ils avaient entravé son expédition, les tenant pour responsables du temps perdu et des dommages encourus. Le résultat fut immédiat. L'attitude autoritaire et arrogante se transforma instantanément en servilité souriante.

— Très bien, très bien, *monsieur*, ne vous fâchez pas. Nous allons vous laisser passer, firent-ils tandis que la barrière se levait et que nous la franchissions.

Semblables à tous les petits fonctionnaires du monde entier, avec l'autorité empruntée de leurs uniformes, ils se donnaient de l'importance mais, au moindre signe de pouvoir, ils se rétractaient. Il était neuf heures du soir et nous étions restés coincés là pendant quatre heures. Nous pénétrions maintenant en pays hutu, patrie de la tribu Bantu qui avait massacré ses voisins aristocratiques Watusi au moment de l'indépendance. Craignant pour notre sécurité, nous envisageâmes de modifier notre route pour sortir du Rwanda aussi vite que possible.

Il était minuit lorsque nous arrivâmes enfin à Cyangugu. La route sinueuse qui montait vers les hautes terres était noyée dans le brouillard, nous avions dû avancer lentement pour passer les virages en épingle à cheveux et pour éviter les véhicules qui dévalaient la route en sens inverse, tous feux allumés. Le retard à la frontière nous avait tous épuisés et d'avoir maintenant à chercher un emplacement pour le campement mit notre résistance à l'épreuve. Nous aboutîmes « Rue de la Paix », l'allée qui menait à un monastère jésuite belge, qu'une âme charitable dans un bar nous indiqua. Un jeune père belge, après avoir écouté notre histoire, nous invita à dresser nos tentes pour la nuit sur la pelouse du couvent et nous nous écroulâmes finalement, épuisés, sur nos sacs de couchage, après une longue et éprouvante journée. Ruzina se blottit entre Amina et moi. Son petit corps velu et son visage amusant aidèrent à effacer les tracas du jour et nous redonnèrent le sens de l'humour.

Nous apprîmes le lendemain qu'il y avait eu une éruption volcanique quarante-huit heures auparavant dans la chaîne des montagnes Virunga, au nord du lac Kivu, et que l'endroit était accessible à pied depuis Goma, au Zaïre. Personne ne savait combien de temps l'éruption se poursuivrait et, parce que nous ne voulions pas la manquer, Lorenzo, Amina et moi prîmes la navette aérienne de Bukavu, la ville sœur de Cyangugu du côté zaïrois de la frontière, et atterrîmes une heure plus tard à Goma, laissant le reste de notre équipe derrière nous au repos.

A Goma, un de nos contacts nous prêta un véhicule qui nous amena à l'entrée du Parc, d'où, accompagnés par une chaîne de porteurs avec notre équipement et notre matériel photographique, nous partîmes pour une des marches les plus éreintantes qu'il m'ait été donné de faire jusqu'alors. Au début, l'ascension était une promenade paisible à travers une merveilleuse forêt montagneuse avec de nombreux arbres tropicaux extraordinaires de différentes variétés. Il y faisait frais et bon, le sentier était élastique et la pente douce. Nous émergeâmes de la forêt deux heures plus tard

pour entrer dans une zone de lave, où une coulée précédente s'était solidifiée, formant un tapis de pierres poreuses anguleuses qui mirent nos pieds et nos chevilles à l'épreuve. La pente ici était raide et l'allure commença à ralentir. De grandes montagnes coniques, couvertes d'arbres, se dressaient à notre gauche, où des éruptions précédentes avaient craché les entrailles en fusion de la terre et où des touffes de longues herbes, des cactus et des buissons fleuris avaient percé le lit de lave noire, le couvrant de couleurs douces et passées. Pendant trois heures, nous avançâmes en file indienne, nous arrêtant toutes les demi-heures pour reprendre notre souffle et reposer nos pieds endoloris. La montée pénible nous avait rendus silencieux et nous gardions maintenant toute notre énergie pour avancer. Personne ne se plaignait encore, mais la tension commençait à se lire sur nos visages. Les porteurs robustes, pieds nus avec de lourdes charges sur la tête, insensibles aux conditions difficiles, bavardaient sans cesse, entretenant leur cadence rythmique avec des histoires sans fin mais, lorsque le jour se mit à décliner et que nous nous rendîmes compte que les quatre heures de marche qui restaient devant nous devraient être négociées de nuit avec des torches, nous comprîmes que nous étions partis trop tard. « Un trajet relativement facile vous amènera au cratère avant la nuit », nous avait-on dit à Goma.

Alors que la nuit tombait, il n'y avait aucun signe que nous approchions du but autre qu'une lointaine colonne de fumée devant nous. La lune se leva, puis, les pre-

Une file de porteurs emmena nos affaires et notre équipement photographique sur un des parcours les plus éprouvants que nous ayons fait jusqu'alors.

185

Et c'est alors que nous les vîmes — d'immenses jets de magma en fusion s'élançant à des centaines de mètres dans le ciel noir, à intervalles réguliers, suivis d'exhalaisons nauséeuses tandis que la terre se contractait et vomissait.

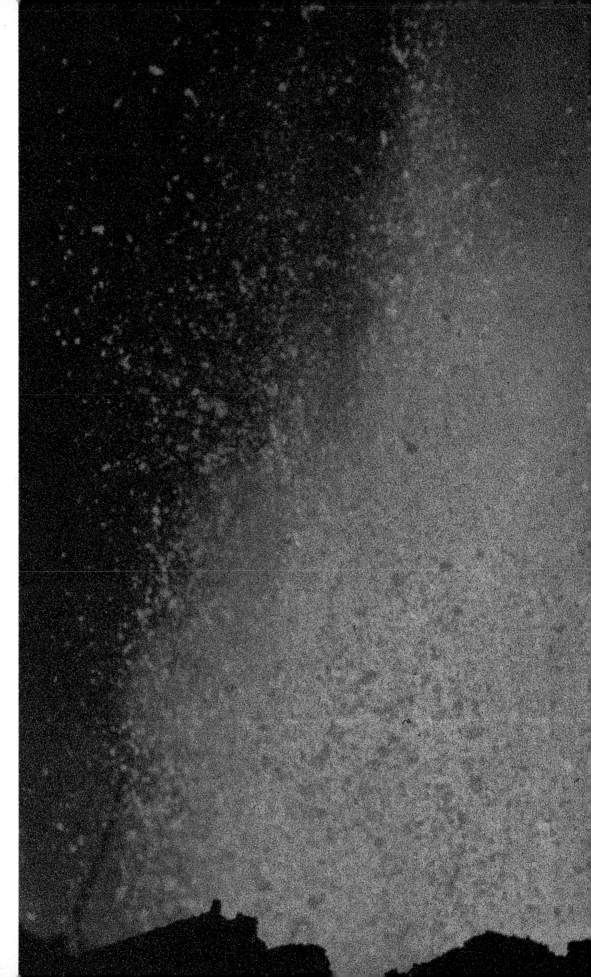

186

mières étoiles apparurent dans le ciel clair, tandis que la lave aux arêtes vives cédait lentement la place à un gravier poreux et à des souches d'arbres pétrifiées qui nous entouraient comme d'étranges sculptures de pierre préhistoriques aux formes sataniques, immobiles depuis longtemps. Une heure plus tard, alors que nous franchissions une crête, nous vîmes le ciel devant nous rayonner d'une lueur d'incendie. « Pas loin maintenant », nous rassurèrent les porteurs, insufflant une nouvelle vigueur dans nos jambes. Nous gardions les yeux sur le ciel, essayant de visualiser le spectacle vers lequel nous allions, imaginant qu'à chaque pas il se rapprochait. Nous poursuivions notre chemin, pas après pas, en silence, haletant et suant, avec nos pensées pour seule compagnie. Mais, comme un mirage, notre but semblait toujours s'éloigner tandis que nous avancions. En fait, nous nous rapprochions, mais les dimensions auxquelles nous étions confrontés diminuaient nos pas et créaient une illusion d'optique trompeuse.

Puis la vision se fit rumeur et, tout autour de nous, la nuit silencieuse se mit à gronder, avec des éclats de tonnerre lointains et le bruit macabre d'une évacuation gigantesque. Nous nous rapprochions en effet mais tout ce que nous pouvions voir, c'était le rayonnement dans le ciel. Avançant comme des robots dans le noir, butant sur des racines et des troncs d'arbre renversés, nous pénétrâmes dans une autre forêt et nous dirigeâmes vers la lumière qui nous attirait comme un aimant. L'air sentait le soufre et les arbres sombres se détachaient, bordés de rouge. Nous pouvions à nouveau distinguer les silhouettes de nos compagnons, silhouettes sombres et fantomatiques se déplaçant à travers les arbres mais nous étions si épuisés maintenant que nous ne sentions plus nos corps ; chaque pas que nous faisions semblait peser une tonne. Nous avancions toujours en dépit de la fatigue, tirant des forces de notre espoir, étrangement vivifiés par les bruits que la Nature régurgitait, qui s'amplifiaient tandis que la lumière s'intensifiait. L'air devenait chaud et de minuscules particules de cendres et de pierre ponce carbonisée tombaient en pluie à travers les arbres et se déposaient sur nous. Le sol craquait sous nos pieds tandis que, pas à pas, nous nous rapprochions du chaudron géant.

Et c'est alors que nous les vîmes — d'immenses jets de magma en fusion s'élançant à des dizaines de mètres dans le ciel noir, à intervalles réguliers, suivis d'exhalaisons nauséeuses, tandis que la terre se contractait et vomissait. Nous nous effondrâmes sur un lit de gravier de pierre ponce chaud et restâmes assis dans un silence prostré, adossés contre des arbres calcinés, cloués par le spectacle qui s'offrait à nous. Le bord du cratère se détachait contre le rideau de feu liquide frissonnant, à peine à trente mètres de nous. Personne ne bougeait, personne ne parlait. Je sentais mon pouls battre dans mes jambes et mes mains. Je regardai ma montre : il était onze heures du soir. Nous avions marché pendant neuf heures pour venir ici. Inaccoutumés à un exercice si pénible, chaque muscle de notre corps criait de douleur tout en se raidissant, rendant d'autres mouvements difficiles. Mais nous fûmes vaincus par la curiosité ; nous nous relevâmes péniblement et grimpâmes par-dessus les rochers chauds jusqu'au bord du cratère. En dessous de nous, le chaudron bouillant de magma en fusion s'enflait et retombait en vagues paresseuses tandis que la terre soupirait et que de grandes bulles boueuses grossissaient et éclataient, rejetant un gaz sentant le soufre. Environ toutes les cinq secondes, la roche liquide était éjectée et retombait sur terre en pluie de particules brûlantes qui s'éteignaient et se solidifiaient à nouveau, formant lentement les montagnes coniques que nous avions vues durant le parcours.

Le bord du cratère était si chaud que les semelles de nos chaussures commencèrent à fondre et nous dûmes reculer jusqu'aux arbres calcinés où nous cherchâmes un endroit convenable pour dérouler nos sacs de couchage pour la nuit. La lune était maintenant haut dans le ciel et ressemblait à une décoration d'arbre de Noël à travers le scintillement métallique de la pluie de feu. Nos porteurs avaient allumé un feu de camp et préparaient du thé. Nous nous assîmes avec eux pendant un moment pour parler de Dieu, de la Nature et des esprits de la Terre et nous écoutâmes leurs histoires mythiques de dragons et de fantômes, jusqu'à ce qu'un par un, nous retombions et nous endormions parmi les racines des arbres sous une fine pluie de cendre, bercés par le grondement du volcan.

Lorsque nous nous réveillâmes le lendemain matin, nous étions complètement recouverts de cendres ; les dormeurs formaient de petits monticules gris parmi les squelettes noircis des arbres, se dressant, nus et morts, dans la fumée et la brume matinales. Le volcan, toujours tremblant et craquant, ne prenait aucun repos. La scène fantasmagorique de la veille au soir était maintenant froide et menaçante à la lumière du petit jour. La fontaine de feu s'était transformée en volutes de fumée grise parmi lesquelles les flammes et les roches incandescentes dansaient une dernière danse de la mort avant de retomber pour toujours en pierre inerte. Hypnotisés par l'intensité de cette respiration volcanique, nous craignions de voir l'éruption se calmer, tant elle était belle : d'un autre côté, nous étions conscients que si elle augmentait, nous pourrions être incinérés en quelques secondes.

Il nous semblait être en communication directe avec la terre mais, lorsque nous rencontrâmes le volcanologue Maurice Kraft ultérieurement à Goma, il nous expliqua que ce spectacle effrayant n'était en fait qu'une petite égratignure à la surface de la terre qui saignait maintenant. On assure que le magma en fusion vient du centre de la terre, mais que les jets de lave s'élevant à 100 ou 200 mètres de hauteur,

à une température de 1 200 °C ne sont en réalité que superficiels. Ce que nous voyions sortir du volcan n'était que de la matière superficielle, expulsée sous la pression d'une poussée venant d'une quinzaine de kilomètres de profondeur. Le centre de la terre se trouve à environ 6 000 kilomètres. Durant l'éruption qui se terminait maintenant, le flot de lave avait parcouru environ 17 kilomètres en trois jours ce qui est considéré comme beaucoup pour ce type de volcan. Ici, où l'excès d'énergie de la chaîne des monts Virunga s'accumule, les éruptions ont lieu tous les deux ou trois ans. Les plus impressionnantes ont été celles des volcans Nyamuragira et Nyragongo. Le 1er janvier 1977, le Nyragongo, qui avait un lac permanent de lave dans son cratère, se vida comme une baignoire à 1 200 mètres au-dessus de la ville de Goma. Toute la lave sortit par le flanc du volcan et, dévalant la pente à 75 kilomètres-heure, la coulée la plus rapide que Kraft ait jamais vue, tua environ 100 personnes et détruisit des dizaines d'hectares de terrain.

L'Afrique, expliqua Kraft, est un continent en train de se fissurer. Elle a environ 3 000 ou 4 000 volcans dont plusieurs sont en éruption, surtout dans la région, mieux connue sous le nom de Rift Valley et dans la région centrale où nous nous trouvions. Ces fissures peuvent atteindre 24 à 30 kilomètres de profondeur, permettant à la roche en fusion, le magma, de faire surface, et chaque éruption forme un volcan conique. Ceci explique l'existence de la chaîne des monts Virunga entourant le lac Kivu, considéré comme un des secteurs volcaniques les plus beaux du monde. La terre volcanique est très fertile et contient du calcium, de la potasse et bien d'autres substances nécessaires à la vie. La cendre volcanique, dans un climat chaud et humide, est un engrais qui tombe du ciel et cette fertilité volcanique apporte la vie à 300 millions d'hommes dans le monde.

Le voyage de retour pour redescendre de la montagne le lendemain nous réduisit en bouillie. Nous n'avions pas dormi beaucoup la veille et la montée nous avait sévèrement éprouvés. Ce qui nous restait d'énergie était à peine suffisant pour nous ramener à la base. Bien que le terrain que nous parcourions maintenant fût familier, le trajet semblait sans fin et c'est avec un soulagement indescriptible que nous retrouvâmes en titubant nos quartiers.

Lorsque le directeur de l'hôtel de Goma, où nous passâmes la nuit, nous informa à notre arrivée qu'il n'y avait pas d'eau chaude, je faillis pleurer. « Comment est-ce possible ? » sanglotai-je en me tournant vers Amina. « Un hôtel cher de trois étoiles, même au Zaïre, devrait avoir de l'eau chaude, bon sang ! »

— Ci-contre —
Hypnotisés par l'intense beauté de la « respiration » volcanique, nous craignions de voir l'irruption se calmer tout en sachant que si elle augmentait, nous pourrions être incinérés en quelques secondes.

191

DIXIÈME CHAPITRE

N'AFFRONTEZ JAMAIS UN GORILLE

UNE SEMAINE PLUS TARD, NOUS TRAVERSÂMES LA FRONTIÈRE du Zaïre et, à Bukavu, prîmes nos dispositions pour visiter les gorilles de montagne du parc national de Biega, à environ 16 kilomètres de la frontière du Rwanda. A cause de la bureaucratie paranoïde zaïroise, nous dûmes laisser nos véhicules et notre équipe africaine derrière nous, au Rwanda. Nous établîmes un camp volant en bordure du parc. A l'intérieur de la réserve, nous étions réduits à nos jambes ou à un occasionnel véhicule officiel.

Le garde zaïrois Mushenzi, remplaçant du fondateur Adrian de Shriver qui, avec Diane Fossey, avait attiré l'attention du monde sur la condition de l'espèce des grands singes en péril, nous reçut avec courtoisie et grâce, surtout après avoir lu une lettre d'introduction du ministre de la Faune sauvage de Kinshasa, que nous avions rencontré par hasard sur les pentes du volcan — coïncidence heureuse comme tant d'autres qui avaient facilité notre expédition. «Dieu est avec nous», disait en riant Lorenzo dans ces occasions-là. Mushenzi, un Zaïrois poli et instruit, nous emmena en forêt pour nous présenter ses singes et nous démontra à quel point la relation entre l'homme et la bête est possible lorsque la confiance et le respect ont été établis.

Le parc national de Kahuzi Biega fut créé en 1973; il a, depuis lors, beaucoup changé, s'agrandissant de 75 000 hectares à 750 000 hectares. Bien que l'on ne connaisse pas encore le nombre total de la population, à l'heure actuelle seuls 250 gorilles vivant dans le parc sont protégés par les gardes. Les deux familles de Maeshe et Mushamuka que le citoyen Mushenzi et son équipe contrôlent, sont composées respectivement de vingt-sept et de dix-huit membres et se laissent approcher relativement facilement par des visiteurs.

Comme pour le volcan, la rencontre avec les gorilles fut aussi primitive et fondamentale que le décor. Pour arriver jusqu'à eux, nous dûmes marcher de nouveau pendant plusieurs heures à travers une végétation si dense que les gardes devaient nous frayer un passage au coupe-coupe. La chaleur et l'humidité enfermée dans la végétation étaient intenses et épuisantes et les grands arbres masquaient la lumière du jour, soulignant une fois de plus l'inflexible loi de la nature sauvage, où la survie est une lutte incessante et la résistance, la condition immuable grâce à laquelle seuls les forts survivent. C'était notre première rencontre avec des gorilles et nous ne savions pas bien à quoi nous attendre. Le prélude était rempli de mystère et savoir qu'ils se trouvaient quelque part derrière les feuilles, comme des ombres préhistoriques, provoquait une certaine appréhension.

Au parc national de Kahuzi Biega, le devoir des gardes est de protéger les gorilles de montagne qui vivent dans la forêt comprise dans le parc. Le jour de notre arrivée, ils avaient pris quatre braconniers qui se tenaient maintenant menottes aux mains. Les braconniers ne tuent pas les gorilles seulement pour la nourriture : ils transforment les mains coupées en cendriers et les crânes en lampes grotesques qu'ils vendent aux touristes. Au camp, nous trouvâmes une vieille litière coloniale, utilisée il y a un siècle par Léopold, roi des Belges. Confortablement installés sur les épaules de leurs porteurs, bien des fonctionnaires coloniaux écrivaient de cette façon, chez eux, décrivant leurs voyages épuisants en Afrique. On nous demanda de ne pas nous asseoir dans la chaise, peut-être pour éviter des souvenirs déplaisants et on ne peut s'empêcher de songer aux sentiments que les gens d'ici éprouvent encore vis-à-vis de leur passé colonial.

Le citoyen Mushenzi nous fit un petit laïus avant notre départ vers la forêt. « Ne résistez jamais à un gorille s'il vous charge, n'imitez jamais ses gestes, ne mangez jamais et ne fumez pas en sa présence. Quoique partiellement habitués à la présence des humains, les gorilles sont des animaux sauvages qu'il faut respecter et toute mauvaise interprétation des lois de base de la jungle peut être hasardeuse. Les familles de gorilles sont protégées par un mâle dominant, appelé dos d'argent, à cause de la fourrure argentée qui pousse comme une selle sur son dos. Il demande une soumission totale et détient un pouvoir absolu. Lorsque celui-ci est mis en cause, le châtiment peut être effrayant et parfois fatal. Il faut toujours se montrer humble et respectueux s'il est inquiet ou contrarié, jamais arrogant. Des semblants de charges sont des signaux d'alarme et, si un gorille se dresse sur ses pieds, la seule défense est la prostration. » Un des visiteurs de Mushenzi s'était dressé une fois devant un gorille au dos argenté en colère et, en une fraction de seconde, avait eu son épaule disloquée et avait été jeté à terre dans les buissons.

Les paroles de Mushenzi résonnant encore à nos oreilles, nous avancions avec précaution, les sens en alerte car on ne pouvait pas savoir quand nous rencontrerions notre proie. Les gorilles sont des herbivores ; leurs mouvements journaliers sont déterminés par la recherche de la nourriture. Leur rayon d'action s'étend sur des trajets d'une demi-heure à cinq heures de parcours à travers la forêt. Mushenzi et son équipe surveillaient les deux familles de Maeshe et Mushamuka, les contrôlaient et les habituaient à l'homme. Bien qu'il sût à peu près dans quelle direction il fallait nous conduire, ce n'est que lorsque des signes commencèrent à apparaître dans les fourrés que nous sûmes que nous approchions de notre but. De l'écorce arrachée, des nids abandonnés et des excréments frais traçaient un chemin précis à suivre et notre attente se fit plus vigilante tandis que les traces devenaient plus apparentes. De temps à autre, de grands bruits de branches qui tombaient et des cris glaçants nous immobilisaient sur nos traces, nous faisant examiner le mur de verdure silencieux qui nous entourait. Mais le bourdonnement d'un insecte invisible ou le vol d'un oiseau caché étaient les seuls messages provenant de la grande tapisserie verte.

Puis nous le découvrîmes soudain, sans avertissement, assis comme un Bouddha noir silencieux parmi les feuilles. Mon cœur se mit immédiatement à battre plus vite. Nous étions là, à peine à trois mètres de lui. « C'est Mushamuka, chuchota doucement Mushenzi. Sa famille doit être à proximité. » Le visage immense avec ses narines béantes resta immobile. Les yeux profondément enfoncés dans le crâne nous épinglèrent comme des lasers à la végétation. Mushenzi lui parlait d'un ton apaisant, émaillant ses paroles de grognements profonds, signe, nous expliqua-t-il plus tard, que nous étions venus en paix. Mushamuka lui répondit par un semblable grognement ; des salutations furent échangées. Il relâcha son regard momentanément et chercha des feuilles mangeables. Puis il tendit un bras velu et se saisit d'une vigne au-dessus de sa tête. Il l'approcha puis la tira à travers ses crocs jaunes d'un côté à l'autre de sa bouche, rejetant dédaigneusement la tige nue et mastiquant les feuilles qui étaient restées dans sa bouche. Il était calme et il était évident que notre présence ne le dérangeait pas. Puis il se détourna et s'avança lourdement dans le sous-bois comme un monarque dédaigneux et las, nous montrant momentanément ses fortes hanches et son puissant dos argenté. Il nous laissa plantés là, tandis que la végétation se refermait sur lui et il disparut de notre vue. Nous le suivîmes à distance respectueuse jusqu'à ce que nous découvrîmes sa famille.

Dans une clairière, trois femelles cherchaient dans les sous-bois des feuilles et des baies comestibles, tandis que des jeunes gambadaient autour d'elles sur un lit de feuilles sèches. Mushamuka s'avança vers eux, s'appuyant sur ses poings, ses muscles roulant sous sa fourrure. C'était un animal impressionnant. Rien que sa taille et sa corpulence commandaient le respect.

La structure familiale des gorilles varie peu. Il y a toujours un mâle dominant au dos d'argent qui contrôle toutes les activités, depuis les terrains de pâturage jusqu'à la construction des nids et la reproduction. Les mâles s'accouplent à partir de quinze ans et les femelles à huit ans lorsqu'elles deviennent fertiles. Il y a plusieurs femelles dans chaque famille et elles produisent un petit à la fois après une période de gestation de neuf mois. Tant que le mâle dominant demeure le chef de famille, aucun autre mâle ne peut s'accoupler avec elles.

Les gorilles n'ont pas de territoire et les familles ne défendent pas le secteur dans lequel elles vivent, cohabitant pacifiquement dans le même environnement, sans frontières ni conflits. Dans les régions montagneuses volcaniques de Kahuzi Biega, à une altitude de 1 000 à 3 000 mètres, vivent moins de 1 000 gorilles. La croissance régulière de la population locale diminue rapidement leurs territoires. Au Rwanda, où cette croissance a atteint une densité de 1 000 personnes au kilomètre carré, la plus grande de toute l'Afrique, les gorilles sont maintenant sur la liste des espèces en danger. En dépit des efforts louables de conservateurs du monde entier, les gorilles sont toujours chassés au Rwanda et au Zaïre et sont repoussés toujours plus avant au cœur des forêts. Leur existence est menacée par le défrichage des forêts et la destruction de leur habitat naturel pour faire place à des plantations.

Les gorilles mangent des plantes médicinales. Les seuls cas de mort prématurée sont dus à des maladies bronco-pulmonaires car les gorilles sont sensibles aux changements de climat. Les jeunes surtout ne savent pas se protéger du froid et de la pluie et ne connaissent pas de remèdes à ces maladies mais, en mangeant certaines herbes, qu'ils reconnaissent dans la forêt, ils peuvent se guérir de la diarrhée et d'autres maladies minimes.

Nous restâmes avec Mushamuka et sa famille pendant approximativement une heure avant qu'ils ne s'éloignent de nous à travers les arbres. « Il est temps de partir, nous dit Mushenzi. Il ne faut pas s'incruster plus longtemps ; je crois qu'ils en ont assez pour aujourd'hui. » Mais nous le persuadâmes de nous laisser rester encore un peu. Mushamuka nous jetait des regards furtifs par-dessus son épaule tout en poussant sa petite famille devant lui. Conscient de ces signaux nerveux, Mushenzi restait entre lui et nous, le cajolant avec des mots apaisants et des grognements. Nous étions trop absorbés pour remarquer son subtil changement d'humeur lorsque soudain Mushamuka s'arrêta, nous fit face et en un instant fut sur nous, chargeant comme une locomotive dans le sous-bois, ses grandes canines jaunes dénudées, grognant comme

— Page suivante à gauche —
Mushenzi, le garde du parc qui avait remplacé Adrian de Shriver, parla à Mushamuka sur un ton apaisant, émaillant ses mots de grognements profonds.

— Page suivante à droite —
Nous rencontrâmes Mushamuka soudainement, sans avertissement, assis comme un Bouddha noir silencieux parmi les feuilles.

195

un lion en colère. Lorenzo resta figé derrière sa caméra, ne sachant que faire d'autre mais nous tombâmes à genoux, les yeux fixés sur le sol devant nous. A peu près à un mètre de nous, il s'immobilisa et resta menaçant, sans bouger, nous transperçant de son regard irrité, nous défiant de faire un pas de plus. A ce point, il ne faisait aucun doute qu'il était la figure dominante. «Du calme, mon vieux, du calme!» le rassura Mushenzi, en grognant très fort. Mushamuka ne bougea pas jusqu'à ce qu'il fût certain que nous ayons compris puis se retourna lentement et disparut dans la forêt. «Je crois que nous devrions partir maintenant, dit Mushenzi poliment. C'est un avertissement qu'il ne faut pas ignorer.» Personne ne protesta; nous fîmes demi-tour sagement et nous remîmes en route à travers la forêt vers notre campement.

Ce soir-là, autour du feu de camp, Mushenzi nous parla de sa vie avec les gorilles et nous présenta à Romain Baertson, un Belge qui avait passé de nombreuses années à filmer les gorilles. Le jour suivant, nous retournâmes en forêt, cette fois avec Romain, et nous observâmes Maeshe et sa famille avec lui. Une jeune femelle se détacha du groupe et se dirigea vers lui. Romain ne bougea pas tandis qu'elle grimpait sur ses genoux, mettait un bras autour de son cou et restait ainsi dans une tendre étreinte. Puis elle se tourna vers lui, le chevauchant avec une jambe de chaque côté, et se mit à lui tapoter doucement les épaules dans un geste d'une telle familiarité et d'une telle confiance qu'il aurait pu être son compagnon. Nous restions pétrifiés, les contemplant avec incrédulité, étonnés par le flegme de Romain. C'était, après tout, un gorille sauvage; nous n'étions pas dans un cirque. Puis elle se lassa de lui, le tirant derrière elle par le cou en s'éloignant. Romain roula à terre et resta immobile tandis que le partenaire jaloux de la femelle la sermonnait dans des termes sans ambiguïté. Une furieuse dispute s'ensuivit durant laquelle elle se défendit vaillamment, indiquant clairement une rivalité sexuelle similaire à la nôtre.

Lorsque nous quittâmes Kahuzi Biega cinq jours plus tard, Mushenzi et ses gardes nous donnèrent un petit certificat nous invitant à revenir à titre d'invités personnels, un geste touchant que nous appréciâmes beaucoup.

Approximativement à 100 kilomètres à l'ouest de Kahuzi Biega, sur la route coupée entre Bukavu et Kisangani, nous transbordâmes notre équipement à travers la rivière Irangi au moyen d'un ingénieux pont de lianes, un de ces chefs-d'œuvre occasionnels avec lesquels l'Afrique vous surprend parfois. Construit entièrement avec des perches de la forêt, le pont est suspendu à environ 10 mètres au-dessus du lit rocailleux de la rivière, la franchissant sur une portée de 200 mètres, maintenu par d'épaisses lianes qui vibraient, tandis que nous passions, comme les cordes d'une grande harpe de la jungle et qui étaient fixées à des branches surplombantes. Fait entièrement de bambous, liés ensemble par des lianes plus fines, le « pont des lianes » est une pièce maîtresse de construction de la jungle. De l'autre côté de la rivière, le pavillon de chasse abandonné de Léopold II, roi des Belges, pendait lamentablement au-dessus des eaux bouillonnantes, vide et inutile à présent, point de repère isolé d'un règne colonial que Joseph Conrad a qualifié de « course la plus méprisable vers la destruction de toute l'histoire de l'homme ».

Nous étalâmes nos sacs de couchage sur la véranda en bois latté et nous préparâmes à passer la nuit dans le pavillon de chasse royal. Le garde-chasse était toujours là, âgé de quatre-vingt-dix ou cent ans — difficile à dire avec les Africains. Parcheminé, courbé, les cheveux blancs, il ressemblait à une de ces statuettes vendues aux touristes de passage sur les routes d'Afrique. Les années avaient rongé son corps mais son esprit et sa mémoire étaient toujours vifs et ses yeux noirs pleins du rire inextinguible de l'Afrique. Il s'appelait Alfonse. Il se traîna vers nous pour nous accueillir, avec ces manières attendrissantes datant de l'époque coloniale, lorsque les Noirs étaient les subordonnés des Blancs ; il nous appelait *Bwana* et *Memsahib*, titre maintenant inhabituel à nos oreilles mais qui faisait encore vibrer une corde profondément enfouie en nous. Son accueil reflétait la jubilation qui s'adressait autrefois à un maître de retour et nous étions tous profondément touchés. Nous lui parlâmes brièvement de notre expédition en lui demandant la permission de rester pour la nuit.

L'endroit conservait encore une allure grandiose et royale, abrité de tous les côtés par la forêt primitive et l'eau étincelante, dansant et grondant dans le lit rocailleux de la rivière. La construction simple en bois la surplombait et de petits ponts en rondins avec des rampes en bois donnaient accès à l'intérieur calme, où le parquet était propre et encore étonnamment brillant, presque astiqué. Il y avait quelques fauteuils coloniaux et une table ronde sur la véranda et, au centre de la pièce, une longue table de réfectoire avec des bancs de chaque côté. L'endroit avait appartenu autrefois à un roi et, en tant que tel, son gardien le préservait avec vénération. Il est étonnant de rencontrer encore une vénération si profondément ancrée après les atrocités perpétrées autrefois par les maîtres coloniaux, particulièrement en raison de la façon dont le pays fut ravagé à l'indépendance, lorsque toute la sauvagerie de l'Afrique fut déchaînée dans une des plus diaboliques danses de la mort et de destruction que le continent ait connue.

La douceur des Noirs et leur gaieté, leur absence de rancune et leur hospitalité étaient toutes personnifiées par ce vieil homme rabougri, qui contribuait à donner à cet endroit un air de dignité ancestrale. Mais un incident malheureux vint jeter une ombre sur cette scène immémoriale. Au cours de notre dîner, éclairé aux chandelles, autour de la table de réfectoire, Hugo dit qu'il avait une déclaration à faire : le reste de l'équipe et lui avaient décidé de se retirer de l'expédition. Les mots claquè-

— Page suivante à gauche —
Nous transportâmes notre équipement par dessus la rivière Iranji, à 100 kilomètres à l'ouest de Kahuzi Biega, au moyen de ce pont ingénieux.

— Page suivante à droite —
Construit entièrement en bambous liés ensemble par des lianes, le pont des lianes est une pièce maîtresse d'architecture de la jungle.

Tous les soirs autour du feu de camp, Lorenzo faisait part à l'équipe de ses plans pour le lendemain.

rent comme des détonations dans le calme du soir. Conscient de leur gravité, le débit d'Hugo était nerveux et son visage rouge ; on pouvait presque sentir son cœur battre sous sa légère chemise de coton. Il continua en hésitant, cherchant les mots appropriés, tandis que les autres restaient avec des visages de marbre, guettant notre réaction, comme un groupe d'étudiants contestataires affrontant leurs maîtres ; situation incongrue, pensai-je, dans un tel endroit. Dehors, la rivière bouillonnait toujours et les engoulevents hululaient dans les arbres.

Lorenzo attendit qu'Hugo ait fini. Il laissa le silence planer un moment puis se leva lentement, gardant ses yeux bleus fixés sur Hugo. Puis il explosa. Il frappa la table du plat de sa main droite et cria : « Traîtres, vous n'êtes que des traîtres. A présent que nous entrons au Zaïre et que vous vous êtes bien amusés, vous me laissez tomber au moment où j'ai le plus besoin de vous... Allez-vous en, prenez vos affaires et retournez au Kenya comme vous pourrez, vous me dégoûtez... Je vais dormir. » Il s'éloigna dans l'obscurité vers la chambre avec les deux lits de bois. C'était une sortie impressionnante bien que je n'approuvais pas entièrement les termes employés.

Tous les yeux se tournèrent vers moi, espérant une réaction conciliatoire. Je restai momentanément sans voix. Les quatre jeunes visages, avec leur expression soucieuse et leurs cheveux ébouriffés, éclairés par les bougies, attendaient tous une réaction de ma part. Je pris mon temps, m'efforçant de rester calme tandis que je cherchais les mots et les arguments justes pour rétablir le dialogue, fouillant dans ma mémoire pour chercher des signes de mécontentement durant le mois écoulé.

Tandis que chacun et chacune déversait ses sentiments, une trame semblable au malaise de la première partie de notre voyage commença à faire surface, avec de nombreux symptômes similaires qui ont toujours handicapé toutes les expéditions ; l'absence, chez les membres ordinaires de l'équipe, de motivation. L'expédition était essentiellement le rêve de Lorenzo et, en dépit du dévouement et de l'enthousiasme qu'avaient pu avoir nos équipes, leurs motivations ne pouvaient en aucune façon être égales aux nôtres. Ils avaient été effrayés par les histoires que nous avions entendues. Je leur fis part de mes propres sentiments et commentaires et essayai d'expliquer la réaction de Lorenzo, les laissant décider s'ils voulaient continuer ou pas. Lorsque nous eûmes épuisé le sujet, nous nous arrêtâmes tout simplement. Il ne restait rien à dire et nous nous sentions tous soulagés.

Les bougies sur la table s'étaient consumées et formaient une petite mare de cire autour de chaque flamme.

— Très bien. La journée a été longue. Allons au lit, dis-je. Nous déciderons quelque chose demain matin.

L'un après l'autre ils se levèrent et vinrent vers moi. Ils me mirent les bras autour du cou et m'embrassèrent.

— Merci de nous avoir écoutés, dirent-ils un peu timidement.

Nous nous séparâmes de bonne humeur et nous dirigeâmes vers nos sacs de couchage respectifs. Je soufflai les bougies sur la table et entrai sur la pointe des pieds dans la pièce sombre où Lorenzo dormait à poings fermés, étalé sur un des lits en bois. Je me glissai à ses côtés et il s'éveilla.

Il me tendit les bras en disant :

— Ce doit être la nuit la plus fantastique de ma vie. Écoute la rivière et le vent dans les arbres ; les bruits de l'Afrique sont si clairs et mystérieux. Quelle chance nous avons.

J'éclatai de rire.

— Tu es un oiseau étrange. Tu as entendu notre conversation ? demandai-je, un peu interloquée.

— Des bribes, marmonna-t-il. Laisse-les partir. Nous rassemblerons une autre équipe, cette fois-ci entièrement composée de Noirs. Personne n'est indispensable, tu sais.

Je repensai au mois passé à Nairobi toute seule, aux difficultés que j'avais eu à surmonter pour rassembler cette équipe. L'idée de recommencer à mi-parcours ne m'enchantait guère.

— Nous en reparlerons demain matin, dis-je en bâillant, m'efforçant de ne plus penser à rien.

Il était deux heures. J'étais éprouvée par la tension. Je restai un moment éveillée dans le silence et l'obscurité, faisant le tri d'une multitude de sensations contraires et m'endormis finalement.

Le lendemain matin, tout le monde se sentait mieux. Je persuadai Lorenzo de présenter ses excuses pour sa sortie et un autre échange eut lieu, au cours duquel les différends furent éclaircis et évacués. Les accès de colère de Lorenzo sont instantanés mais heureusement de courte durée et il n'est pas rancunier. Il est prêt à serrer la main et à accepter ses torts. Ils consentirent tous à continuer et le pouvoir bénéfique de la communication ressuscita une fois de plus l'esprit de l'expédition. Nous poursuivîmes notre chemin, plus déterminés, vers un but commun, dans un nouvel esprit de fraternité et de dépendance, propulsés par l'enthousiasme de Lorenzo, sa bonne humeur et sa vivacité d'esprit.

Onzième chapitre

Esclaves, cannibales et tireurs d'élite

De retour a Bakuvu, une fois de plus, nous nous préparâmes à un autre transbordement, par air cette fois car il n'y avait pas d'autre possibilité. Nous décidâmes d'affréter l'avion d'Adrian de Shriver, une étrange machine à l'aspect antédiluvien, car le seul autre moyen d'atteindre le fleuve Ulindi, au Zaïre, était une marche à pied de dix jours. L'homme et la machine avaient une allure rébarbative liée à la nature de leur travail, la liaison aérienne avec les points les plus reculés du pays, inaccessibles à d'autres moyens de transport, ce qui, au Zaïre, signifiait l'atterrissage et l'envol de terrains de fortune que seul un pilote chevronné comme Adrian pouvait négocier. Pour 1 000 dollars, il nous transporta, nous et notre expédition, à 300 kilomètres vers l'ouest, à Shabunda, en plein cœur du Zaïre, où nous avions l'intention de remettre nos canots à l'eau sur le fleuve Ulindi, la jonction fluviale la plus proche sur notre route occidentale.

Pendant des heures, nous survolâmes une étendue interminable de jungle verte qui ondulait dans une symphonie de feuillage vers l'horizon. Au-dessus de nous, le ciel brumeux était menaçant, avec de grands bancs de nuages orageux tournoyant dans le ciel bleu devant nous. Une atmosphère sinistre filtrait de l'extérieur. A l'intérieur de l'avion, nous restions tous déprimés et silencieux parmi notre équipement empilé au hasard sur le plancher. Des histoires peu rassurantes que nous avions entendues nous revenaient à l'esprit. Nous entrions au cœur de l'obscurité et personne ne savait ce qui se cachait sous l'épais tapis vert en dessous de nous. C'était le pays des cannibales et des tireurs d'élite contre qui on nous avait mis en garde plus tôt au Kenya. De temps à autre, la végétation s'écartait et nous apercevions des grandes courbes de rivière brune serpentant parmi les arbres ; des huttes au toit de chaume, dressées dans des clairières au bord de la rivière, témoignaient de la présence d'humains, puis le manteau vert se refermait et le monde secret disparaissait. Nous restions avec une impression grandissante de mystère.

Sans avertissement, l'avion piqua et passa dans une des trouées parmi les nuages et, quelques minutes plus tard, nous tournoyions au-dessus du terrain de Shabunda. Nous roulâmes en cahotant et vibrant sur la piste d'herbe tandis que les grands arbres défilaient à toute vitesse de chaque côté. L'endroit avait l'air assez désolé mais, lorsque l'avion vira à l'extrémité de la piste, une foule d'environ 500 à 1 000 personnes avait déjà émergé de dessous les arbres et s'avançait en masse serrée sur le terrain, comme une peinture à l'huile colorée, tableau éclatant contre l'arrière-plan vert luxuriant. L'air brassé par les hélices faisait claquer leurs étoffes vives contre leurs jambes.

Lorsque les moteurs furent coupés et la porte ouverte, un silence soudain resta suspendu dans l'air surchauffé, un sentiment d'attente et d'excitation, tandis que l'avion s'apprêtait à dégorger son contenu. Lorenzo apparut à la porte avec sa barbe blanche et son chapeau de paille et une vague de « aaahs » roula vers l'avion puis explosa en une cacophonie de paroles animées et de rires qui éclataient chaque fois que l'un de nous apparaissait et que les moteurs hors-bord, les canots, les sacs et les caisses étaient déchargés.

— Nous voici à Shabunda, dit gaiement Lorenzo. Ceux-ci doivent être les cannibales.

Une demi-douzaine d'hommes se détachèrent de la foule pour souhaiter la bienvenue à Adrian, lui serrant la main, heureux de le voir de toute évidence. Une ovation s'éleva lorsque Ruzina apparut dans les bras d'Amina, la foule devint folle et se précipita vers l'avion avec tant d'enthousiasme qu'on dut la maintenir à coups de longs fouets.

Une paire d'individus à l'allure sinistre en tenue de combat camouflée, portant des lunettes noires et armés de Kalachnikov, se frayèrent un passage à travers la foule et déambulèrent vers nous d'un air arrogant, nous apostrophant grossièrement en français. « Donne-moi tes cigarettes », aboya l'un d'eux en s'adressant à Adam qui s'en allumait une. Je sentis Adam se contracter tandis qu'il pivotait pour lui faire face. Sans un murmure, il lui tendit le paquet, visiblement intimidé par son agressivité.

— Il n'y avait aucune raison de lui donner tout le paquet, lui sifflai-je. Ils vous dépouilleront complètement si vous les laissez faire.

Adam parut déconcerté et un peu honteux.

— Tu me donnes une cigarette ? demandai-je tandis qu'ils s'en allumaient une, et je guettai leur réaction.

— Mais bien sûr, madame, répondirent-ils en me tendant le paquet.

— Merci, dis-je en en prenant une et en leur retirant doucement le paquet. Je vais les rendre à mon ami. C'est son dernier paquet, vous savez.

Adam me regarda, ébahi.

— Il faut savoir jouer le jeu, lui dis-je. Nous devons savoir exactement qui est qui.

Les deux hommes rirent. Les Zaïrois, je le savais, étaient de grands comédiens et utilisaient n'importe quelle ruse pour obtenir ce qu'ils voulaient. Des uniformes militaires et des armes étaient un excellent moyen dans leurs petits jeux de bluff.

Adrian nous dit adieu et nous souhaita bonne chance. Il lança les hélices, regrimpa dans son véhicule spatial blanc et fut bientôt dans les airs, nous laissant par terre derrière lui dans notre nouvel entourage avec nos jambes comme seul moyen de transport. Au-delà du terrain d'aviation, le monde secret nous attendait.

Lorenzo et Hugo nous laissèrent surveiller l'équipement tandis qu'ils allaient à la découverte. Alors qu'ils se tournaient pour partir, un homme blanc apparut à travers la nuée de visages noirs et s'avança vers nous. Il se présenta avec un accent allemand prononcé.

— Je m'appelle Klaus Klass, je vis ici. Puis-je vous aider ? — Il avait une allure amicale et ses manières étaient chaleureuses et rassurantes. — J'ai un petit camion. Vous aimeriez peut-être charger votre équipement dessus et le mettre chez moi pour le moment.

Si ce n'était pas la Providence, j'ignore comment on pourrait l'appeler. Lorenzo me fit un clin d'œil puis nous présenta un par un. Combien de fois dans des situations comme celle-ci, nous avons pu ainsi résoudre les problèmes en suspens.

Klaus était prospecteur d'or. Il était à Shabunda depuis trois ans et n'était allé que deux fois à Bukavu, où il avait une femme zaïroise. Il n'était pas retourné au *vaterland* depuis vingt-cinq ans et n'avait aucune intention de le faire. Il gagnait bien sa vie ici au Zaïre, achetant l'or des mineurs zaïrois qui l'extrayaient au fond de la jungle, à environ 200 kilomètres de Shabunda.

Klaus était un de ces hommes blancs que l'on ne rencontre qu'en Afrique, de ces coureurs de fortune solitaires qui emploient leurs ressources pour combattre les éléments diaboliques de la Nature. Le courage, la patience, la persévérance et une certaine quantité de chance sont les ingrédients nécessaires pour résister à la monotonie et à la solitude d'une existence si étrange et bizarre, mais elle a ses contreparties, nous assura-t-il. Je me demandais ce qui poussait un homme tel que lui à chercher de l'or au cœur du Zaïre. Son apparence nette, ses pieds chaussés de sandales, ses cheveux coupés court et la chaîne d'or qu'il portait autour du cou ne correspondaient pas à l'idée préconçue que l'on se fait de ce type d'hommes. Raffiné et cultivé, il parlait parfaitement français, anglais et lingala, un dialecte zaïrois, et ce qu'il ne connaissait pas du Zaïre ne valait pas la peine d'être mentionné.

Il était de toute évidence ravi de notre arrivée et rit lorsque nous lui fîmes part de nos craintes et des rumeurs alarmantes que nous avions entendues. « Les Zaïrois, nous dit-il, sont parmi les gens les plus hospitaliers, amicaux et intelligents de cette partie de l'Afrique. Je traite des affaires avec au moins une douzaine d'entre eux et n'ai jamais eu sujet à me plaindre. Je voyage à travers le pays avec parfois des quantités considérables d'or dans mes véhicules ; il n'y a jamais eu d'incident. Si vous les traitez bien, ils vous respectent, mais si vous essayez de les tromper ou de faire les malins, ils peuvent devenir très vicieux. C'est de là que viennent les incidents dont on entend parler. Les Zaïrois ont toujours un grand respect pour les Blancs, peut-être à cause de la période coloniale. Les Belges étaient des maîtres durs et exigeants, qui les exploitaient jusqu'à la moelle mais aussi qui s'occupaient d'eux. Depuis l'exode belge, ils ont dû réapprendre à compter sur eux-mêmes pour vivre et les conditions de vie se sont naturellement beaucoup détériorées. Très peu de Blancs viennent au Zaïre de nos jours ; les Zaïrois essaient de les exploiter dès que possible mais ils ne perdent jamais leur respect : les incidents fâcheux sont rares. »

J'observais les expressions sur les visages de notre équipe ; elles révélaient un mélange de soulagement et d'incrédulité en écoutant les paroles rassurantes de Klaus. Nous étions soudain bien plus ravis par les perspectives qui nous attendaient. Nous avions toujours pressenti que l'étape zaïroise serait la plus complexe mais aussi la plus intrigante et stimulante. La rencontre avec Klaus fit beaucoup pour nous redonner bon moral.

Nous établîmes notre campement sur son terrain et, cette nuit-là, fûmes frappés par un des orages les plus violents de toute l'expédition. Les grosses gouttes de pluie tropicale se mirent à tomber peu de temps après que nous nous étions retirés sous nos tentes et alors que nous étions confortablement enfouis dans nos sacs de couchage. Nous écoutions les gouttes exploser sur la toile de nos tentes, reconnaissants pour l'abri relatif que Klaus nous avait offert sur son terrain mais, alors que la nuit progressait, la pluie augmenta et bientôt le terrain fut tellement saturé que l'eau commença à filtrer à travers le tapis de sol. Avant longtemps, nous étions en train de flotter comme sur des lits d'eau. A travers une petite ouverture à l'entrée de la tente, je vis mes sandales emportées par l'eau et la lampe-tempête à moitié immergée. Je réalisai rapidement que c'était la fin de notre nuit paisible. L'un après l'autre, nous sortîmes de nos tentes, sans prêter attention à la pluie et nous levâmes le camp, transportant les effets dans la réserve de Klaus qui avait un toit imperméable. Quelques heures avant le point du jour, nous nous glissâmes à nouveau dans nos sacs de couchage trempés. L'extraordinaire, c'est que nous nous endormîmes malgré tout, nous réveillant le lendemain, raides et grincheux, par une journée ensoleillée qui nous permit de sécher nos affaires.

Les anciens du village vinrent nous présenter leurs respects. Ils nous apportèrent des petits pains fraîchement cuits de la boulangerie locale et nous partageâmes notre café au lait avec eux. Ils étaient intrigués par l'itinéraire de notre expédition et voulaient des nouvelles du monde extérieur. Shabunda avait été autrefois un des centres administratifs des Belges mais, depuis qu'ils étaient partis, toutes les communications avec le monde extérieur avaient été interrompues et l'avion d'Adrian était maintenant le seul pourvoyeur de nouvelles et de marchandises. Les membres de notre groupe de nouveaux amis parlaient tous français et, grâce à eux, nous pûmes lentement saisir l'humeur du pays que nous étions sur le point de traverser. Les prévisions étaient encourageantes et rassurantes, élément important dans notre long voyage vers l'Atlantique car ici, au Zaïre, nous serions presque entièrement dépendants de la bonne volonté des habitants. Les points de contact et de communication étaient peu nombreux et espacés et il fallait apprendre à utiliser le réseau de la jungle. Il était important d'entrer en contact avec les gens.

En dehors des limites de la propriété, le village de Shabunda était toujours noyé sous la brume. Les palmiers de chaque côté de la principale avenue de terre battue se dressaient comme des fantômes à travers les vapeurs de chaleur, baignés dans le calme matinal. Les couleurs chaudes et dures de la veille étaient maintenant douces et atténuées, comme si la pluie avait adouci la vigueur de ce pays énergique, voilant l'âpreté de sa lutte pour la survie. La brume, lors des journées chaudes et pluvieuses, donne à l'Afrique un aspect nordique auquel on n'est pas habitué, surtout au milieu des tropiques.

Ici, à Shabunda, les habitants avaient appris à survivre avec peu de choses. La place du marché était pathétiquement vide de produits. Les femmes étaient assises, les jambes tendues devant elles, colportant des tas pitoyables de fèves et de manioc, quelques tiges de sucre de canne, trois ou quatre patates douces, quelques poissons d'eau douce séchés et des bananes vertes, le tout soigneusement étendu à côté d'elles sur des nattes de fibre. Les bâtiments administratifs belges abandonnés étaient souillés, s'écaillaient et avaient besoin de réparations. Les cahutes en tôle et les cases en boue, contruites autour de la place du marché, étaient primitives ; certaines servaient de boutique vendant du tissu imprimé zaïrois — jamais plus d'une douzaine de pièces — ou du pain, les matins où il y avait de la farine. C'était une existence précaire choquante à première vue mais les gens paraissaient s'en accommoder. Et maintenant, tandis que le soleil filtrait à travers les palmiers, la réalité de ce vaste pays semblait adoucie et l'éternel sourire régénérateur africain transparaissait. Je donnai de la farine et de la levure de notre provision à la grosse mama zaïroise qui tenait la boulangerie et lui demandai de nous cuire du pain pour le voyage. Elle accepta volontiers, bien sûr, à condition que je lui donne aussi du bois ou du charbon de bois pour son four. Elle me sourit et, dans ce sourire, je lus un millénaire de lutte et de résignation mais aussi le courage et le défi qui empêchaient cette nation et, en fait, tout le continent, de sombrer.

Klaus nous conduisit dans son camion jusqu'au bord du fleuve Ulindi, à environ 8 kilomètres du village, où nous mîmes un des canots pneumatiques à l'eau pour un parcours de reconnaissance initial. Nous avions eu des rapports contradictoires quant à sa navigabilité et Lorenzo avait proposé un tour exploratoire. Nous avions prévu d'atteindre Kindu, sur le fleuve Laulaba, en canot depuis Shabunda mais des rapides infranchissables, à quelques kilomètres en aval, mirent fin à l'exploration du jour.

De retour chez Klaus ce soir-là, nous modifiâmes notre itinéraire vers Kalima qu'il faudrait maintenant atteindre par la route. Mme Thérèse, une dame noire énergique d'environ quarante ans, fut convoquée et nous négociâmes la location de son camion de dix tonnes pour le trajet du lendemain à travers la jungle.

Mme Thérèse habitait à côté de chez Klaus. Son mari, nous dit-elle, avait été ministre des Transports et, lorsqu'il était mort quelques années auparavant dans un accident de la route, il lui avait laissé le camion et le terrain avec deux maisons en brique au toit de tôle, où elle vivait à présent avec sa famille. Deux de ses filles mariées et une couvée de petits-enfants étaient assis autour d'elle lorsque nous vînmes inspecter le véhicule. Mme Thérèse gagnait bien sa vie avec son entreprise de transports. Elle n'était pas riche mais aisée et elle avait fait faire des études à tous ses enfants, dont plusieurs avaient été dans une université belge, nous dit-elle fièrement.

Toutes les transactions étaient payables à l'avance et en liquide, bien entendu ; elle ne faisait aucune distinction entre ses clients et ne faisait pas de crédit. Thérèse était un personnage respecté à Shabunda. Elle menait son affaire avec aplomb, comptait les paiements personnellement sur ses genoux et gardait son argent en de grandes liasses serrées par un élastique, dans une boîte sous son lit.

Son chauffeur, Louis, était un vieux routier, fort, corpulent, la cinquantaine avec un gros ventre de buveur de bière et de proéminents biceps accentués par le T-shirt serré qu'il portait sous son blouson de jean. Il avait l'aspect d'un homme qui voyage ; de petites choses qu'il portait sur lui, sa casquette, ses chaussures, sa bague, étaient de toute évidence des marchandises citadines. Louis avait travaillé pour Mme Thé-

Les palmiers, sur l'avenue principale de Shabunda, se dressaient sombres et fantomatiques dans le calme du matin.

rèse et son mari pendant de nombreuses années et faisait autant partie du décor que le massif véhicule qu'il conduisait. Comme Adrian de Shriver et son avion, l'homme et le véhicule se ressemblaient. Ils étaient coriaces. Louis était un bonhomme amical, jovial et rien n'était jamais un problème pour lui. Si la route était carrossable et les ponts intacts après la dernière pluie, il nous amènerait à Kalima avant la tombée de la nuit le jour du départ mais, bien sûr, beaucoup de choses dépendaient des conditions du voyage qu'il ne pouvait pas garantir.

— Ne vous inquiétez pas, vous êtes en de bonnes mains », nous dit Mme Thérèse en tapotant Louis sur l'épaule, et en prenant les liasses de « zaires » crasseux que Klaus lui tendait.

L'argent, ici à Shabunda, avait le même pouvoir que partout ailleurs, même s'il n'y avait pas grand-chose pour le dépenser. Parce que nous étions habitués aux hasards de la surcharge en Afrique, nous payâmes un supplément pour avoir Louis et le camion exclusivement à notre disposition.

Mais, lorsque le jour suivant il arriva, prêt à être chargé, devant la propriété de Klaus, une longue file de gens s'était déjà rassemblée le long de l'avenue de palmiers,

Avant de quitter Shabunda, Klaus prit une photographie de ses nouveaux amis.

avec leurs affaires dans de grands paniers sur la tête ou dans des sacs attachés à leur dos. La nouvelle d'un départ imminent avait filtré et, de toute évidence, ils espéraient faire partie du voyage, ce que nous avions prévu et voulu éviter en payant un supplément.

— Ne vous inquiétez pas, répéta Louis, le camion est à vous aujourd'hui ; je ne laisserai personne monter.

Mais lorsque le matériel de l'expédition fut chargé, la file de gens patients qui attendaient se précipita. Ils jetaient leurs affaires dans le camion, grimpant derrière précipitamment comme des réfugiés dans un dernier bateau en partance, passant leurs bébés, leurs poulets et leurs chèvres à ceux qui s'étaient déjà embarqués. Louis fit quelques faibles tentatives pour les arrêter puis s'écarta et vint se placer à côté de Mme Thérèse sur le bord de la route et regarda, impuissant et sans rien dire. Nous échangeâmes un coup d'œil et ils haussèrent les épaules en souriant.

— Je croyais avoir loué votre camion pour nous tout seuls, lui criai-je d'en haut.

— Que pouvons-nous faire ? Ces gens attendent un transport depuis deux semaines, répondit-elle en riant.

Tout commentaire supplémentaire était superflu.

Tout notre équipement, les moteurs, les canots pneumatiques, les lampes tempêtes et le couchage étaient maintenant submergés sous des sacs odorants de manioc, et de charbon de bois, de poulets, de bananes et de chèvres. Soixante-quinze personnes étaient montées à bord.

— On y va, nous cria Louis en klaxonnant tandis qu'il montait à sa place et mettait le gros moteur diesel en marche dans un grondement assourdissant.

Tout le monde criait et agitait la main et Klaus nous envoya des baisers. Il paraissait triste de nous voir partir. Nous étions devenus amis durant ces trois jours et il s'était mis entièrement à notre disposition.

Perchés au sommet de la cabine et serrés entre le chargement, épaule contre épaule avec nos nouveaux compagnons de voyage qui berçaient leurs bébés, nous descendîmes la majestueuse avenue de palmiers accompagnés de cris joyeux. Le village entier était venu nous voir partir et criait maintenant : « Bon voyage, revenez vite nous voir, on vous aime. » Lentement, nous quittâmes Shabunda, laissant une petite parcelle de notre cœur derrière nous.

Le voyage de 750 kilomètres de Shabunda à Kalima fut mémorable. La route était irrégulière avec de profondes ornières et encore très mouillée mais Louis était un vétéran et conduisait son véhicule avec une grande expérience, maintenant un régime constant et les roues de niveau lorsque c'était possible. Perchés tout au sommet, on avait l'impression d'être à dos de chameau et il fallait se cramponner pour éviter

Hugo, Adrian, Charlie et Juliette apprécièrent l'expédition plus que notre première équipe venue d'Europe.

d'être éjecté. Les grands arbres se dressaient à des dizaines de mètres, formant un mur massif de verdure de chaque côté de la route ocre. En dessous, il faisait sombre et humide et des rais de lumière filtraient à travers le feuillage comme dans une image pieuse, soulignant la profusion d'ombres et de formes et les gigantesques troncs des arbres, piliers de la grande cathédrale verte.

La force intimidante de cette jungle primitive était incontestable et soulignait une fois de plus notre propre insignifiance. Vivant dans une telle proximité avec la nature, nous avions pleinement conscience de la planète que l'homme, aujourd'hui, est lentement en train de détruire en s'efforçant de la dominer. Cette relation inégale entre l'homme et la nature, en Afrique, est similaire à celle d'un chef-d'œuvre qu'il méconnaît. En Afrique, la nature s'est inconsciemment érigé un monument à elle-même et l'homme, par avidité ou nécessité, le démantèle systématiquement. Le voyage de Shabunda à Kalima nous donna une image révélatrice des écosystèmes de la nature lorsque l'homme et son environnement sont en équilibre. Dans la majeure partie du Zaïre, les habitants ont été contraints de maintenir une affinité particulière avec leur environnement. Parce que le progrès a été arrêté ici, le rythme de la nature a été, Dieu merci, préservé et, tout comme à l'époque de Conrad, dans la grande forêt, «la végétation pullule encore et les grands arbres sont rois». Tandis qu'au Rwanda et tout autour des rives du lac Kivu, où la dévastation est presque totale, la situation est alarmante.

Nous nous arrêtions tous les soixante-dix kilomètres environ pour débarquer et prendre des passagers. Chaque fois, l'échange prenait un aspect rituel. Le temps, ici, n'avait pas de signification et le passage d'un véhicule, surtout aussi grand que le nôtre, donnait lieu à un divertissement qui allait bien au-delà des limites d'une simple halte. La pure joie de la réunion, le troc et l'échange de nouvelles étaient une raison suffisante pour des réjouissances et transformaient chaque halte en fête.

Ce qui était significatif cependant, c'était l'absence totale de toute vie sauvage. Nous ne vîmes jamais d'oiseau, de singe ou de cerfs, à moins qu'ils ne fussent attachés par la queue à une arme ou défigurés et apprêtés pour la vente. Au Zaïre, où les protéines se vendent au prix de l'or, tout ce qui bouge est mangé et les malheureuses bêtes sauvages ont peu de chances de survivre.

Louis avait des amis et de la famille partout et était sollicité à chaque arrêt. Il se faisait entraîner par des grappes d'enfants ou de filles rieuses et disparaissait derrière quelque porte en tôle rouillée ou dans un enclos de feuilles de palmier pour en émerger parfois une heure plus tard. Une fois, il nous invita à le suivre chez sa mère pour prendre le thé et quand nous protestâmes à cause du temps, il ne fit que rire, nous affirmant que le thé avec sa famille était plus important que le temps et il s'éloigna, nous faisant signe de le suivre. La mentalité était totalement différente et il y aurait beaucoup à dire, bien sûr, en faveur de cette approche insouciante de la vie...

Peu avant le crépuscule, alors que nous entrions dans Kalima, nous rencontrâmes un groupe de femmes, une cinquantaine, peut-être soixante-quinze, marchant sur la route vers nous, portant de gros fagots sur le dos tenus en place par une courroie de cuir qui leur passait sur le front. Devant elles marchait un jeune homme en pantalon et chemise ouverte, sans rien sauf une canne, suivi d'un petit chien blanc. A notre demande, Louis se rangea sur le bord de la route et s'arrêta. Ils allaient à une cérémonie de circoncision qui allait avoir lieu dans un village à quelques kilomètres de là, nous dirent les femmes. Le bois, expliquèrent-elles, était destiné à un feu pour les sorciers qui chasseraient les mauvais esprits du corps des jeunes gens.

Lorsque nous demandâmes si nous pourrions y assister, elles rirent en mettant la main devant leur bouche.

— Non, non, non : les Blancs ne peuvent pas assister à ces cérémonies, autrement les pouvoirs du sorcier n'agissent pas.

— Pas même si nous lui donnons de l'argent? dit malicieusement Lorenzo.

— Oh! firent-elles, décontenancées, ce serait différent.

Mais Louis intervint pour dire qu'il ne pourrait pas rester ici cette nuit parce qu'il devait retourner le lendemain à Shabunda.

Cela mit un terme à notre conversation et nous repartîmes. Deux kilomètres plus loin, nous arrivâmes à une clairière au milieu des arbres, où des novices se rassemblaient, se préparant pour la cérémonie initiatique. Il devait y en avoir 500, entièrement nus, la tête et les sourcils rasés, se tenant en groupe serré si bien que leurs têtes lisses et brunes ressemblaient à une masse d'œufs marron rangés les uns à côté des autres. Ils nous faisaient face dans un silence glacial, se détachant sur l'arrière-plan vert brillant, tableau primitif qui remontait à l'Antiquité. Lorsque je levai mon appareil-photo, ils devinrent furieux et nous crièrent d'arrêter. « Pas de photos, nous ne sommes pas des animaux. » Certains ramassèrent des pierres pour nous les jeter.

« Rangez votre appareil », me souffla Louis, tandis que je plongeais derrière le mur protecteur de mes compagnons de voyage. Sans un mot, Louis passa la première et nous démarrâmes avant d'avoir à subir des représailles.

Lorsque des incidents semblables se produisent, je deviens douloureusement consciente de l'intrusion irrespectueuse d'un chasseur d'images et je ressens une profonde aversion pour mon travail. Je suis très consciente de la violation de l'individu, presque comme si mon appareil se transformait en arme mais alors l'instinct du chasseur prend le dessus et je suis aveuglée par la chasse ; il n'y a pas de temps pour l'hésitation ni la courtoisie. J'ai appris à agir vite et parfois témérairement, prenant une décision en une fraction de seconde, consciente des instants fugitifs et uniques et tout sens de dignité et de respect est outrepassé. La plupart du temps, cela réussit mais parfois — comme dans le cas présent —, lorsque je rencontre de l'hostilité ou en cas d'agression, ma déception me laisse frustrée et la seule échappatoire est la retraite. Les chasseurs apprennent à accepter la défaite mais elle ne les décourage jamais.

Nous arrivâmes à Kalima juste avant la tombée de la nuit. Louis nous déposa avec notre équipement à quelques kilomètres hors de la ville sur les bords du fleuve Elila, où nous établîmes un camp volant pour la nuit. Le jour suivant, nous remontâmes nos canots pneumatiques avec l'aide de l'habituel groupe de curieux qui semblaient apparaître partout où nous nous arrêtions, nous donnant l'impression d'être sans cesse observés par des yeux invisibles cachés derrière le mur de verdure.

— Ci-contre —
Louis nous invita chez sa mère pour le thé en famille.

219

DOUZIÈME CHAPITRE

ET LE PERROQUET CHANTA

A U FUR ET À MESURE QUE NOUS NOUS ENFONCIONS DANS LE cœur de cet immense pays, son caractère commençait à émerger. Une essence subtile et indéfinissable, mais omniprésente, une impression d'authenticité éternelle, proche de celle qu'avaient rencontrée les premiers explorateurs et colonisateurs ; peu de choses semblaient avoir changé et, bien que les habitants portent aujourd'hui des vêtements européens, leur visage et leurs attitudes conservaient une pureté simple. Le paysage intemporel offrait une grandeur archaïque que le temps, la colonisation et tous les efforts de changements forcés n'avaient pas réussi à anéantir. C'était comme si toute l'énergie de l'Afrique s'était accumulée au Zaïre et que le pays avait repoussé d'une chiquenaude toutes les tentatives d'étranglement et de subordination. Nous devions souvent éprouver cette même impression lors de notre descente vers l'Atlantique.

Au-dessus de nous, le long pont suspendu qui surplombait la rivière fournissait un excellent point de vue pour les passants ; intrigués et fascinés par ce qui se passait en dessous d'eux, ils s'arrêtaient et formaient vite un public fort attentif qui ne manquait pas d'intérêt, un public qui nous donnait un aperçu de la vie indigène à l'intérieur des terres. Un vieil homme borgne, abrité du soleil par un parapluie noir démantelé se tenait près d'une énorme grand-mère qui donnait une main ferme à deux vrais jumeaux âgés de deux ans ; un jeune arriva avec son chien de chasse à qui il avait passé une cloche de bois autour du cou de peur qu'il ne s'égare. Un autre s'approcha à bicyclette avec une dizaine de rats géants attachés au porte-bagages qu'il avait sans doute l'intention de faire rôtir. Ensuite arriva un couple qui allait à Kalima avec son fils adolescent. La femme était chargée d'un lourd panier attaché à son front par une lanière de cuir ; le fils avait un fusil de fortune en bandoulière et le mari, comme toujours, marchait les mains vides, très pimpant en veste de nylon jaune, pantalon noir et béret, porté incliné. Il tenait un bâton de bois noir à pommeau rond sous le bras.

Quoi qu'ils fassent, où qu'ils aillent, ils s'arrêtaient et observaient ce qui se passait sur la rivière, fascinés. Ils formaient une foule amicale et joviale, encline aux bavardages et avide d'informations sur notre origine, notre voyage et notre destination. Ils restèrent là jusqu'à ce que nous soyons prêts pour le départ et nous aidèrent à charger nos affaires sur les bateaux. Nous les quittâmes avec une impression d'affinité désormais familière qui semblait constituer le tissu même de la jungle. Ces gens simples, sans prétention, symbolisaient l'âme même du Zaïre ; si nous les avions appelés à l'aide, ils seraient sans aucun doute venus à notre secours. Il y avait une candeur sincère dans leur attitude qui pour moi a toujours caractérisé les indigènes dont la vie n'a jamais été violée par l'homme blanc : plus nous nous enfoncions dans ces terres vierges, plus nous la rencontrions.

Nous étions restés presque un mois à terre et nous nous réjouissions de nous trouver à nouveau sur l'eau, de sentir la brise tiède caresser nos visages et d'entendre le ronronnement des moteurs tandis que nous glissions sur les eaux brunes. L'Elila, large et profonde, libre de toute entrave, nous permettait de naviguer rapidement. Sur le pont, nos amis nous firent de joyeux signes d'adieu tandis que nous nous éloignions majestueusement dans un sillage blanc. La végétation et les arbres imposants qui tenaient une si grande place dans notre voyage se dressaient de chaque côté. Tout ce vert nous hypnotisait à tel point que nous n'avions jamais l'impression de monotonie. Là aussi, un élément de mystère indéfinissable était présent, une étrange énigme peut-être liée à la préhistoire, à l'apparition de l'homme, dotée de pouvoirs qui dépassaient notre compréhension, de pouvoirs magiques ; nous n'avions ressenti cette impression nulle part ailleurs. Était-ce ce qui faisait la réputation du Zaïre et avait tant intimidé ses voisins ?

Nous voyageâmes jusqu'au crépuscule, n'ayant que rarement l'occasion d'apercevoir un lieu de campement possible. Les arbres et les buissons descendaient jusqu'à la rive, interdisant tout abordage. Ce ne fut qu'à la nuit tombante qu'un espace ouvert, une sorte de plate-forme de boue s'offrit à nous.

« Les arbres ne cessaient de déverser à grosses gouttes rondes une pluie de rosée sur nous, toutes les feuilles semblaient pleurer », a écrit Stanley de ce même endroit dans son journal en 1874.

221

« Par les trous et les branches, les lianes et les sarments, l'humidité tombait sur nous. Au-dessus de nos têtes, les branches entrelacées en de nombreuses strates coupaient totalement la lumière du jour. Nous ne savions pas s'il faisait beau ou si le temps était couvert et brumeux, car nous avancions dans un crépuscule obscur et solennel ; à notre droite et à notre gauche, jusqu'à une hauteur d'environ six mètres, s'élevait le sous-bois, le monde inférieur de la végétation. La tempête aurait pu faire rage sans le monde feuillu, mais en son sein profond, il régnait un silence et un calme absolus. L'atmosphère était étouffante, la vapeur de la terre brûlante montait et formait un nuage gris au-dessus de nous : ce pays n'était pas fait pour le voyage, il était bon pour les vils païens, les singes et les bêtes sauvages... »

Nous attachâmes les cordes à un arbre tombé, à demi submergé. A quelques pas de nous se trouvait un abri abandonné avec deux tabourets de bois faits à la main devant l'entrée qui indiquait que, un jour, il y avait eu des habitations humaines dans la région. Jusque-là, nous n'avions vu aucun signe de vie, rien que nous et la forêt. Tandis que nous montions les tentes, préparions le feu et commencions à nous installer pour la nuit, trois longues pirogues effilées glissèrent silencieusement sur le courant, dirigées par des sombres silhouettes, deux par bateau, un homme et un garçon. Les gouttelettes soulevées par les perches volaient en gerbes argentées. Nous les regardâmes approcher rapidement et élégamment vers nous dans ce paysage silencieux, presque mystique.

Un calme soudain nous envahit ; tout était paisible et tranquille, puis, d'un coup, les perroquets se mirent à chanter. Chacun son tour, ils s'appelaient d'une rive à l'autre et, bientôt, le plus surprenant concert d'oiseaux que nous ayons jamais entendu emplit l'air dans une mélodie répétitive de trilles et de ululements qui aurait facilement pu être orchestrée. Lorenzo l'enregistra et, de retour à Rome, nous l'incorporâmes, tel quel, dans la bande sonore du film. C'est l'un de ces instants de magie que l'Afrique offre au voyageur intrépide qui ose s'aventurer dans ses royaumes secrets.

Alors que la nuit tombait, les perroquets se turent et voletèrent au-dessus de la rivière pour rejoindre leur nid, nous offrant furtivement l'image de leur plumage vermillon. Les trois pirogues atteignirent la rive et les hommes nous envoyèrent des cordes ; ce faisant, ils nous reliaient au grand réseau de la jungle, à l'endroit que Joseph Conrad appelait le « Cœur des Ténèbres » mais où il régnait plus de lumière que partout ailleurs, la lumière intérieure des relations humaines qui réunit tous les hommes quelle que soit leur couleur et qui brille si faiblement dans le monde d'où nous venions. Avions-nous besoin de quelque chose, de bois, d'eau fraîche, de poisson ? nous demandèrent-ils gentiment en débarquant de leurs pirogues de bois, les yeux fixés sur nos gros pneumatiques modernes équipés de moteurs hors-bord comme s'ils avaient appartenu à James Bond en personne. Nous leur achetâmes deux poissons-chats à longues moustaches et acceptâmes leur proposition d'aller voir la source de montagne qui jaillissait d'un rocher de l'autre côté de la rive. Ils restèrent avec nous pour boire une tasse de thé au gingembre le soir, privilège qu'ils avaient presque oublié, et nous en profitâmes pour échanger des informations. Ils partirent, aussi paisiblement qu'ils étaient venus, et furent vite engloutis dans les ténèbres, emportant avec eux notre promesse d'aller leur rendre visite le lendemain, à eux et à leur famille, à quelques centaines de mètres en amont, sur la rive gauche.

Cette nuit-là, c'était la pleine lune, et, tandis que nous profitions de l'obscurité, le mur des arbres, dissimulé par la nuit, réapparaissait faiblement, comme dans un rêve brumeux, au fur et à mesure que la lune se levait. Le paysage serein était baigné dans une douce lumière et nous distinguions à nouveau la silhouette des troncs, des branches et des cascades de lianes qui descendaient jusqu'à la rivière. Tel un miroir laiteux, l'eau scintillait. Sentinelles silencieuses d'un monde secret, les plus grands arbres se dressaient sur le ciel qui s'éclaircissait. Une pirogue élancée glissa dans les ombres de la nuit, comme si elle flottait dans l'espace, car le clair de lune donnait une lumière éthérée qui transformait les objets ordinaires en image de rêve.

Le lendemain, nos amis du soir précédent revinrent nous chercher pour nous conduire à leur campement. Leurs familles nous attendaient près de la rive, tous enfoncés jusqu'aux chevilles dans un banc de boue. Un sentier escarpé menait de la rivière au campement, à environ six mètres au-dessus de nous. Dans une clairière, quelques huttes couvertes de feuilles de palmier entouraient un cercle de terre battue et dégagée. Une dizaine de personnes nous avaient accompagnés et nous invitèrent à nous asseoir avec eux. Après quelques instants d'observation intense, pendant lesquels tous les détails furent soigneusement examinés des deux côtés et les échanges de politesses habituels, tout le monde s'affaira à ses corvées quotidiennes : préparer le repas sur des feux dans des trous de terre noirs de suie, allaiter les nourrissons, tancer les chiens, éloigner un poulet qui picorait le repas familial ou observer avec force gloussements ceux qui s'agitaient. Le lieu, entouré de trois murs d'arbres, me rappelait une scène de théâtre où on s'apprêtait à jouer une pièce champêtre.

Nous restâmes un moment à échanger des banalités avec la famille tandis que je prenais des photos.

— Vous nous les enverrez ? me demanda le père en français.

— Bien sûr, dis-je, mentant honteusement, mais où les adresser ? Vous êtes si éloignés de tout.

— Je vais vous donner mon adresse.

— Pages suivantes —
Avec la chaleur, l'humidité suspendue sur la forêt se transforme en pluies qui alimentent le Zaïre. Le fleuve déverse des centaines de milliers de mètres cubes d'eau par seconde dans l'Atlantique.

223

Quelle adresse pouvait-il bien nous donner sur le fleuve Elila ?

Il nota soigneusement son nom et son adresse au dos de mon bloc-notes : « Jean-Baptiste Wagogo, chez Mme Walla, B.P. 153, Kalima, Zaïre. » Il avait une écriture enfantine mais claire, et nous dit que tous les mois, il allait à Kalima, à plus de trois cents kilomètres pour toucher sa pension et prendre son courrier. Jean-Baptiste avait travaillé à la construction d'une route pour le compte des Belges pendant l'époque coloniale, et avait reçu une balle d'un rebelle à la déclaration d'indépendance. A présent, il était donc « grand blessé de guerre » et touchait chaque mois une maigre pension d'invalidité. Il parlait des Belges avec des accents de mélancolie dans la voix et regrettait toujours leur départ.

— Tout va de plus en plus mal depuis qu'ils sont partis. Le président Mobutu saigne le pays à blanc et tout le monde en souffre. Il n'y a que ses proches et sa tribu qui s'engraissent, les autres meurent de faim, et il faut se défendre comme on peut. Sur les rives de l'Elila nous sommes complètement oubliés. Qu'est-ce que nous ferions, ma famille et moi, sans l'aide des Belges ?

Il y avait de la colère et de l'amertume dans sa voix. Il se prit la tête entre les mains et cracha par terre entre ses pieds.

— Il faut y aller, dit Lorenzo, il se fait tard.

Nos amis nous offrirent des noix de coco, des papayes et des bananes vertes pour le voyage. Nous leur donnâmes du thé, des biscuits et du sucre en échange.

— Merci de votre visite. On ne voit plus beaucoup de Blancs, ces derniers temps. Cela nous a fait plaisir.

Ils nous raccompagnèrent à nos bateaux. Nous mîmes les moteurs en marche et nous éloignâmes dans une gerbe d'écume, les laissant sur le banc de boue entouré de l'immense forêt, goutte de couleur sur une immense toile verte.

Nous passâmes une dernière nuit mémorable sur le fleuve Elila avant de naviguer sur le fleuve Lualaba, au nord de Kindu, port zaïrien qui s'était rendu célèbre à cause d'un incident déplorable, un de ceux qui ont construit la mauvaise réputation du Zaïre. En 1961, peu avant l'indépendance, un avion italien de l'ONU atterrit à Kindu en catastrophe. Pris dans la fièvre des combats, les soldats rebelles confondirent l'avion avec un de ceux de l'oppresseur tant haï qu'ils étaient en train de renverser et enflammèrent la carlingue, retinrent les hommes prisonniers et les battirent à mort avant — comme on le découvrit plus tard — de les manger. Le massacre de Kindu entra dans les annales de l'histoire du Zaïre avec d'autres actes de sauvagerie démoniaque. Il y a aujourd'hui un monument à la mémoire des aviateurs assassinés près de l'aéroport de Fiumicino, dans la banlieue de Rome. C'est par ce genre d'incident que le Zaïre s'est créé une réputation de cannibalisme.

Se glisser sur les eaux du grand Lualaba, sur lesquelles Henry Morton Stanley vogua déjà en 1874 et d'où s'étaient enfuis à la fois Livingstone et l'explorateur Lovett Cameron dans leurs diverses expéditions à la recherche des sources du Nil, c'était un peu comme prendre une grand-route après avoir quitté un chemin de campagne. Stanley avait voulu comprendre pourquoi Cameron et Livingstone s'étaient enfuis du Lualaba. Tandis que je lisais à voix haute certains passages du livre de Peter For-bath, *The River Congo*, certaines de leurs motivations devenaient évidentes.

« *Cameron et les membres de son convoi avaient entendu de nouvelles horreurs sur ce qui les attendaient en amont. Les indigènes étaient des personnages farouches et belliqueux armés de flèches empoisonnées dont la moindre égratignure pouvait être fatale en quatre ou cinq minutes, à moins d'appliquer immédiatement un antidote connu d'eux seuls... C'étaient les cannibales les plus cruels et les plus féroces que nous eussions jamais rencontrés, si bien que tout homme égaré aurait certainement fini par être mangé. Cette perspective était si terrifiante que même les caravanes arabes, malgré leur soif d'esclaves et d'ivoire et leurs hommes armés de fusils, n'osaient s'aventurer dans la région. En quelques semaines, Cameron renonça à descendre le Lualaba et il saisit la première occasion venue pour éviter cette terrible épreuve... Et Livingstone, après plus de vingt mille kilomètres de voyage et toute une vie d'expérience en Afrique, n'aurait jamais esquivé la bataille sans de sérieuses raisons.*

Afin d'illustrer ce point, on présenta un jeune Arabe à Stanley pour qu'il parle de ses aventures avec l'une des rares caravanes qui avaient tenté de pénétrer dans la région. C'était, d'après lui, un pays de forêt, où on ne voyait rien que des arbres, des arbres et encore des arbres pendant des jours, des semaines et des mois. La forêt semblait interminable. Il parla de cannibales, d'horribles boas constricteurs et de gorilles "qui vous sautaient dessus et vous attrapaient les mains pour vous manger les doigts un par un ; si l'on essayait de descendre la rivière, il n'y avait que chutes et cascades qui vous emportaient et vous noyaient". »

Par endroits, les rives étaient si éloignées l'une de l'autre qu'il était impossible de distinguer le paysage, si bien que le voyage devint moins intéressant. Nous laissions derrière nous la qualité cristalline de l'intérieur et nous engagions majestueusement sur la grand-route, nous sentant un peu à découvert et vulnérables dans un espace aussi vaste. Nos bateaux se réfléchissaient comme dans un miroir et, dans la brume de chaleur de midi, nous semblions flotter quelque part entre l'eau et le ciel. C'était dans ces moments que nous dérivions dans un autre monde, où le rêve et

Stanley voulait découvrir pourquoi à la fois Cameron et Livingstone après un voyage de 10 000 kilomètres et toute une vie d'expérience en Afrique avaient fui le Lualaba.

la réalité se confondaient, où toute perspective était anéantie, dans une sorte de *no man's land* de l'esprit qui accentue toutes les perceptions et laisse place à la réflexion.

«Nous avons vu devant nous un immense mur noir et courbe de forêt», note Stanley dans son journal sur le point de s'engager sur le Lualaba,

« qui s'étendait de la rive au sud-est jusqu'à ce que les collines et la distance ne permettent plus de le distinguer... Il plonge dans l'inconnu, dans les nuages noirs du mystère et de la légende... Il doit sûrement y avoir des choses étranges dans ce vaste espace occupé par un vide sur nos cartes. Là s'étend une immense artère d'eau qui fend l'inconnu jusqu'à la mer, pareil à un chemin de lumière.

Soudain, du bord d'une crête basse, nous aperçûmes le majestueux Lualaba. Il mesure environ 1 250 mètres de large, immense fleuve gris pâle qui serpente lentement du sud à l'est. Nous le saluâmes avec des cris de joie et restâmes un moment sur la crête pour l'admirer. Mon âme s'emplit d'une extase secrète. Le mystère que la nature avait caché pendant des siècles au monde de la science attendait d'être enfin résolu. Ma tâche consistait à le suivre jusqu'à l'océan. Ce gigantesque courant devait être la source principale du Congo [ancien nom du fleuve Zaïre], car d'où ce fleuve géant, le deuxième par son débit après l'Amazone, tirerait-il ses 57 000 mètres cubes d'eau par seconde qui se déversent dans l'Atlantique ?»

Les cannibales se rassemblaient sur la rive, munis d'arcs et de flèches empoisonnées dont la moindre égratignure pouvait être fatale à moins d'appliquer immédiatement un antidote connu d'eux seuls.

« Stanley a lancé la *Lady Alice* sur le fleuve, lus-je à voix haute à Lorenzo, et bien que le voyage fût légèrement plus aisé, l'expédition commença à rencontrer l'autre grande terreur de la forêt, ses habitants. » Des villages ocre, taillés sur les rives vertes, nous apparaissaient, et tous les quelques kilomètres, les habitants se précipitaient vers nous et nous faisaient signe d'arrêter. « Au début, les villages nous semblaient déserts », avait écrit Stanley un siècle plus tôt :

« Les indigènes s'enfuyaient dans la forêt obscure en apprenant l'arrivée de l'étrange caravane ; ils ne se demandaient même pas qui pouvaient bien être ses occupants. Des rangées de crânes humains ornaient les palissades qui entouraient les villages, et près du feu gisaient des os de toutes les parties de l'anatomie humaine. De temps à autre, on apercevait un homme solitaire, recouvert de peintures grotesques qui nous observait à travers l'épaisseur du sous-bois. De jour comme de nuit, nous entendions les battements de tam-tams qui nous informaient sur la progression des tribus. Des cris inquiétants appelaient les guerriers à se rassembler dans l'obscurité des bois ; les cornes d'ivoire semblaient souffler d'un autre monde... Soudain, nous vîmes huit gigantesques pirogues remonter le courant le long de l'île au milieu du fleuve, tandis que six autres s'approchaient en longeant la rive gauche. Munis d'arcs et de flèches, les cannibales se rassemblaient sur la rive, en hurlant "bo-bo-bo-bo" (de la viande, de la viande,

— Page suivante à gauche —
Hugo et Charlie avaient belle allure et s'identifiaient totalement avec l'expédition.

— Page suivante à droite —
Des villages ocre taillés sur les rives vertes nous apparaissaient. Les habitants se précipitaient pour nous faire signe d'arrêter.

229

Nous sommes passés devant une épave à demi submergée qui portait le nom de l'homme qui soixante ans plus tôt avait invité ma famille en Afrique, Baron Empain.

232

nous aurons de la viande). Peints de rouge et blanc, avec de larges bandes noires en travers du corps, ils approchaient dans leurs pirogues de guerre ; celle que nous leur avons prise mesurait 26 mètres de long ; un crocodile en bas-relief ornait ses flancs. »

Fort heureusement, nos propres rencontres furent moins menaçantes. Nous croisâmes notre premier bateau à vapeur le deuxième jour, une sorte d'antique péniche à deux étages où les gens s'entassaient littéralement pour aller d'Ubundu, ville vers laquelle nous nous dirigions, à Kindu que nous avions laissée derrière nous. Un jeune homme blanc solitaire, âme aventureuse comme nous sans aucun doute, se tenait parmi les visages noirs, faisant penser à un albinos, et un regard de complicité et de solidarité passa immédiatement entre nous, tandis que nous nous approchions du vaisseau et échangions quelques mots avant de nous éloigner dans la direction opposée.

Il nous fallut cinq jours pour aller d'Ubundu à Kindu, et, pour la première fois, nous craignîmes de voir nos réserves de carburant s'épuiser. Nous pensâmes même à nous laisser dériver au gré du courant. Cela aurait entraîné une réduction considérable de notre vitesse qui nous aurait obligés à survivre au rythme de la rivière. Malgré les mois passés ici, nous ne nous étions toujours pas habitués à la lenteur de l'Afrique. Parfois, nous voyions des radeaux glisser dans le courant, transportant passagers et marchandises pour des voyages qui duraient des semaines ou des mois. Les passagers se résignaient à une activité réduite jusqu'au moment du débarquement. Ils mangeaient, dormaient, lavaient leurs vêtements, sans s'occuper du temps qui passe. Le temps était un facteur qui ne comptait pas. C'était la contradiction la plus significative entre nos habitudes occidentales et les leurs.

L'un de ces radeaux transportait des caisses de bière jaune vif. Les passagers qui buvaient à longueur de journée pour briser l'ennui brandirent leurs bouteilles vers nous et nous offrirent une bière chacun dans un grand accès de gaieté. Une chèvre noire attachée à l'arrière mâchonnait des feuilles de patates douces. Dans le contexte, la scène semblait naturelle.

Nous passâmes une nuit sur un banc de sable blanc juste au-dessus du niveau de l'eau et nous nous réveillâmes le lendemain matin dans un linceul de brouillard si épais qu'il était presque impossible de discerner le fleuve. La brume se dissipa peu à peu avec le lever du soleil. Nous flottions comme dans un rêve et vîmes trois radeaux attachés les uns aux autres, chargés de passagers qui disparurent bientôt dans la brume, nous laissant l'image d'un spectre tout droit sorti d'un film de Fellini.

A environ 70 kilomètres d'Ubundu, nous arrêtâmes le moteur d'un des pneumatiques et le remorquâmes pour économiser le carburant. Cela réduisit considérablement notre vitesse, mais pas autant que de dériver, et nous ne risquions plus la panne sèche, ce que nous voulions éviter à tout prix. Par chance, l'air était frais et parfumé, et le fleuve légèrement plus étroit. Les rives s'ornaient d'immenses bambous qui ajoutaient une autre dimension au paysage. De longues tiges souples se courbaient sous le poids de milliers de minces feuilles vert tendre, pareilles à des plumes géantes. Pendant des kilomètres et des kilomètres, ce léger manteau de plumes adoucissait l'aspect menaçant de la jungle épaisse que nous avions rencontrée jusqu'alors.

Nous passâmes notre dernière nuit sur le Lualaba, sous une immense cathédrale de bambous dont les massifs bouquets se rejoignaient à trente mètres au-dessus de nos têtes ; la clairière circulaire qu'ils formaient était recouverte de feuilles mortes qui offraient un matelas souple pour y dérouler nos sacs de couchage. Pourtant, cette nuit-là, un orage d'une force incroyable s'abattit sur nous. Le toit de bambou atténuait l'impact de la pluie et nous laissa le temps d'ériger un abri de fortune ; malgré tout, nous étions trempés. Quand nous rejoignîmes enfin Ubundu, nous ne fûmes pas mécontents de retrouver la terre ferme.

Plus loin en aval, nous avons rencontré deux épaves de navires à demi submergées par les eaux. L'une gisait dans la boue et la végétation, telle une vieille carcasse de dinosaure qui s'enfonçait doucement dans le fleuve, engloutie par l'Afrique. Des lianes vivaces aux fleurs d'un mauve délicat sortaient en cascade de la cheminée craquelée et rouillée et recouvraient le squelette de métal. Son nom, *Baron Empain*, en lettres de bronze à l'avant rappelait à la mémoire l'homme qui, soixante ans plus tôt, avait invité ma famille en Afrique. Ma mère m'en avait souvent parlé en me racontant ses propres aventures au Congo en 1929. En tant qu'actionnaire majoritaire des mines de cuivre de Katanga, au sud, Empain était alors une personnalité importante au Congo belge. L'autre bateau était totalement submergé, à part le pont d'un rose passé qui s'élevait toujours au-dessus de la surface. A première vue, on aurait dit une sorte de refuge aquatique sur échasses, mais au fur et à mesure que nous approchions, lui aussi prenait l'apparence d'une ruine abandonnée. Des oiseaux avaient fait leur nid sous le rouf et, dans les eaux calmes, un étrange craquement donnait une bizarre impression de vie. Les vagues de nos bateaux perturbèrent les poissons-chats géants qui se dispersèrent par les hublots dans une explosion de bulles. Autour de nous, tout était immobile sous le grand rideau vert de la forêt.

TREIZIÈME CHAPITRE

LE CONGO
SE LIBÈRE DE
SES CHAÎNES

UBUNDU, AUTREFOIS APPELÉE PONTIERVILLE, EST UN IMPORTANT port fluvial, car c'est à partir de là, aux chutes de Stanley, que le Lualaba prend le nom de Zaïre et qu'il cesse d'être navigable. Les chutes de Stanley interdisent tout passage pendant près d'un kilomètre, et ensuite, sur les 120 kilomètres qui séparent Ubundu de Kisangani (autrefois connue sous le nom de Stanleyville), sept autres rapides rendent la navigation impossible. Il fallut donc utiliser le train pour nous rendre à Kisangani. Dans le livre de Peter Forbath, *The River Congo*, nous avions appris

« qu'il avait fallu plus de trois semaines à Stanley pour descendre les chutes. Chaque fois qu'il y avait une bande d'eaux relativement calmes, il en profitait pour passer avec le Lady Alice et sa flotte de canots. Ensuite commençait l'horrible épreuve du passage à terre. Il fallait creuser un sentier de cinq mètres de large dans la jungle sur deux, trois, quatre ou cinq kilomètres, pendant que l'autre moitié de l'expédition tiraient les bateaux derrière eux, tout en repoussant sans cesse les terribles attaques des cannibales. »

D'innombrables embarcations de bois étaient attachées ensemble le long de la jetée de béton qui menait de l'eau à la voie ferrée. L'arrivée à Ubundu était une étape dans notre voyage ; nous étions enthousiastes et surpris de voir que tout était si facile après ce que nous avions lu et entendu. Nous déchargeâmes et dégonflâmes les bateaux et transportâmes notre matériel sur un site idéal, à une cinquantaine de mètres sur la pente, où une grande pelouse verte nous invitait à l'ombre de ses arbres. Nous avions une vue à cent quatre-vingts degrés sur la rivière. Comme la plupart des lieux construits puis abandonnés par les Belges, Ubundu avait une allure décadente bien que le paysage conservât une certaine grandeur et que l'on pût toujours comprendre l'importance qu'avait autrefois revêtu ce port intérieur. A présent, ce n'était plus qu'une autre cicatrice dans le pays, un memento de la colonisation et des violences qui s'ensuivirent, car, à Ubundu, comme nous le découvrîmes plus tard, les rebelles Simba avaient provoqué un tel chaos que les gens en parlaient toujours, près de vingt-cinq ans plus tard.

Autour du feu, Lorenzo nous lut un jour un passage de Peter Forbath :

« Après l'établissement du Congo belge, il allait se passer plus de cinquante ans avant que l'on puisse enfin raconter l'histoire de la découverte, de l'exploration et de l'exploitation du fleuve. Bien que ce fussent des années relativement paisibles, surtout par comparaison avec le régime de terreur de Léopold, c'est alors que furent semées les graines de la tragédie qu'allait connaître le Congo, tragédie qui était la conséquence directe et inévitable d'un demi-siècle de régime colonialiste. Car malgré tout ce qu'ont fait les Belges au Congo et pour le Congo, il y a un point sur lequel ils ont échoué : ils n'ont pas pris en considération la sensibilité, sinon la nécessité de l'indépendance future de leur colonie et ne s'y sont pas préparés. C'est cet échec qui a condamné le Congo au chaos.

Le but de notre présence, sur le continent noir — tel qu'il a été défini par Léopold II en 1909 —, est d'ouvrir ces pays arriérés à la civilisation européenne, de conduire leurs peuples vers l'émancipation, la liberté et le progrès après les avoir délivrés de l'esclavage, de la maladie et de la pauvreté. Quand, bien des années plus tard, le roi Baudouin, neveu de Léopold, déclara au pays, dans un programme radiophonique, que : ''en continuité avec nos nobles buts, notre ferme résolution aujourd'hui est de conduire sans faux-fuyants, mais sans précipitation imprudente, le peuple congolais vers l'indépendance dans la prospérité et la paix'', il était déjà trop tard. Le sang nationaliste était en ébullition et les Congolais voulaient une indépendance immédiate.

Quand, lors de son discours à la fête de l'indépendance en 1960, le roi Baudouin s'étendit sur les ''bienfaits'' de Léopold, Patrice Lumumba, alors Premier ministre, furieux, lui rappela les atrocités de l'État libre du Congo et les horreurs de la loi coloniale belge. En se tournant vers Baudouin, il lui cria : ''Nous ne sommes plus vos singes !'' Dans les jours qui suivirent, les Congolais furent pris de furie. Il y eut des révoltes sporadiques et de nombreux affrontements avec les Blancs et les forces publiques; par la suite, les forces publiques se mutinèrent et ce fut le désastre. Ce qui avait commencé comme une simple mutinerie se transforma en une révolte sauvage, en une folie furieuse qu'aucun argument ne pouvait plus raisonner. Une par une, toutes

237

les garnisons policières ou militaires se lancèrent dans une orgie de violences et de massacres, ce qui ne manqua pas de déclencher des accès d'une violence insensée parmi les civils. Les Européens étaient humiliés, déshabillés. On leur crachait au visage, on les battait et les ridiculisait. Les indigènes s'en prenaient également aux femmes, même enceintes, malades ou mères de nourrissons. Pour parachever leurs buts, les indigènes firent usage de la force et de la menace de leurs armes. Souvent, ils menaçaient de tuer les enfants si les mères ne se soumettaient pas. Conséquence prévisible, ces outrages provoquèrent une fuite panique des Blancs. Avec leur départ précipité, le fonctionnement de l'administration et de l'économie souffrit énormément.

Finalement, une fois tout contrôle de l'armée perdu, on envoya un télégramme à Dag Hammerskjöld pour faire appel à l'assistance de l'Organisation des Nations unies. Le nouveau Premier ministre, Tshombe, recruta des mercenaires blancs pour remplacer les Belges dans son armée, ce qui conduisit à une véritable guerre civile sanglante. La sécession du Katanga, riche région de mine de cuivre, fut brisée, mais les ennuis du Congo n'étaient pas terminés.

Un disciple de Lumumba recruta une armée de rebelles parmi les tribus cannibales du Lualaba, les drogua au mira (une sorte de marijuana locale), les aspergea d'eau bénite qui devait les rendre invulnérables aux balles et les envoya se livrer à des massacres dans les forêts du nord du Congo. Les Simba (lion en swahili) se révélèrent à la hauteur de l'armée congolaise et parvinrent en un an et demi à dominer plus de la moitié du pays. Tshombe trouva alors une solution parfaite pour anéantir la menace simba. Il recruta une armée plus effrayante encore que les guerriers cannibales et engagea d'autres mercenaires blancs qu'il envoya au combat. Ils constituaient une force redoutable, armés des armes les plus modernes, animés par une soif de sang et une haine viscérale des Noirs, ils se récompensaient en amassant tout le butin sur lequel ils pouvaient mettre la main. Libres de commettre toutes les atrocités, peu impressionnés par les gri-gri et la magie, ils repoussèrent facilement les Simba à travers la forêt vers le nord-est du bassin du Congo, jusqu'à ce qu'ils ne détiennent plus aucune ville importante à part Stanleyville, aujourd'hui rebaptisée Kisangani.

Il y avait 1 300 Européens à Stanleyville quand les mercenaires de Tshombe atteignirent la ville. Gbenye, l'homme qui avait lancé les Simba dans la bataille, prit immédiatement tous les Blancs en otages et envoya un message à l'ONU disant qu'ils les massacreraient, "porteraient leurs cœurs en pendentifs et s'habilleraient de leurs peau écorchée vive si les forces de Tshombe s'attaquaient à Stanleyville". Les mercenaires durent arrêter leur avance et on engagea des négociations dans l'espoir de sauver la vie des otages. Au fur et à mesure que les discussions se poursuivaient, la situation des otages devenait de plus en plus délicate. Les mercenaires assiégeaient toujours la ville et les provisions risquaient de manquer dangereusement ; en outre, les services essentiels n'étaient plus assurés, si bien que le monde extérieur décida d'agir.

Le 24 novembre 1964, 600 parachutistes belges descendirent sur Stanleyville dans des avions

— Ci-contre —
Les mercenaires blancs constituaient une force redoutable, armés des armes les plus modernes et animés d'une soif de sang insatiable et d'une haine viscérale des Noirs.

de l'armée américaine. Au même moment, au sol, les mercenaires passèrent à l'attaque. Les combats durèrent moins d'une journée. Les Simba opposèrent une brève résistance et s'enfuirent en désordre dans les forêts environnantes après s'être livrés à de terribles massacres. Près d'une centaine d'otages furent tués, et les cadavres de centaines, de milliers de Noirs peut-être, que Gbenye avait condamnés comme ennemis de la révolution, furent jetés dans les rues et la rivière. Le Congo était en piteux état. Depuis l'indépendance, plus de 200 000 Congolais avaient été tués, l'économie s'écroulait, la pénurie et le chômage régnaient, et il y avait des dizaines de milliers de réfugiés. La situation était si dramatique qu'on avait des raisons de croire que, malgré l'écrasement des Simba, les troubles se poursuivraient indéfiniment.

C'est alors que Joseph Mobutu, un sous-officier des forces publiques qui avait été nommé commandant après le renvoi du général belge qui occupait ce poste, intervint une fois de plus. Son second régime marqua le dernier passage du Congo, pour le meilleur ou pour le pire, des ténèbres mythiques de son passé sauvage à la lumière banale du monde moderne... Mobutu introduisit une campagne d'"authenticité" et fit changer tous les noms de lieux européens, mais aussi tous les prénoms chrétiens des peuples qui vivaient près du fleuve (Mobutu lui-même changea son prénom de Joseph en Sese Seko). C'est cette lutte qui transforma, dans les faits comme dans le nom, le Congo en Zaïre... »

« Nous devrions considérer la colonisation comme un acte de charité collectif, que, dans certaines circonstances, les nations industrialisées doivent manifester envers les races moins fortunées », écrivit le cardinal belge Mercier dans une lettre. Ce qui fut suivi des lignes amères de Joseph Conrad : « Il est extraordinaire de voir que la conscience européenne, qui a mis fin au commerce des esclaves il y a soixante-dix ans pour des raisons humanitaires, tolère l'état actuel du Congo. »

Les images dramatiques évoquées par les mots que nous venions d'entendre nous réduisirent au silence. Lorenzo ferma le livre. Personne ne parlait. Nous observions le feu, confinés dans nos pensées, nous demandant sans doute ce qui pouvait provoquer de tels accès de cruauté chez l'homme.

Le train allant vers Kisangani était parti le matin de notre arrivée et le chef de gare nous informa que le suivant ne passerait pas avant trois jours. Lors d'une de nos promenades dans la ville en ruine, nous rencontrâmes le père Gianni, un missionnaire italien attaché à la mission catholique de Kisangani qui avait été envoyé à Ubundu pour six semaines afin d'y évaluer la situation de l'Église. Ce fut une rencontre agréable car le père Gianni était le seul habitant blanc et il appréciait fort notre compagnie. Son collègue africain, le père Gabriel Mokoto, était l'un des rares survivants des massacres simba à Ubundu, et plus tard, avec sa femme Amarante, il nous fit un récit détaillé des atrocités.

Le père Gianni travaillait à son potager quand nous nous approchâmes par le chemin de terre qui conduisait à la mission. Il transpirait abondamment, et son T-shirt, son visage et ses mains étaient tachés de terre rouge. Il était midi, et la chaleur torride avait anéanti notre énergie, si bien que nous acceptâmes volontiers quand il nous proposa des rafraîchissements. L'intérieur de sa maison de pierre était frais, meublé du strict minimum, quelques meubles de bois, des rideaux de coton et un crucifix sur les murs blancs à côté d'une statuette de madone à l'enfant dans une niche. Un plateau avec des bouteilles et quelques verres ajoutaient une touche d'humanité au cadre austère. Amarante entra avec une bouteille d'eau glacée et le père Gianni nous servit des Pernod.

C'était un personnage chaleureux et amical aux conceptions religieuses relativement libres. Il nous parla de ses vingt ans passés au Zaïre ainsi que de ses succès et de ses problèmes dans le cadre de la mission. Il n'approuvait guère la doctrine papale et pensait que, si l'Église ne modifiait pas ses perspectives dans l'Afrique actuelle, ses enseignements pourraient être beaucoup plus nocifs que bénéfiques, car, le problème de l'Afrique moderne allait beaucoup plus loin que celui de la religion. La surpopulation, le chômage et le sida sont des facteurs sur lesquels l'Église n'a que peu de mainmise, et son attitude farouchement opposée à la contraception ne pouvait qu'aggraver le problème. Pris entre deux croyances contradictoires : la foi de l'Église et la réalité de l'Afrique, le père Gabriel écoutait sans rien dire.

Quand nous quittâmes le père Gianni, le père Gabriel et sa femme nous accompagnèrent. En chemin, nous passâmes devant ce qui avait été autrefois l'église Saint-Joseph, aujourd'hui engloutie par la végétation. Seule la façade tenait encore debout, avec une statue de saint Joseph et de l'enfant Jésus dans une alcôve au-dessus de l'architrave gothique. Derrière, il n'y avait plus de murs, et les buissons et les arbres avaient poussé dans l'armature de l'ancien toit. Le tout avait un aspect spectral, un peu comme les épaves de navires et donnait l'impression que, si l'homme ne dominait pas la nature comme il l'avait fait en Europe, les forces cachées de l'Afrique effaceraient un jour les traces de son passage.

Un peu plus loin, nous nous arrêtâmes devant l'ancienne mission, un long bâtiment de brique d'architecture classique avec un toit de tuiles rouges. Les vitres étaient

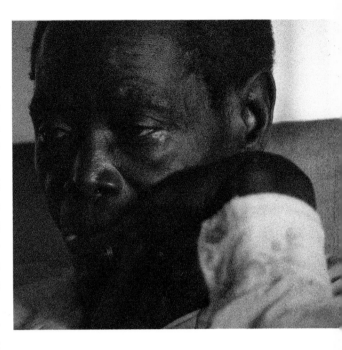

Le père Gabriel Mokoto était l'un des rares survivants des massacres simba à Ubundu. C'était un homme pris entre deux fois, celle de l'Église qu'il représentait, et celle de la réalité d'une Afrique où il était né.

241

L'église Saint-Joseph engloutie sous la végétation.

Les buissons et les arbres ont poussé dans l'armature de l'ancien toit de l'église Saint-Joseph.

brisées et il n'y avait plus de porte. A part la pierre, il ne restait plus rien. Du verre brisé jonchait toujours le sol du portique intérieur et les murs étaient maculés de taches couleur de rouille et de suie.

— C'est là que les nonnes et les prêtres se sont réfugiés quand les Simba sont entrés à Urundu, dit Amarante d'une voix posée. Les rebelles sont entrés comme des animaux sauvages. Ils étaient drogués. Mon mari a essayé de les raisonner, mais ils lui ont sauté dessus et ils l'ont battu jusqu'à lui faire perdre connaissance. Ils ont fait sortir tout le monde et les ont massacrés comme des cochons. Ils ont mis le feu aux meubles et les poutres et le toit se sont enflammés. Il y a encore des traces de sang sur le mur.

Le soleil baignait son visage rond encadré d'un foulard de couleur vive ; on lisait chez elle une tristesse résignée qui disparaissait quand elle souriait, ce qui arrivait souvent. Son mari paraissait frêle et fragile, comme s'il avait renoncé à comprendre.

— Qu'ont-ils fait des corps ? demandai-je.

— Ils les ont envoyés à Kisangani avec quelques survivants qui ont aussi été tués là-bas et on les a enterrés avec les autres Européens. Les Zaïrois qui ont été réclamés par leur famille sont enterrés ici, les autres ont été jetés à la rivière. La situation était épouvantable après le départ des Belges, mais maintenant les choses se sont un peu calmées et Mobutu a réussi à maintenir la paix pendant vingt ans. Nous vivons presque comme avant l'arrivée des Belges. Bien sûr, il n'y a pas de travail, et sans la mission mon mari et moi n'aurions aucun moyen de gagner notre vie.

— Vous aimeriez que les Blancs reviennent ?

— Ça allait mieux quand ils étaient là. On avait des hôpitaux et des médicaments, des routes. Les trains et les bateaux passaient plus souvent et il y avait du travail pour tout le monde, même si on ne gagnait pas beaucoup d'argent, et qu'on savait qu'ils nous exploitaient. Au moins, ils s'occupaient de nous. Regardez maintenant, on ne voit plus que la misère partout, et les gens semblent se résigner à leur sort. Ils vivent au jour le jour. On va lentement retourner en arrière et vivre comme nous l'avons toujours fait.

Nous nous promenâmes dans le village indigène où ceux qui n'avaient pas trouvé un abri dans les maisons de brique abandonnées par les Belges vivaient dans des huttes sous les palmiers et les manguiers. Le contraste entre les villages indigènes, construits selon un plan précis et harmonieux, bien entretenus, avec des buissons de fleurs sauvages et des arbres partout, et les bâtiments administratifs et les maisons européennes laissés à l'abandon parmi la saleté et les détritus, était très significatif. Il traduisait une sorte de rancœur contre tout ce qui était européen, comme si l'animosité

243

de ceux qui y vivaient aujourd'hui les forçait à une vie inconfortable dans des lieux qui se dégradaient lentement parce qu'ils n'avaient ni les moyens, ni le désir, ni le savoir-faire nécessaires pour les entretenir. J'ai rencontré cette même attitude au cours de la plupart de mes voyages en Afrique. Cela m'a permis de mieux comprendre comment fonctionnait la mentalité africaine. Leur adoption d'un style de vie à l'européenne auquel ils ne savent pas s'adapter est largement responsable du malaise que l'on rencontre souvent partout où les Blancs sont passés.

Sous un abri couvert de feuilles de palmier, un groupe de jeunes assis sur des bancs répétaient les cantiques qu'ils devaient chanter à la messe du dimanche. Nous avons écouté pendant un moment les mots simples et les voix pures ; la sincérité des visages, et l'attachement évident à leur foi de ces jeunes étaient touchants et apaisants après les récits d'atrocités que nous venions d'entendre.

Nous passions toutes nos soirées à la mission avec le père Gianni, partageant avec lui nos plats de spaghetti et nos conversations philosophiques. Les heures que nous passions avec lui et les douches chaudes qu'il nous proposait nous aidèrent à tuer le temps.

Le troisième jour après notre arrivée, on nous dit de charger notre camion pour dix heures du matin, car le train devait partir à deux heures de l'après-midi. A midi, alors que tout était prêt, le chef de gare nous informa que le train était annulé. Il n'y aurait pas de départ jusqu'à nouvel ordre, selon les nouvelles provenant du quartier général de Kisangani. Nous protestâmes violemment, mais il ne pouvait rien y faire et nous perdions notre temps. En fait, nous nous étions habitués à la conception du temps des Africains, il n'y avait plus qu'à tout décharger et à retourner chez le père Gianni passer la nuit.

Le lendemain à sept heures, un messager tout pantelant arriva à la mission avec un communiqué du chef de gare : « Le train part dans une heure, dépêchez-vous ! »

Nous bûmes notre thé en hâte, nous nous habillâmes et nous précipitâmes à la gare nous attendant plus ou moins à voir le train partir sous nos yeux. Nous rechargeâmes notre équipement et nous montâmes avec la foule habituelle. Le train était surchargé, tous les sièges étaient occupés et il n'y avait plus un centimètre carré disponible dans les couloirs. Par la fenêtre nous échangions les derniers mots avec le père Gianni qui nous avait conduits dans sa Land-Rover. Père Gabriel, Amarante et quelques amis nous avaient accompagnés. Huit heures sonnèrent, puis, neuf, dix... Le train ne bougeait pas. Les gens allaient et venaient, la locomotive crachait des bouffées de vapeur, le sifflet retentissait, mais le train ne bougeait pas. Il faisait une chaleur étouffante. Les gens descendaient sur le quai et baguenaudaient.

Soudain, sans avertissement, le train s'ébranla. Tout le monde se précipita à l'intérieur avec force cris et éclats de rire. Figure solitaire parmi les visages noirs, Padre Giovanni nous faisait des signes avec un mouchoir blanc dans une mer de couleurs.

Nous partîmes, enfin, à midi le quatrième jour. Nous avions dix heures de trajet devant nous si tout allait bien, sinon deux, trois ou quatre jours... personne ne savait jamais. Juliette avait de la fièvre depuis la veille et se sentait très faible. Nous avons attaché un hamac de fortune sur les sièges en lui laissant autant d'air que possible. Il était impossible de dresser un diagnostic, la malaria peut-être mais les symptômes étaient trop indistincts pour s'engager dans un traitement. Nous lui donnions de la Disprine toutes les quatre heures et beaucoup d'eau. A travers la jungle, nous oscillions à une vitesse affolante. La végétation balayait les flancs du train et, à travers les fenêtres ouvertes, nous voyions le paysage défiler : immenses fougères, plantations de papayes et de caféiers abandonnées qui poussaient vertigineusement, arbres aux feuilles en forme de doigts sur une main ouverte, suspendues en grandes grappes, telles des lanternes exotiques.

Le train s'arrêtait dans tous les villages, et, comme lors de notre voyage en bus, chaque arrêt faisait sortir les villageois de leur abri. On nous offrait de la nourriture de composition indéterminée sur d'immenses plateaux portés sur la tête. Il y avait aussi des mets plus identifiables, beignets, bananes, avocats, ananas, noix de cajou, pâte de manioc emballée dans des feuilles de bananiers, têtards ou bébés anguilles, termites grillés et asticots de palmiers ainsi que des singes grillés sur le barbecue, prêts à la consommation, attachés par le cou en groupes de trois qui nous offraient leurs grimaces étrangement humaines.

L'atmosphère étouffante du wagon finit par avoir raison de nous et nous grimpâmes sur le toit de la cabine du machiniste. Notre voyage se transforma en une sorte d'expérience aéronautique ; le vent nous balayait le visage et nous emmêlait les cheveux. A l'air libre, nous étions en contact direct avec le magnifique paysage. Quand nous traversions les ponts étroits, sans rambardes, tout juste assez larges pour la voie, avec le paysage à des centaines de mètres en contrebas, nous avions l'impression de flotter.

Nous arrivâmes à Kisangani après la nuit tombée, épuisés mais soulagés. L'état de Juliette avait empiré pendant le voyage et nous décidâmes de laisser les garçons dormir sur le quai tandis que Lorenzo, Amina, Juliette et moi chercherions un lieu pour passer la nuit, sans doute à la mission, car je connaissais l'évêque que j'avais rencontré au cours d'un de mes précédents voyages.

Après toutes les nuits passées dans la nature, les lumières de Kisangani sur l'autre côté du Zaïre nous semblaient fantastiques. Nous allâmes jusqu'à la rive où des bacs

Le train était bondé,
tous les sièges étaient
occupés et il ne restait
plus un centimètre carré
disponible dans les
couloirs.

munis de moteurs de 5 CV nous firent traverser la rivière d'encre avec une foule de Zaïrois. L'air était doux et le ciel étoilé.

L'évêque de Kisangani discutait avec quelques prêtres sur le patio de la mission, pour profiter de la fraîcheur du soir. Il était dix heures quand nous arrivâmes Lorenzo et moi, épuisés après une journée de train. Il nous salua amicalement et accepta de nous héberger pour la nuit. Il envoya une voiture chercher Juliette et Amina que nous avions laissées près de la rive. Une douche chaude, des draps propres, un vrai matelas et une moustiquaire contribuèrent à restaurer notre énergie.

Le médecin de la mission vint examiner Juliette, mais resta vague : il ne croyait pas à la malaria. Elle allait un peu mieux, mais était toujours très faible. Je répugnai à engager un traitement sans analyse de sang, ce qui fut fait dès que nous nous installâmes dans un couvent de la banlieue. Le lendemain, Hugo, Charlie et Adam vinrent nous rejoindre.

Le temps changeait et devenait de plus en plus chaud et de plus en plus couvert de jour en jour et, une fois de plus, nous dûmes endurer la pluie. Au Zaïre, la saison des pluies particulièrement dure paralyse presque tous les mouvements. Dans la perspective de sept mois d'un tel temps, Lorenzo décida d'abréger le deuxième volet de notre expédition. Une fois encore, il connaissait les personnes à contacter (quelle chance il avait !) et on nous proposa de garer nos bateaux et notre équipement dans une usine de coton où ils resteraient en sécurité jusqu'à la saison sèche quand nous pourrions poursuivre notre voyage.

Le soir de notre arrivée, l'évêque de Kisangani nous hébergea dans la mission.

L'analyse sanguine de Juliette s'avéra négative, mais son état empirait toujours. Des douleurs dans les articulations, les jambes et le cou l'immobilisaient presque totalement, si bien que nous l'installâmes à l'infirmerie où elle resta dans une semi-torpeur pendant trois jours, mais dans un environnement plus sec et plus confortable. Pendant ce temps, nous nous organisâmes pour retourner à Goma où nous avions laissé les véhicules et notre équipe africaine en allant avec Adrian à Shabunda. Toujours incapable d'opter pour un traitement efficace, je choisis de la mettre à l'eau, en supprimant toute nourriture, pour qu'elle élimine les toxines qu'elle avait pu emmagasiner, avec un peu de Disprine pour soulager la douleur. En l'absence de diagnostic précis, j'ai toujours trouvé que cette méthode était la plus sûre. En trois jours, les douleurs disparurent et nous ne sûmes jamais de quoi avait souffert Juliette.

Nous prîmes l'avion pour Goma, où nos coéquipiers africains sans nouvelles depuis un mois furent heureux de nous retrouver.

Je pris un avion pour Nairobi avec Hugo, tandis que Lorenzo et le reste de l'équipe ramenait les équipements sous une pluie incessante en traversant le Rwanda et l'Ouganda. A Nairobi, l'équipe se dispersa et Lorenzo et moi développâmes les milliers de photographies de notre aventure en attendant que le temps s'éclaircisse.

TROISIÈME PARTIE

QUATORZIÈME CHAPITRE

DANS LES GRIFFES DU FLEUVE

NOUS RETOURNÂMES À KISANGANI LE 3 DÉCEMBRE, TROIS MOIS plus tard, avec une nouvelle équipe, des batteries rechargées, prêts à rejoindre l'Atlantique. Cette fois nous avions avec nous Mario, un caméraman italien, Brian Larky, spécialiste de la navigation sur rapides et trois amis italiens de Lorenzo. J'étais la seule femme de cette nouvelle équipe.

Nous campâmes au-dessus des chutes de Wagenia, la dernière des sept cataractes sur les 150 kilomètres d'eau qui séparent Ubundu et Kisangani, où les eaux se précipitent sur une série de marches rocheuses tandis que le lit descend de trois mètres. Là, les pêcheurs wagenia, grâce à une méthode ingénieuse, suspendent des paniers d'osier à des poteaux enfoncés dans la pierre et les laissent flotter dans les eaux tourbillonnantes. Les poissons s'emprisonnent dans les paniers et toutes les quelques heures, en équilibre précaire sur la structure de bois à dix mètres du courant, les pêcheurs relèvent les paniers et prennent les poissons avant de rejeter les pièges à l'eau. Cela nous assurait du poisson frais tous les jours et fournissait quelques belles images à Mario.

Avec l'expérience de Brian, nous nous sentions plus en sécurité et, accompagnés par une douzaine de pêcheurs qui nous suivirent dans une immense pirogue, nous allâmes au centre du fleuve, juste en amont des rapides afin de prendre quelques photos avec un minimum de risques. Le courant était très rapide et même à pleine vitesse nous avions du mal à contrôler notre pneumatique. Soudain, nous fûmes engloutis par la force de l'eau, et nous nous retrouvâmes dans le rapide au milieu des vagues qui explosaient tout autour de nous. Nous rassemblâmes tout notre courage pour garder notre sang-froid. Brian, en professionnel, maîtrisait la situation et réussit à maintenir le bateau à niveau en s'aidant d'une rame. Les moteurs étaient parfaitement équilibrés et nous voguâmes dans le tourbillon avec une vigueur exceptionnelle. Les rameurs wagenia comprirent un peu tard qu'ils s'étaient aventurés trop loin avec nous et tentèrent d'attraper les cordes pour s'accrocher à notre bateau. Mais nous étions pris dans les griffes du fleuve et, même avec les deux moteurs à pleine vitesse, il était impossible de faire demi-tour.

Au moment où nous entrions dans les rapides, la pirogue pivota et les hommes furent balayés. Douze hommes disparurent, engloutis par un courant convulsif. La pirogue s'était retournée et cahotait derrière nous comme un vulgaire tronc d'arbre à la dérive. Nous ne pouvions qu'assister au spectacle, impuissants.

C'était le soir et la lumière baissait. Quand nous pénétrâmes dans des eaux plus calmes, il n'y avait plus signe de pirogue derrière nous. «Ils se sont tous noyés», pensai-je, prise de panique, consciente des terribles conséquences que nous risquions d'endurer, car au Zaïre aujourd'hui, les Européens qui provoquent la mort ou blessent des Zaïrois sont condamnés à de lourdes peines de prison, s'ils ne sont pas lynchés avant. Les villageois qui nous avaient observés de la rive criaient et gesticulaient, visiblement furieux. Si l'un des leurs s'était noyé, ils nous tiendraient pour responsables, et les prisons du Zaïre ne sont pas plus agréables qu'elles en ont l'air. Quand nous rejoignîmes la rive, ils nous ordonnèrent d'organiser des recherches. Il faisait presque nuit.

Munis de torches, nous scrutâmes les eaux noires et la rive opposée où d'après nos calculs le courant aurait dû les emporter. Pendant près de deux heures, nous balayâmes les roseaux de nos torches et interrogeâmes tous ceux que nous rencontrions. Lorenzo gardait son calme et ne disait rien. Notre inquiétude grandissait. Nous étions sur le point d'abandonner quand deux silhouettes apparurent dans le faisceau de nos torches et nous firent des signes. Nous coupâmes les moteurs et jetâmes l'ancre. Dans le clapotis des vagues, nous les entendîmes dire que la pirogue avait été récupérée et que les hommes étaient sains et saufs sur l'autre rive. «Ouf», dit Lorenzo dans un profond soupir.

De l'autre côté, nous retournâmes au camp à pied et traversâmes le village déserté; les résidents devaient tous être à notre campement. Nous marchions silencieusement en file indienne sur le sentier sablonneux. A travers les palmiers, la demi-lune suspendue dans le ciel baignait la scène de ses rayons laiteux. Le village, désert, à part quelques vieux qui faisaient du feu devant les huttes, était calme et paisible. Un mince manteau de fumée se mêlait à la brise légère qui caressait notre peau et faisait bruisser les feuilles. Après les événements de la journée, je savais que tout le village nous attendait. J'espérais que les rameurs seraient avec eux. Un chien aboya en voyant nos ombres défiler dans la nuit.

Tandis que nous émergions des roseaux, nous reconnûmes la grande pirogue atta-

253

— En haut —
Notre pneumatique était parfaitement équilibré et nous voguâmes dans le tourbillon avec une vigueur exceptionnelle.

— Ci-dessus —
Les poissons entraînés par le courant s'emprisonnent dans les paniers et toutes les quelques heures les pêcheurs viennent les ramasser.

— A droite —
Les pêcheurs wagenia, grâce à une méthode ingénieuse, suspendent des paniers d'osier à des poteaux enfoncés dans la pierre et les laissent flotter dans les eaux tourbillonnantes.

254

Accompagnés par une douzaine de pêcheurs wagenia qui nous suivirent dans une immense pirogue, nous nous sommes retrouvés au milieu du fleuve, en amont des rapides.

chée à une souche sur la rive. Soulagement. A l'intérieur, tête, pieds et torse nus, nos intrépides rameurs gardaient le silence, attristés et humiliés par l'expérience, comme des esclaves prisonniers à qui il ne manquait que les fers. Les cris et les bravos de l'après-midi avaient disparu.

— *Mungu Iko* (Dieu est avec nous), leur dis-je joyeusement en swahili.

— *Mungu Iko Kweli* (Oui, Dieu est vraiment avec nous), murmurèrent-ils d'un ton morose à l'unisson et j'eus l'impression distincte qu'ils essayaient de grossir l'incident dans l'espoir de nous extorquer de l'argent. Les familles s'étaient approchées et nous regardaient en silence.

— *Mungu Iko*, dis-je alors que nous nous dirigions vers eux.

— *Kweli Mungu Iko*, chantonnèrent-ils en venant nous prendre par la main. *Asante Sana, Asante Sana* (Merci, merci).

L'humeur était redevenue joyeuse et nous allâmes ensemble vers le camp en chantant dans l'obscurité. L'incident se termina dans la joie et la danse.

Au camp, Lelio Picciotta, le directeur de la fabrique de coton Sotexki, que nous avions rencontré plusieurs fois et qui était devenu notre ami nous attendait. Nous étions exceptionnellement heureux de le voir.

«Si vous voulez mon avis, je vous conseillerai de partir le plus tôt possible et de venir avec nous, vous y seriez beaucoup mieux, vous comprenez ce que je veux dire», dit-il avec un clin d'œil.

Italien d'origine, Lelio était né en Égypte et avait passé vingt ans au Zaïre, dont cinq à Kisangani. Son invitation était une forme de solidarité entre Blancs dans un pays noir. Nous acceptâmes sa proposition et allâmes nous installer en ville le lendemain au Yacht-Club de Sotexki, enclave européenne sur la rive complètement coupée du reste du Zaïre. Seuls les membres et leurs invités étaient autorisés à franchir l'immense portail de fer forgé, gardé jour et nuit par un garde en uniforme.

La compagnie pétrolière Total, qui avait fourni le carburant à l'expédition et n'avait jamais failli à son rôle tint une fois de plus ses promesses et plusieurs barils nous attendaient au dépôt de Kisangani. Dans une expédition comme celle-ci, on a tendance à oublier la logistique dans un récit axé sur le courant des rivières, mais la logistique est pourtant un élément essentiel, où le carburant tient une place majeure. Trouver du carburant dans des régions isolées, souvent victimes de restriction, tient parfois du miracle. Malgré les difficultés des communications, Total avait réussi à nous fournir partout où nous allions. Sans leur soutien matériel et leur puissante organisation, l'expédition serait restée en plan. Nous remplîmes nos réservoirs en espérant pouvoir refaire le plein à Bandaka, à 800 kilomètres en aval pour la dernière partie de notre voyage vers Kinshasa.

Il régnait une sorte d'aura de mauvais augure sur Kisangani. Peut-être à cause des récits que nous avions lus et entendus, peut-être à cause de Joseph Conrad et V.S. Naipaul qui avaient immortalisé la ville dans *Au cœur des ténèbres* et *A la courbe du fleuve*, cette cité tentaculaire et rébarbative, taillée dans la jungle, me rendait mal à l'aise. Ce n'était peut-être que le fruit de mon imagination mais, partout, je sentais une sorte de menace chez les gens que je croisais dans la rue. Les traces des violences passées étaient toujours visibles, et la présence plutôt hostile de l'armée avec son arrogance morose, ses uniformes de camouflage, ses bottes noires et ses fusils mitrailleurs, les douaniers et les policiers suspicieux, tout cela me donnait l'impression que le moindre faux pas, le moindre mot de travers pourrait déclencher l'agressivité suspendue dans l'air, comme si toute la fureur ressentie contre l'agresseur colonial s'était accumulée ici. Avec notre peau blanche, nous nous sentions un peu comme le tissu rouge sous le nez d'un taureau.

En ville, il est interdit de photographier, à moins d'obtenir une autorisation du ministère du Tourisme. De malheureux touristes se faisaient sans cesse arrêter par des militaires, et finissaient parfois en prison. Bien sûr, Lorenzo avait toutes les autorisations nécessaires pour filmer et photographier tout ce que nous voulions. Pourtant, un jour, à Kisangani, nous filmions des graveurs d'ivoire dans les rues quand deux individus belliqueux s'approchèrent de nous.

— On peut voir vos permis?

Bien sûr, la malchance voulait que nous les ayons laissés au camp.

— Suivez-nous au commissariat. Vous n'avez pas le droit de filmer, crièrent-ils, profitant de leur avantage.

Rien ne réussit à les convaincre et quand ils devinrent violents, je perdis mon calme.

— Bon d'accord, venez avec nous, on vous emmène au camp et vous pourrez voir nos permis. Allez, montez, venez au camp avant d'aller au commissariat.

Ils hésitèrent, visiblement surpris par mon attitude, mais finirent par monter en voiture. Notre campement était à plusieurs kilomètres de là et en chemin je leur dis qu'il leur faudrait repartir seuls, et donc à pied. Soudain, leur colère se dissipa.

— Allez, donnez-nous de quoi nous acheter une bière, et nous vous laissons tranquilles.

C'était un peu comme un jeu d'échecs, je regardai Lorenzo et lui fis un clin d'œil.

— File-leur ce qu'ils veulent et qu'ils s'en aillent, nom d'une pipe, dit Lorenzo.

Il leur donna quelques billets et ils partirent en souriant et en s'inclinant, comme

259

c'est souvent le cas dans ce genre de situation. Pourtant, si on ne connaît pas la règle du jeu, les choses peuvent s'envenimer.

Le monument de béton commémorant le massacre simba, en 1962, avec les lettres MPR (Mouvement populaire de la Révolution) sous un poing fermé tenant une torche en flamme, nous rappelait la force de l'homme qui avait déclenché les violences et le bain de sang et qui détenait encore un pouvoir suprême sur le pays.

L'hôtel des Chutes, autrefois luxueux, sur l'avenue du port, à présent en complète dégradation, servait de la bière zaïrienne Primus en bouteille, mais sans verres aux consommateurs installés sur des chaises en plastique sur la terrasse de béton, ou dans la demi-obscurité de l'intérieur dénudé. La seule boutique digne de ce nom vendait du matériel d'importation à des prix exorbitants et appartenait à des Grecs munis de passeports zaïrois, grâce à Dieu sait quelles magouilles. Tous les autres magasins étaient à moitié vides, ils répondaient aux premières nécessités et étaient à la portée des poches trouées. Ils occupaient l'ancien quartier des affaires car, au temps des Belges, Stanleyville était une ville culturelle, avec des boutiques élégantes, des cinémas, des théâtres, des restaurants et des cafés, et des gendarmes en uniformes blancs qui réglaient la circulation. Les rues cabossées avait autrefois été goudronnées. Les maisons décrépies des anciens fonctionnaires belges, sous les arbres tentaculaires qui avaient été de magnifiques jardins tropicaux, donnaient toujours une allure de prospérité à la ville. L'élite avait vécu dans de splendides demeures le long du fleuve, et le port animé avait été dirigé par des officiers efficaces.

C'étaient de telles villes que les Belges avaient fui quand les violences avaient explosé, ne prenant avec eux que le strict nécessaire. Vingt ans plus tard, malgré la luxuriance de la végétation tropicale, les cicatrices restaient béantes. Au cimetière, les tombes étaient abandonnées, bien que certaines soient encore ornées de photographies et de fleurs en plastique dans des bouteilles. Certaines, toutes couvertes de mousse, dataient de plus d'un siècle et d'autres étaient toujours entourées de chaînes pour empêcher les esprits d'y entrer ou d'en sortir. D'un côté, il y a une fosse commune où sont enterrés les prêtres et les nonnes d'Ubundu, dont les noms sont gravés sur une plaque de marbre en dessous d'une simple croix.

Je restai un moment parmi les morts, me souvenant de l'histoire du pays. Il faisait frais, l'atmosphère était sereine, et je discutai avec le jardinier. Il me demanda de l'argent, il avait faim. Je fus très heureuse de lui donner ce que j'avais sur moi.

En retournant au Yacht-Club, je rencontrai trois vieilles femmes qui poussaient une charrette de bois, tirée par un jeune homme. Elle était chargée de bananes qu'ils emmenaient au marché. Le jeune semblait harnaché comme un bœuf, avec une lanière

Les Africains dansent non seulement pour le plaisir mais aussi pour exprimer l'esprit de la communauté.

de cuir sur le front. Il était courbé sous l'effort et me rappelait un singe que j'avais vu au Caire dans une situation similaire. D'où venaient-ils ainsi ? Jusqu'où devraient-ils encore aller ? Pour eux, cela ne semblait guère avoir d'importance car ils n'avaient pas le choix.

Un groupe d'enfants rieurs donnaient des coups de pied dans un cailloux et me saluèrent en français en venant me serrer les mains. Le plus vieux ne devait pas avoir plus de sept ou huit ans, ils étaient charmants, avec leurs visages joyeux, de couleurs différentes, certains aux yeux noirs de charbon, d'autres avec des cheveux blonds frisés et des yeux bleus, enfants d'étrangers qui les avaient conçus et abandonnés aux soins de leur mère zaïroise. Ils ne semblaient pas en souffrir, ils n'avaient jamais connu d'autres vies.

A 7 ou 8 kilomètres de la ville, la fabrique de coton (Société textile de Kinshasa) appartient à une société suisse ; plus loin sur le fleuve, les brasseries Bralima sont tenues par des Hollandais. Lelio avait une cinquantaine d'Européens travaillant sous ses ordres et 500 Zaïrois. La production de la transformation des balles de coton en tissu terminé s'effectue entièrement sur place avec une précision suisse sous une direction belge. Les millions de mètres de tissu produits chaque mois sont réservés

261

La danse fait partie de la vie, et elle influence également les mouvements plus terre à terre. Ces danseurs des rues rappellent le célèbre film de Fellini, La Strada.

263

à la consommation locale et, depuis la politique d'authenticité de Mobutu, toutes les femmes sont vêtues de coton Sotexki. L'une des rares entreprises européennes rentables au Zaïre, Sotexki fournit du travail à de nombreux Zaïrois qui peuvent ainsi entretenir leur famille et encourage la culture du coton dans tout le pays. Bien organisée, l'entreprise fonctionne bien, et, en échange, personne n'essaie d'interférer dans ses affaires. Le mode de vie et l'opulence d'avant l'indépendance sont ainsi maintenus. Le président Mobutu, actionnaire honoraire, a essayé d'encourager l'installation d'autres entreprises européennes au Zaïre, mais chat échaudé craint l'eau froide : peu de gens sont prêts à investir dans un pays dont la stabilité dépend des caprices de l'«homme fort» qui tient les rênes du pays.

Dans l'enceinte de l'entreprise, les «expats» travaillent et vivent derrière de hauts murs de pierre qu'ils ne franchissent que rarement pour aller dîner ou danser au Yacht-Club. Là, un autre morceau d'Europe a été transporté sur la rive : jolies villas avec tout le confort moderne, vérandas fleuries, pelouses, jardins et parkings où l'on voit de luxueuses Range-Rover. Les intérieurs sont décorés avec goût, et il y a trois serviteurs dans chaque maison. On y mène une vie à l'européenne, avec cocktails, parties de tennis, et soirées vidéo où peu de Zaïrois sont invités. Nous fûmes accueil-

Les maisons en ruine des anciens fonctionnaires belges rappellent toujours l'existence d'une époque plus prospère.

lis généreusement, et mangeâmes des mets délicieux arrosés de vins fins. De l'autre côté de la rivière, la jungle se dresse dans le noir, mur mystérieux d'où s'élèvent des nuages de fumée blanche et où l'on voit des petites silhouettes charger des pirogues de produits exotiques. Nos flûtes de champagne à la main, sur la pelouse, nous leur faisions signe... Deux mondes séparés par une lanière d'eau.

QUINZIÈME CHAPITRE

UN FLEUVE GIGANTESQUE

AVANT DE QUITTER NAIROBI, NOUS AVIONS REÇU UN MESSAGE de la fille de mon frère, Fiametta, journaliste financière à la City. Elle voulait écrire une série d'articles sur l'expédition en vue d'une publication international. Nous nous réjouîmes à la perspective de son arrivée non seulement parce que cela ajouterait une présence féminine à la mienne, mais aussi parce qu'elle faisait partie de la famille. Elle devait nous rejoindre à Kisangani et choisir le jour de son arrivée avec soin, car nous ne pouvions avancer ou retarder nos étapes. Lorenzo fixa le 6 décembre, car ensuite, il serait impossible de prévoir nos mouvements.

Au moment de quitter Kisangani, nous n'avions aucune nouvelle de Fiametta ; nous informâmes donc Lelio de son arrivée, et il promit de s'occuper d'elle jusqu'à ce qu'elle nous rejoigne à Mbandaka, à 1 200 kilomètres en aval, grâce à un des bateaux de la Sotexki qui devait partir quelques jours après nous. Rassurés, nous quittâmes Kisangani sans elle le 7 décembre. J'étais un peu déçue, mais voyager sur le vapeur de la Sotexki avec l'aimable capitaine portugais lui permettrait de s'habituer au climat équatorial en douceur et de se préparer à suivre notre aventure.

Les 1 200 kilomètres qui séparent Kisangani de Mbandaka incarnent tout le romantisme et tout le mystère du fleuve Zaïre. C'était à Kisangani et à la gare des chutes de Stanley que, en 1890, Joseph Conrad était allé à la recherche d'un agent du gouvernement à l'agonie, Kurtz, qu'il a immortalisé dans *Au cœur des ténèbres* et que Naipaul décrivait comme « l'agent d'ivoire tombé de l'idéalisme à la sauvagerie, ramené à l'âge le plus primitif de l'homme par la nature sauvage, la solitude et le pouvoir, dont la maison était bordée de têtes humaines empalées. C'est là aussi que Salim accepta de prendre en charge une petite affaire dans le livre de V.S. Naipaul, *A la courbe du fleuve*, et c'est cette même partie du Zaïre qui a poussé les deux auteurs à libérer « les pouvoirs sans fin de l'éloquence et des mots, des mots nobles et brûlants », tout comme elle avait inspiré Kurtz quand il écrivait dans un pamphlet que « les Blancs devaient nécessairement leur apparaître [aux indigènes] comme des êtres surnaturels — nous nous présentons à eux avec la puissance d'une divinité ».

La célèbre description de Conrad revenait à l'esprit tandis que nous amorcions notre descente de Kisangani. Depuis son époque, certains aspects superficiels avaient changé, mais l'essentiel était toujours là, et voyager à travers la même végétation, les mêmes arbres, accentuait le sens de la pérennité de la nature et de l'insignifiance du passage de l'homme sur terre.

Les gens qui sont sensibles aux charmes de l'Afrique ne s'adaptent jamais totalement à d'autres civilisations. Ils partagent une certaine cohésion d'esprit, ce qu'on appelle la « fièvre africaine », valeur souvent sous-estimée, qui permet une compréhension profonde des forces de la Nature. Pour nous, les Blancs nés en Afrique, il n'existe aucune véritable allégeance à un pays ou un drapeau, nous sommes des sortes d'exilés permanents, mais nous nous identifions tous avec la Nature qui en Afrique ne connaît aucune limite. C'est le seul véritable lien qui nous unisse.

De tous les fleuves que nous avons descendus, le Zaïre est certainement le plus mystérieux. Nous traversions le bassin du Zaïre, ventre aquatique de l'Afrique qui s'étend de Kisangani à l'Atlantique. On pourrait facilement imaginer que toute l'eau qui tombe sur le Nord, absorbée par l'immense éponge aride du Sahara, ressort ici puis se disperse vainement dans l'océan. Si le Nil évoque les anciens pharaons, le Zaïre incarne l'Afrique originelle, la forêt vierge de l'aube de la création. Mais il rappelle aussi une Afrique moderne plus douloureuse, celle de Joseph Conrad, qui, un siècle avant nous, avait déjà compris que les problème de l'Afrique contemporaine venaient du colonialisme, imposé par les Européens, qu'il définit comme « le plus vil pillage de toute l'histoire de l'humanité ». Les « ténèbres » dont parle Conrad ne sont pas un produit de l'imagination populaire, d'un pays barbare habité par des sauvages hostiles. Ce sont les ténèbres qui enveloppent notre civilisation, les ténèbres de l'âme et de l'esprit, imposées par les nations riches aux pays pauvres, par une civilisation qui tourne au barbarisme, usée par ses propres machinations.

La navigation commerciale sur le Zaïre a été introduite par les Belges et reste un héritage bénéfique laissé par l'oppresseur colonialiste. Aujourd'hui encore, c'est toujours un moyen de transport régulier pour les habitants de la jungle le long des 2 000 kilomètres qui séparent Kisangani de la capitale du Zaïre, Kinshasa.

Les gens attendent l'arrivée du bateau à vapeur au milieu du courant et la surface de l'eau s'orne de longues et minces pirogues qui se déplacent rapidement et gracieu-

— Page suivante —
Nous traversions le bassin du Zaïre, ventre aquatique de l'Afrique, qui s'étend de Kisangani à l'Atlantique.

sement, poussées par le mouvement cadencé de ceux dont la survie repose sur leur habileté. Le maniement des pirogues est un geste aussi naturel que la marche, et la précision et la délicatesse de leurs manœuvres sont impressionnantes. Les bateaux à vapeur ne s'arrêtent qu'aux ports de commerce importants, ailleurs, ils se contentent de ralentir et seul un calcul précis permet d'entrer en contact avec le bateau-mère. Une simple erreur peut coûter des marchandises, et parfois des vies. S'attacher à la masse mouvante qui glisse sur le courant est une chose dangereuse. Les mains désespérées n'ont que quelques secondes pour trouver un point d'attache précaire. Une défaillance peut séparer des familles pour des jours, parfois plus, et anéantir des semaines de travail. Tandis que les pirogues s'approchent, l'activité du bateau se gonfle soudain, comme sous l'effet d'une brusque rafale de vent. Ces rencontres génèrent une excitation aussi intense que violente et finissent souvent dans une lutte poing à poing. On en sent l'impact sur tout le vaisseau. Une sorte de mugissement de la jungle déferle tandis que les corps à demi fous gesticulent et hurlent d'une voix féroce, les bras tendus en avant, les poings fermés, comme si l'existence même des individus dépendait de l'échange commercial. Suspendus à la rambarde d'une main, ils se penchent au-dessus de l'eau afin d'être les premiers à saisir les précieuses marchandises. Parfois, plusieurs mains s'emparent d'un paquet au même instant, et une lutte sauvage s'ensuit. Elle se termine avec la victoire d'un des hommes pour recommencer immédiatement pour le paquet suivant. De nuit comme de jour, le commerce est intense et brutal. On dirait une scène autour de la corbeille à la Bourse ou un combat de bêtes sauvages.

Au fur et à mesure de la progression du voyage, les ponts se couvrent de centaines de kilos de poissons frais, secs ou fumés, de minces antilopes, de chaises d'osier, de mortiers et de pilons taillés dans les troncs, de bassines émaillées pleines d'ananas, de papayes, d'avocats, d'anguilles, de têtards, et de petits poissons encore vivants dans l'eau, de sacs de manioc, de régimes de bananes, de singes, vivants ou morts et fumés, aux formes grotesques.

Quelques jours après avoir quitté Kisangani, nous rencontrâmes le *Colonel Ebea*, l'un des six bateaux à vapeur de la flotte d'ONATRA qui montaient et descendaient la rivière. Nous nous étions arrêtés pour la nuit à Bumba où quelques nonnes nous avaient ouvert leur terrain ascétique et barricadé. Nous campâmes sur la pelouse entre le fleuve et le bâtiment de pierre mais une forte averse nous força à abandonner les tentes pour le confort de la véranda.

Aux premières lueurs de l'aube, nous aperçûmes le village flottant se glisser dans la brume, apparition aussi étrange que terrifiante, pareille à un monstre marin. Nous

Les bébés singes sont emmenés à Kinshasa où on les vend aux touristes.

De jour comme de nuit, le commerce est toujours intense et brutal.

271

Le maniement des pirogues est un geste aussi naturel que la marche, et la précision et la délicatesse de leurs manœuvres sont impressionnantes.

272

— En haut —
Les gens attendent
l'arrivée du bateau à
vapeur dans leur
pirogue, au milieu du
courant.

— En bas —
Les mains désespérées
n'ont que quelques
secondes pour
s'accrocher au précieux
vaisseau. Une
défaillance peut coûter
des marchandises et
même parfois des vies.

— Pages suivantes —
Aux premières lueurs de
l'aube, nous aperçûmes
le village flottant se
glisser dans la brume,
apparition aussi étrange
que terrifiante, pareille
à un monstre marin.

273

— Ci-dessus —
Dès le matin, l'activité battait son plein à bord. Les gens faisaient la lessive, la cuisine et la vaisselle.

— A droite —
Lorenzo et Brian Larky avec les quatre membres de notre troisième équipe.

Le bateau à vapeur apporte aux chasseurs les cartouches ; il remmène les carcasses fumées de singes ou d'autres animaux.

allâmes à sa rencontre dans nos pneumatiques et l'accompagnâmes pendant un moment dans la demi-obscurité qui précède le lever du soleil. Des centaines de pirogues attachées les unes aux autres étaient fixées des deux côtés de la coque, tels des coquillages sur les flancs d'une citerne. L'animation battait déjà son plein à bord. Les gens faisaient la lessive et la cuisine. La musique braillait à tue-tête, avec une gaieté criarde qui convenait parfaitement au spectacle fantasmagorique. «Félicité, tu es l'enfant du bonheur», aux accents lourdement marqués, résonnait sur les eaux calmes et rebondissait en écho dans les arbres, capturant l'allégresse inépuisable de l'Afrique dans ces rythmes entraînants et ses mots simples.

« Nous étions des promeneurs sur une terre préhistorique à l'aspect d'une planète inconnue. Nous aurions pu nous prendre pour les premiers hommes prenant possession d'un héritage maudit que nous n'obtiendrions vraiment qu'au coût d'une profonde angoisse et d'un labeur acharné. Soudain, alors que nous luttions pour suivre un méandre, en un éclair surgissaient des murs de joncs, des toits herbus, des explosions de cris, des tourbillons de membres noirs, des mains qui applaudissaient, des pieds qui piétinaient, des corps qui oscillaient, des yeux qui roulaient sous le lourd feuillage immobile... Nous ne comprenions plus notre environnement ; nous glissions près de la scène tels des fantômes, secrètement effarés et intrigués, comme tout homme

sain devant une explosion d'enthousiasme dans une maison de fous. Nous ne comprenions plus car nous traversions les nuits des premiers âges, disparus depuis longtemps sans avoir laissé le moindre signe... pas de souvenirs... la terre semblait peu terrestre. Nous avons l'habitude d'observer les monstres liés et capturés, mais là, on voyait un monstre en liberté. Tout semblait irréel et les hommes étaient... non, ils n'étaient pas inhumains, c'était ça le pire, la croyance qu'ils n'étaient pas inhumains. »

— Ci-dessus —
*Lorenzo et Antoinette,
la fiancée du capitaine.*

— Ci-contre —
*La vue de ces puissants
rameurs nous rappelait
les pages du journal de
Stanley.*

Durs propos que ces mots ironiques de Joseph Conrad, ironiques mais si vrais. Cent ans plus tard, nos rencontres gardaient le même esprit, et le cœur de l'Afrique battait toujours avec la même ardeur.

A environ 150 kilomètres au sud de Kisangani, l'Aruvimi se jette dans le Zaïre et le fleuve s'élargit considérablement. Son cours est perturbé par des bancs de sable et de petites îles boisées dont certaines sont habitées, pareilles à des radeaux qui attendent d'être remorqués. Là, quelques grandes pirogues s'approchèrent de nous, curieuses de voir les *wasungu* (les Blancs) de plus près sur leurs canots de caoutchouc. La vue de ces puissants rameurs rappelait les pages du journal de Stanley. En 1874, à ce même endroit du fleuve, il menait sa vingt-quatrième bataille contre 2 000 cannibales qui l'avaient encerclé avec 50 pirogues, dont certaines avaient plus de 80 hommes à bord. Au cours de son voyage de l'océan Indien à l'océan Atlantique, Stanley dut ouvrir sa route à coups de fusil. Ses hommes détruisirent une centaine de villages et menèrent 32 combats, tous victorieux, nous dit-il, remportant ainsi plus de 50 000 dollars d'ivoire.

Nous nous arrêtâmes et, une fois de plus, nous descendîmes à terre pour rendre visite aux habitants, les descendants de ces sauvages « cannibales », qui mènent une vie autarcique et semblent s'être parfaitement adaptés à leur environnement, menant une vie simple et monotone qui nous paraissait insupportable. Nous étions toujours accueillis amicalement et personne ne demanda jamais de repartir avec nous. Au lieu de nous agresser, ils nous offraient du poisson fumé qui ressemblait à du bronze sculpté.

Des bouquets de jacinthes d'eau dérivaient le long du courant vers l'estuaire de l'Atlantique à 1 500 kilomètres de nous. Un canal intérieur sans issue nous força à traverser une sombre lagune, encombrée d'arbres gigantesques dont les racines s'enfonçaient profondément sous l'eau. La chaleur et l'humidité rendaient l'atmosphère étouffante et l'air sentait la moisissure ; on se serait cru enfermés dans une serre. D'immenses

— Pages suivantes —
*Nous dûmes traverser
une sombre lagune avec
des arbres géants dont
les racines s'enfonçaient
sous l'eau.*

— *Pages précédentes* —
Comment peut-on vivre dans un tel endroit, univers de boue qui bourdonne de moustiques et fourmille de toiles d'araignée ? Ces gens sont-ils immunisés contre le nuage suffoquant ?

toiles d'araignée en forme de lanternes chinoises tombaient des branches et les rayons du soleil scintillaient en toutes directions à travers les filaments délicats et sur les gouttelettes d'humidité.

A l'entrée du canal, des petites têtes qui faisaient penser à des crapauds géants sortaient des eaux boueuses ; c'étaient en fait de petites tortues. On ne voyait que leurs museaux pointus et leurs petits yeux qui replongeaient dans l'eau à notre approche. Leur présence silencieuse faisait partie des forces de vie qui nous entouraient. Combien d'autres créatures habitaient dans cette eau boueuse ?

Nous avancions lentement dans ce vert labyrinthe de racines et de branches. Soudain, des visages noirs apparurent derrière les feuilles, des gens de la forêt aux peaux lisses et aux grands yeux. Les hommes nous regardèrent en silence et quand nous les saluâmes, ils s'enfuirent et se cachèrent, pour réapparaître un peu plus loin, poussés par la curiosité. Un peu rassurés, ils répondirent à notre bonjour et nous montrèrent le chemin vers une sorte de tunnel qui s'ouvrait sur le fleuve. Tout autour de nous, filtrée par les racines et les feuilles, l'eau était étrangement transparente, mais elle devint trouble et menaçante quand nos moteurs remuèrent la boue du lit.

Comment peut-on vivre dans un tel endroit, univers d'eau, de branches et de boue, qui bourdonne de moustiques et fourmille de toiles d'araignée ? Au moins, sur l'île au milieu du courant, il y a du soleil et pas d'insectes. Ces gens sont-ils immunisés contre la malaria ? Que font-ils quand ils sont malades ? Meurent-ils comme nous ?

Quand nous quittâmes ce bain de vapeur naturel, l'air nous sembla plus léger et plus facile à respirer. Les jacinthes formaient une plate-bande de feuilles vertes et luxuriantes au bord de l'eau de près de trois mètres, qui ondulait indolemment à notre passage. Des dizaines de sauterelles d'eau, variété locale de *Tettigonia viridissima*, restaient suspendues sur les feuilles juteuses, tels des bijoux exotiques, dissimulées dans le feuillage, seules ou en couples, pour se protéger des oiseaux et des reptiles. Avec leurs ailes de 15 centimètres d'envergure et leurs têtes tachetées de points rouges, jaunes et verts, pareils à des incrustations de pierres, elles ressemblaient à des guerriers moyenâgeux, des samouraïs, prêts pour la bataille. Frites ou bouillies, elles sont excellentes, paraît-il.

On se souvient parfois d'un voyage grâce aux couleurs, à la forme des objets, mais le paysage du Zaïre laisse un souvenir de silence et de solitude, d'immobilité et de vide. Parfois, il nous semblait que notre voyage se poursuivrait éternellement ; parfois, nous étions envahis par une routine monotone, mais c'était peut-être cette monotonie qui était si fascinante. On avançait avec l'impression de faire du surplace. Les jours passaient, semblables les uns aux autres. Le Zaïre est un lagon mobile, un marais mouvant, une eau morte qui ne reste jamais en paix. Ses eaux forment une masse compacte qui s'écoule à travers les îlots buissonneux où une hutte égarée, souvent abandonnée, rappelle la présence de l'homme. Étrangement, on ne s'y sent jamais perdu car la rivière indique la direction à suivre. Il suffit de se laisser emporter par le courant pour arriver quelque part.

Là où nous nous trouvions, au cours des millénaires, le fleuve avait creusé les falaises de calcaire ; érodées par la pluie en de grossiers bas-reliefs, avec de délicates suspensions de plantes rampantes, elles auraient formé un décor idéal pour une version pastorale de *Songe d'une nuit d'été*. Dérivant le long du courant sur ce grand chemin silencieux tout de bleus et de verts, nous souhaitions parfois que notre voyage ne se termine jamais car nous avions l'impression de voguer dans l'éternité. Le silence soulignait l'absence de toute vie : pas d'oiseaux, pas d'hippopotames ni de crocodiles, c'était comme si nous non plus n'existions plus. Plus nous approchions de l'Atlantique, plus le fleuve s'élargissait et, aux abords du delta, les rives étaient parsemées d'anciens édifices belges abandonnés, traces du colonisateur européen, derniers monuments à l'invasion barbare et à l'hypocrisie de notre société. Retournerions-nous dans ces contrées autrement que par le souvenir ?

Un soir, au crépuscule, des coups de fusil troublèrent la paix du paysage. Voguant vers le soleil, boule rouge suspendue derrière les arbres noirs, nous crûmes à quelque démon qui nous prenait pour cible. Mais ce n'était qu'un innocent démon de la forêt avec un fusil de fabrication maison, qui se tenait sur la rive.

— Sur quoi tirez-vous ?

— Des chimpanzés, répondit l'homme d'une voix neutre.

Des chimpanzés. Au moins, Ruzina, blottie et endormie dans les plis de la bâche de toile comme un bébé, était-elle en sécurité. On la voyait à peine respirer, les yeux fermés, les mains ouvertes et détendues, de petites gouttes de transpiration sur les narines, elle semblait en paix avec le monde. C'étaient eux qui avaient tué sa mère, qui l'avaient rendue orpheline et l'avait mise en cage à Bujumbura. Mais en parlant à notre chasseur, nous comprîmes que pour lui c'était un animal comme un autre, une source de nourriture et de survie. Au Zaïre, il n'y a pas de place pour le sentimentalisme.

— Comment vous vous appelez ?

— Joseph.

Nous nous présentâmes et échangeâmes quelques mots en français.

— Vous chassez avec ce fusil ?

— Pages suivantes —
La brume convient étrangement aux paysages tropicaux ; les couleurs s'estompent et les verts prennent une agréable opacité.

Le chimpanzé est un animal comme un autre, une source de nourriture et de survie.

— Pages précédentes —
Voguant vers le soleil, boule rouge suspendue derrière les arbres noirs, nous crûmes à quelque démon qui nous prenait pour cible.

— Oui.

— Il y en a beaucoup?

— Oui, beaucoup.

— Comment avez-vous eu ce fusil?

— Je l'ai fabriqué.

Lorenzo lui prit l'arme et l'examina.

— Il est un peu rouillé, votre fusil. On voit les cartouches dans le barillet. C'est dangereux, vous savez?

— Je sais, répondit-il simplement.

— Vous voulez que j'enlève les cartouches?

— Non, non, c'est bien.

— Mais vous n'avez jamais d'accident avec cette arme?

— Si, accident, mais ça fait rien.

— Comment ça, cela ne fait rien ? Mais si le barillet explosait ? demanda Lorenzo, avec sa logique de Blanc.

— Non, non, pas possible, répondit Joseph en riant. Pas possible.

— Pourquoi ? A cause du bon Dieu ?

— Oui, à cause du bon Dieu.

— Et à part les chimpanzés, qu'est-ce que vous chassez ?

— Des singes, c'est tout. Il y a des antilopes, mais c'est plus dur. On les prend avec des pièges. C'est beaucoup de travail et j'ai une grande famille à nourrir. Neuf enfants, une femme, mon vieux père et ma mère. Et puis, il y a les habits à acheter, et pas toujours beaucoup de poisson dans la rivière. Faut bien chasser.

Lorenzo, guère convaincu par les explications de Joseph, lui demanda s'il pouvait l'accompagner à la chasse le lendemain. Il l'aurait empêché de tuer des singes en sa présence, mais il voulait connaître le fin mot de l'histoire.

Nous passâmes la nuit près du village de Joseph dans une petite clairière et nous rencontrâmes sa famille. Joseph devint notre ami, notre guide et notre informateur. Il faisait partie du monde que nous traversions, il avait beaucoup à nous en dire. Avant de l'avoir rencontré, nous étions, comme Conrad, des «promeneurs sur une terre préhistorique à l'aspect d'une planète inconnue»; à présent, nous en faisions partie, car Joseph avait accepté de nous présenter ce monde et de nous emmener à la chasse.

Pieds nus, avec sa peau couleur tabac, Joseph avait une allure impressionnante. Pas un millimètre de graisse sur la poitrine, il avait la taille mince et des jambes élastiques, comme celles d'un champion olympique. Il marchait vite, j'avais du mal à le suivre et nous n'en étions qu'au début d'une longue marche. Le sentier était plat et souple, mais traversé de racines qui transformaient notre progression en course d'obstacle ou en gymkhana. Sur la droite, en contrebas, on apercevait parfois le fleuve à travers les arbres. Nous le suivîmes pendant un ou deux kilomètres à travers une immense plantation de manioc.

« Tout ce qui bouge se mange », avait dit Mirella en parlant des impressions que lui avait laissées sa première descente du Zaïre. J'étais sûr que Joseph allait à la chasse aux singes, aux écureuils, et à tout ce qui valait la peine de dépenser une balle. Pourtant, je n'étais pas certain qu'il m'emmenât chasser le chimpanzé.

Si j'avais l'énergie suffisante pour le suivre, c'était simplement parce que je voulais à tout prix l'empêcher de tuer les singes qui se présenteraient sur notre chemin. Joseph avait caressé Ruzina et l'avait trouvée « très tendre ». Son sourire sympathique et

: LORENZO

ouvert soulignait la pureté de son âme simple. Pourtant, il fut impossible de lui faire accepter que les singes n'étaient pas de simples poulets et qu'on ne pouvait pas ainsi les fumer et les manger.

Il était difficile de résister à la foi indestructible de Joseph. Bien sûr, s'il pointait son arme vers un animal, je l'empêcherais d'une façon ou d'une autre de tirer. Je baisserais son fusil et je compenserais d'une autre manière la perte de sa proie... Sur ces pensées, nous arrivâmes à l'autre extrémité de la plantation à l'orée de la forêt.

Joseph ralentit et, toujours en souriant, m'expliqua dans son français archaïque qu'à partir de maintenant il ne communiquerait plus que par gestes. Il serra les lèvres entre l'index et le pouce de la main gauche et brandit son fusil de la main droite comme si c'était une canne. Joseph n'avait aucune notion des règles de sécurité et braquait souvent le canon de son fusil vers moi. Je sautillais constamment de droite à gauche pour éviter d'être dans sa ligne de mire. Son fusil de fabrication locale méritait à peine le nom d'arme. C'était malgré tout un douze-coups mortel au canon de fortune fait dans un levier de vitesse de voiture. Les cartouches de manufacture européenne de bonne qualité étaient toujours visibles une fois le fusil chargé. Je n'aurais jamais tiré avec un tel engin, prêt à exploser dans la main du chasseur.

Dès que nous pénétrâmes dans la forêt, Joseph changea d'allure. Au début, il sautillait puis sembla danser sur la pointe des pieds, au rythme de ce qu'il entendait, voyait, sentait. Il s'arrêtait de temps à autre pour humer l'air. Je me demandais à quelle vitesse il faudrait que j'intervienne s'il fallait l'empêcher de tirer. Je profitais de ses pauses pour le rattraper. Parfois, il quittait le sentier et se fondait dans les buissons pour inspecter les arbres. A ces moments-là, Joseph me regardait et pointait son index vers la forêt comme pour me rassurer sur l'issue de la chasse et confirmer la présence de chimpanzés.

L'atmosphère était agréable sous le dais vert de la forêt. L'air était plus frais et la douce lumière me rappelait une église médiévale, toute imprégnée d'un vert opaque couleur de mousse humide. Parfois, j'avais l'impression d'être au fond de l'océan.

Sans avertissement, Joseph mit en joue et visa. Je me jetai sur lui et le secouai violemment.

— Qu'est-ce que c'est? demandai-je, feignant de n'avoir pas compris pour expliquer mon étrange attitude, conscient de l'avoir perturbé.

— Écureuil, dit-il en souriant.

— Écureuil ou chimpanzé?

— Non, non. — Joseph utilisa un nom africain. — Petit, mais bon à manger. A manger, à manger, répéta-t-il en mettant les doigts devant sa bouche, pour m'expliquer la seule chose à expliquer.

— Ça irait mieux avec un arc et des flèches, lui dis-je en mettant la main sur le canon de son fusil.

Il me répondit par une phrase terrifiante aux allures de proverbe :

— Avec un arc et une flèche, tu tues un chimpanzé tous les trente jours, avec un fusil, tu en tues trente par jour.

Plus nous avancions, plus je prenais conscience du silence de la forêt. Il n'y avait ni oiseaux ni insectes, pas même des moustiques. Rien que des plantes et des arbres aux cimes invisibles. Pourtant, il devait bien y avoir des animaux quelque part. Je trouvai deux chargeurs de douze cartouches vides parmi les racines. Je les ramassai et les montrai à Joseph.

— Chimpanzé, dit-il en les reniflant.

On sentait encore l'odeur douceâtre de la poudre. Les cartouches avaient dû être tirées une semaine auparavant, les cylindres de plastique rouge ne s'étaient pas encore décomposés. C'étaient les mêmes munitions que celles de Joseph. Il me dit qu'on les fabriquait à la Pointe-Noire et qu'elles étaient importées illégalement au Zaïre par l'intermédiaire du Congo, et qu'elles arrivaient à l'intérieur par des bateaux qui remontaient de Kinshasa.

A quatre heures de l'après-midi, nous décidâmes de rentrer. Nous ne pouvions aller plus loin, cela faisait déjà trois heures que nous étions partis et, à sept heures, il ferait nuit. Joseph me fit signe de m'asseoir au pied d'un arbre où les racines formaient une colonne puissante qui semblait sculptée de main de maître. Joseph se propulsa facilement en l'air, se balançant sur les branches des arbres. A quatre mètres du sol, il s'arrêta, se pencha en avant et écouta. Il me regarda et me fit signe de la main gauche qu'il n'y avait rien en vue, pas de chimpanzé.

Joseph me mentait peut-être, comme un enfant innocent. Je l'espérais. Peut-être m'avait-il emmené à la chasse au dahut pour se donner de l'importance. Ce n'était pas tous les jours que des Blancs vous demandent de les emmener à la chasse. Il descendit de l'arbre et m'expliqua que pour faire bonne chasse, il fallait dormir dans la forêt et y rester deux ou trois jours d'affilée. Mais nous n'avions ni provisions ni couvertures. Peut-être n'y avait-il plus le moindre chimpanzé dans ces profondeurs vertes.

Sur le chemin du retour, je sentis la fatigue me contracter les mollets. Joseph n'avait pas ralenti l'allure. Soudain, il s'arrêta et écouta. Au loin, nous entendîmes l'écho d'un coup de feu.

— Chimpanzé, dit-il.

— Un écureuil peut-être ? répondis-je.

— Non, chimpanzé, assura-t-il.

Je ne comprenais pas la raison de son insistance. Peut-être étaient-ce les proies les plus recherchées dans la région. Peut-être voulait-il simplement me faire plaisir. Il était six heures, on ne voyait plus à dix mètres devant nous. Une brume légère s'élevait du sol, un peu comme celle qui émane de l'asphalte brûlante. Je n'aurais pas pu rester beaucoup plus longtemps, toute cette verdure me faisait suffoquer. Je pensais aux pygmées qui ne supportent pas la lumière du soleil. Moi, j'étais impatient de revoir briller ses rayons qui au couchant s'infiltrent dans la végétation comme des fouets de lumière qui frappent en pleine face, aussi enivrants qu'une bouffée d'oxygène après une longue immersion. A l'orée de la forêt, tout d'un coup, je retrouvai la magie de la lumière et des couleurs.

Nous traversâmes la plantation de manioc. Le fleuve étincelait à travers les arbres. Nous n'étions pas loin de l'endroit où Mirella nous attendait. Le sentier suivait la rive à une dizaine de mètres en surplomb. Une pirogue maniée par deux rameurs approcha. Un troisième personnage était assis par terre entre les deux, immobile.

— Chimpanzé, dit Joseph en indiquant la pirogue de son fusil, et sa voix me gela le sang.

La troisième silhouette était effectivement un chimpanzé mort. Sa position donnait l'impression d'un passager regardant devant lui, pas celle d'un cadavre. Quand l'embarcation passa près de nous, je remarquai la blessure béante près de l'œil droit.

— Chimpanzé, répéta Joseph avec un sourire.

— Chimpanzé, répondis-je, hochant tristement la tête.

A présent, j'étais sûr qu'il m'avait dit la vérité. Joseph m'expliqua que c'était un énorme mâle qu'ils avaient dû couper en deux pour faciliter le transport. Ils l'emmenaient au village voisin pour attendre le bateau qui devait passer cette nuit-là. Comme il était gros, ils en tireraient un bon prix et pourraient acheter d'autres cartouches.

Mirella nous rejoignit. Sa tristesse était aussi grande que la mienne. Joseph lui demanda si elle voulait acheter le chimpanzé. Il avait son fusil pointé vers mon visage. Doucement, je l'écartai.

Le gros disque orange se couchait derrière une mer d'arbres verts. Nous entendîmes un deuxième coup.

— Chimpanzé?

— Oui, bien sûr.

A Pointe-Noire, sur la côte Atlantique de la République démocratique du Congo, on avait construit une usine de cartouches qui enrichissait quelques industriels et contribuait à la destruction de la faune dans cette partie du monde. Joseph payait l'équivalent de 1 dollar par cartouche, et recevait 10 dollars pour chaque chimpanzé mort ou fumé. L'arithmétique expliquait facilement sa passion, les affaires sont les affaires. Le bateau à vapeur lui apportait les cartouches et emportait les animaux. Joseph nous dit que s'il ne trouvait plus de cartouches, il devrait gagner sa vie d'une autre manière, mais ce qu'il préférait, c'était la chasse. Pour le moment, les cartouches ne manquaient pas et devenaient de moins en moins chères.

Après la chasse au chimpanzé, Joseph nous conduisit à une concession forestière dont le quartier général se situait à quelques kilomètres de l'endroit où il était allé chasser avec Lorenzo. La société Siforzal (Société forestière zaïro-allemande) abat les forêts, ce qui signifie que dans quelques années, là-bas aussi, il y aura de vastes espaces vides. Déjà, le site était bien endommagé, désert de poussière sillonné par des tracteurs, des camions et des bulldozers, soulevant un énorme nuage suffoquant. Nous avions l'impression que l'homme était un virus qui infecte son propre environnement pour mieux le détruire. Si, en tant qu'individus isolés, nous essayions de réagir à la situation, pourquoi l'homme en général ne faisait-il rien pour forcer la collectivité à agir pour son bénéfice? A une centaine de mètres de la rive, la magnifique forêt que les chimpanzés et autres animaux avaient fui attendait son exécution, silencieuse.

Un couple de jeunes Français responsables de la concession nous invita à venir passer la nuit chez eux et la réalité désespérée de la destruction de notre planète nous frappa de plein fouet: comme pour le commerce de l'ivoire, tant qu'il y aurait un profit possible, les arbres, comme les éléphants, tomberaient. Nos hôtes, tout comme Joseph, devaient gagner leur vie et ne se posaient pas de questions sur les moyens d'y parvenir. Leur maison, tout en bois et décorée avec goût, offrait tout le confort moderne, avec bien sûr les vins français fort appréciés, filet mignon et fromage, le tout importé d'Europe et livré hebdomadairement dans cet endroit reculé par l'avion de la société.

La fierté naïve de Cornelius, contremaître de l'entreprise depuis dix ans, était révélatrice.

— Que signifient ces numéros sur les troncs? lui demanda Lorenzo en indiquant la montagne de bois prête à descendre le courant vers Kinshasa.

— Ils indiquent les zones de coupe.

— Combien y a-t-il d'arbres dans chaque zone?

— 400 ou 500, parfois 600.

La troisième silhouette était effectivement un chimpanzé mort. Il avait une blessure béante juste au-dessus de l'œil droit.

La société Siforzal
(Société forestière zaïro-
allemande) abat les
forêts, ce qui signifie
que, dans quelques
années, il y aura là-bas
aussi des espaces vides.

297

— Vous les coupez tous ?

— Oui, tous.

— Mais vous les replantez, non ?

— Non, on ne replante rien.

— Quelle est la surface de la concession ?

— 250 000 hectares environ.

— Et il y a combien de concessions de cette taille ?

— Pour le moment, nous n'en avons qu'une, mais nous en aurons bientôt une autre de 1 million d'hectares, dit fièrement Cornelius...

— Et vous allez couper tous les arbres ?

— Oui, tous, tous les gros arbres qui ont au moins un mètre de diamètre, répondit Cornelius, les yeux brillants.

— Mais en tombant, les gros arbres abîment les petits.

— C'est inévitable. Quand un arbre tombe, ceux qui l'entourent tombent avec.

— Alors, il ne reste plus rien ?

— Non, plus rien. On va un peu plus loin. Il y a beaucoup d'arbres au Zaïre.

— Mais vous savez que l'oxygène du monde entier et la pluie dépendent des forêts ?

— Comment ça ?

— Vous ne saviez pas que les arbres fournissent de l'oxygène ?

— Non.

— Pourtant, c'est vrai.

Cornelius parut troublé, mais, comme pour se justifier, il poursuivit :

— Nous ne sommes que des employés, nous faisons ce qu'on nous dit de faire. C'est le patron à Kinshasa qui récupère les bénéfices, pas nous. Il donne la concession aux Européens, et il ramasse les bénéfices. Il a un pourcentage sur chaque arbre. Il est de plus en plus riche, et nous, nous sommes toujours aussi pauvres. Si nous disons quelque chose, on perd notre travail et on meurt de faim.

De retour sur la rivière, nous vîmes un chargement de troncs dériver avec le courant. Attachés ensemble par d'énormes câbles d'acier, ils formaient une plate-forme géante poussée par un bateau de la Siforzal. Le voyage jusqu'à Kinshasa ou Matadi dure de deux à trois semaines, et on érige des abris temporaires sur la plate-forme pour les accompagnateurs du convoi. Une brume douce et laiteuse nous enveloppait donnant un aspect surnaturel à la scène. On avait soudain l'impression de changer de climat. Le soleil semblait s'approcher de la terre, faisant évaporer toutes les eaux de la planète. Sous la brume, la chaleur était plus intense. Une fois de plus, la magie du Zaïre se débridait. La brume convenait à merveille au paysage tropical : les couleurs s'estompaient, les verts prenaient une agréable opacité.

Une semaine après avoir quitté Kisangani, nous parvînmes à Mbandaka, le deuxième port du Zaïre, connu pendant l'époque coloniale sous le nom de Coquilhatville. Comme partout ailleurs, la ville paraissait à l'abandon. Au niveau de l'eau, seule la cathédrale qui se dressait parmi les palmiers présentait encore une allure de stoïcisme religieux que les épreuves et le temps n'avaient pas affectée. Mbandaka conservait une certaine grandeur, avec ses grands bâtiments de pierre, à présent vides et inutiles, ses magnifiques allées bordées d'arbres aux fleurs étincelantes qui menaient à la maison du gouvernement où le gouverneur belge avait autrefois vécu comme dans une tour d'ivoire avec sa famille et ses nombreux serviteurs. C'est aujourd'hui le quartier général du gouverneur du Zaïre. Le cadre splendide qui s'étend à l'horizon de l'autre côté de la rive sur un promontoire offre une vue somptueuse sur un fleuve cristallin et mystérieux où les longues pirogues noires dessinent des motifs simples dans la brume de chaleur.

Je m'installai un moment sur le tapis de gazon, sous les antiques arbres du jardin où un groupe de jardiniers épuisés balayaient sans enthousiasme les feuilles mortes et coupaient l'herbe sans conviction, victimes évidentes du besoin et de la soumission. A Mbandaka, ou vous travailliez pour le gouvernement, ou vous étiez au chômage...

Il régnait un calme merveilleux, à peine brisé par le chant d'oiseaux invisibles et les coassements des affreux corbeaux noirs qui se nourrissent des ordures du caniveau. L'allée de gravillons, le portail en fer forgé et les sentinelles en uniforme gardaient un semblant de grandeur qui restait superficiel car, sous le vernis, on devinait l'Afrique dans son dénuement et sa rudesse. Il était facile d'imaginer que tout s'aggraverait avec le temps.

Pourtant, Mbandaka ne manquait pas de charme. Il y avait quelque chose de pittoresque dans les maisons en ruine abandonnées par les Belges, avec l'herbe qui poussait par les fenêtres et les arbres qui sortaient du toit, dans les huttes fragiles qui descendaient jusqu'à la rive entre les grandes bâtisses de pierre, dans les carcasses de bateaux abandonnés et les péniches collées les unes aux autres dans la boue, véritable symphonie de formes et camaïeu de rouille. De ces squelettes, la vie surgit sous des formes variées : les gens pêchent avec des lignes et des filets, on lave les vêtements, les enfants plongent toute la journée dans l'eau boueuse parmi un ballet de canots. C'est un peu comme si cette vie parasitaire, reflétée dans les eaux immobiles, respirait d'une nouvelle vitalité dans les décombres d'un autre âge.

Devant ce désert de poussière sillonné de tracteurs, de camions et de bulldozers soulevant un énorme nuage suffoquant, nous avions vraiment l'impression que l'homme est un virus de l'environnement qui l'infecte pour mieux le détruire.

Le petit bois est ramassé pour le chauffage.

A environ un kilomètre et demi de la confluence avec la Ruki, un village perché sur des pilotis enfoncés dans la boue s'étend sur plus de 500 mètres, à trois mètres au-dessus de l'eau. Nous sommes de nouveau sur l'équateur que nous avons déjà croisé trois fois car 30 000 kilomètres de route fluviale serpentent à travers le bassin du Zaïre, aussi vaste que l'Europe. Sur le fleuve, personne n'est riche, mais personne n'est obligé de mendier. Les structures simples permettent des vies simples, et l'animation et la gaieté usuelles battaient leur plein tandis que nous manœuvrions lentement à travers les passages bordés de piliers. Nos canots et nos caméras provoquèrent l'étonnement habituel, et tout le monde sortit, se penchant par les portes et les fenêtres ou s'appuyant dangereusement sur les poteaux fragiles de porches surchargés. Une odeur d'huile bouillante, de poisson frit et de beignets, flottait dans l'air ; un canot de ramassage scolaire qui emmenait les enfants à la mission passa près de nous.

Nous passâmes la nuit attachés à l'une des épaves rouillées d'un navire et attendîmes le bateau à vapeur de la Sotexki qui devait arriver aux premières heures du jour avec Fiametta. Fiametta n'arriva jamais. Elle n'était pas à bord. J'étais folle d'inquiétude. Que lui était-il arrivé ? Le capitaine portugais l'avait attendue vingt-quatre heures de plus que prévu à Kisangani, mais personne ne l'avait vue là-bas non plus. Pour-

Nous nous imaginions être les premiers hommes venus prendre possession d'un héritage maudit.

— Page précédente —
Les espaces de forêt défrichés sont cultivés pendant quelques années, puis abandonnés.

tant, mon arrangement avec Lelio me semblait infaillible. Peut-être qu'un empêchement l'avait obligée à rester à Londres. Nous ne sûmes ce qui lui était arrivé qu'à notre retour à Londres lorsque nous avons trouvé sa lettre.

Elle était bien arrivée à Kisangani le lendemain de notre départ, mais Lelio ne l'avait pas attendue à l'aéroport — elle ne le rencontra jamais —, et tous nos plans s'étaient écroulés. Elle passa une semaine horrible seule à Kisangani, à attendre un vol. Elle alla à Mbandaka dans l'espoir de nous y retrouver, mais ne découvrit aucune trace de notre passage. Elle décida alors de rentrer à Londres, mais comme il n'y avait pas de vol Mbandaka-Kinshasa avant plusieurs jours, elle grimpa dans un camion qui partait le soir même avec un groupe de Zaïrois. Perchée sur un tas de bagages, elle fut éjectée dans un marais lors d'un accident qui tua neuf personnes une heure après le départ. Elle reprit connaissance à l'hôpital de Mbandaka avec trois vertèbres cassées. Trois jours plus tard, attachée à un brancard, elle prit un avion de la British Airways à Kinshasa en partance pour Londres car elle avait finalement réussi à convaincre les médecins de ne pas l'opérer au Zaïre. Cet horrible récit montrait l'autre côté de la médaille et prouvait qu'une situation favorable peut vite mal tourner si l'on commet la moindre erreur d'organisation.

SEIZIÈME CHAPITRE

ENFIN L'ATLANTIQUE

A LA SORTIE DE MBANDAKA, LE ZAÏRE S'ÉLARGIT CONSIDÉRAblement. La forêt s'éclaircit et les eaux s'étalent vers des marais infinis qui s'étendent à l'horizon. On prend véritablement conscience des 2 millions de mètres cubes par seconde qui se déversent dans l'Atlantique tout au long de l'année. Au point le plus large, le Zaïre mesure 16 kilomètres ; il est ensuite aspiré par le canyon rocheux au-delà des chutes de Livingstone à Kinshasa. « La rivière s'élargit de plus en plus [...] ; des îles sablonneuses s'élèvent en face de nous, comme des plages, et sur la droite se dresse une longue rangée de falaises, blanches et brillantes ; le plateau herbu au-dessus des falaises est aussi vert qu'une pelouse », note Stanley dans son journal.

« Pour la première fois, nous avons entendu le grondement sourd et morne des cataractes. Les flots furieux se précipitent le long d'un lit escarpé obstrué par des récifs de lave, des barrières de roches et d'immenses blocs de pierre, se tortillent à travers de profondes crevasses, s'écoulent le long de terrasses en une série de rapides et de chutes ; c'était une descente dans un enfer aquatique », poursuit-il.

Avant d'atteindre Kinshasa, nos derniers jours sur le fleuve semblaient interminables, peut-être parce que nous avions atteint un point de saturation et que l'attrait de la nouveauté commençait à se ternir. A perte de vue, un paysage plat s'étendait des deux côtés. Nous pénétrâmes dans le bassin de Stanley et, devant nous, l'horrible port de Kinshasa, avec ses bâtiments de béton pareils à des gratte-ciel miniatures, se détachait sur le ciel. Nous aurions pu débarquer dans n'importe quel port d'Europe, Marseille, Gênes, ou La Spezia, et cela nous paraissait bizarre de toujours être sur le Zaïre. Nous étions étrangement heureux d'approcher de la fin de notre voyage ;

notre arrivée à Kinshasa était le premier pas vers le monde que nous avions quitté près de dix-huit mois plus tôt.

Le directeur de l'hôtel Intercontinental, une autre des précieuses relations de Lorenzo, nous donna deux chambres doubles et, en passant dans la porte tournante du grand foyer, nous avions l'impression que nos aventures arrivaient à leur fin. Il ne nous restait plus que 650 kilomètres avant l'Atlantique dont trois cents n'étaient pas navigables, à cause des chutes.

Kinshasa, comme Nairobi, Bujumbura et Dar-es-Salaam, fut conçue par les Européens et ce furent les Africains qui en héritèrent. Leurs besoins, ni meilleurs ni pires que les nôtres, sont néanmoins différents : ces vieilles villes coloniales qui n'ont jamais pris le climat, la culture et les traditions locales en compte, ont beaucoup souffert du passage d'une main à l'autre. La ville tentaculaire s'étend sur des kilomètres et des kilomètres au sommet des falaises et sur les collines au sud du fleuve dans un labyrinthe de rues, de chemins et d'allées imbriqués, parmi un dédale de cahutes abritant cinq millions de Zaïrois dont les racines sont toujours dans la jungle que nous venions de traverser. Le quartier européen avec ses maisons luxueuses, ses jardins, ses restaurants dans des mini gratte-ciel, ses centres commerciaux élégants, ne couvre qu'une petite fraction de la métropole vagabonde et n'a pas été affecté par les luttes pour l'indépendance. Beaucoup de choses ont changé depuis le départ des Belges, mais, vite, la puissance et l'énergie des Blancs a rétabli son autorité sous une autre forme, et la vie luxueuse et prestigieuse est restée la même. A l'écart des habitations indigènes, dans des demeures qui surplombent le fleuve, la plupart des Blancs de Kinshasa sont soit des diplomates, soit des gens en mission, ici pour deux ou trois ans, rattachés à des industries sur l'invitation du président Mobutu, l'homme fort qui siège sur le mont Galiema et fait la pluie et le beau temps dans le pays. On peut considérer que le contraste entre les deux modes de vie est intéressant, déplorable ou naturel, selon le point de vue duquel on se place. Partout où pauvreté et richesse cohabitent, le choc est le même, mais d'une certaine façon, à Kinshasa, le statu quo a été accepté et, pour le moment, personne ne le remet en cause, sans doute à cause de l'ombre du bras fort qui contrôle le pays. A Kinshasa, là où le «tout-puissant» a son trône, personne n'ose lever le petit doigt et on ne prononce son nom qu'à voix basse.

Du mont Galiema, où autrefois la statue de Livingstone faisait face aux chutes, on aperçoit Brazzaville, capitale du Congo français. De l'autre côté du palais royal s'étend une immense pelouse ; à l'ombre de vieux manguiers, des espèces rares d'antilopes broutent l'herbe, sous le regard de pierre d'un lion et d'un chimpanzé solitaires. En uniforme marine et toques en imitation de léopard, des sentinelles montent

— Page de droite —
Joseph Mobutu Sese Seko, l'homme à la main de fer, est président du Zaïre depuis trente ans et a réussi à maintenir la paix tout en devenant l'un des hommes les plus riches du monde.

la garde, devant le portail de fer forgé, avec un déploiement arrogant de Kalachnikov. Seul un laissez-passer présidentiel permet l'entrée.

Le soir de notre arrivée, l'Intercontinental donnait une grande réception pour l'inauguration d'une nouvelle aile. Après des semaines dans la jungle, en contact direct avec la lutte pour la survie, qui est le lot quotidien de la plupart des Zaïrois, l'opulence du cocktail nous apparaissait comme un scandale. Habillés haute couture, avec toute l'élégance parisienne, les huit cents invités arrivèrent en limousine. Les belles Zaïroises de la haute société, escortées par des partenaires immaculés, se mêlaient gracieusement à ce monde de diplomates européens, d'industriels représentants de la CEE, et semblaient tout à fait à l'aise dans ce décor somptueux, murs de miroirs, sol de marbre importé et lustres vénitiens. La nourriture, venue expressément

— Ci-dessus —
Alfred Liyolo est l'un des plus grands sculpteur du Zaïre et un protégé de Mobutu dont il a sculpté une statue de bronze.

— À droite —
La femme du président Mobutu aime montrer les trésors de son bureau, des bijoux signés des plus grands joailliers.

d'Europe pour l'occasion, à peine touchée, symbolisait tout le raffinement de la cuisine européenne. Raisins hors saison, pêches, abricots et poires, artichauts, endives et asperges débordaient de coupes d'argent sur des tables nappées de blanc à côté d'immenses fromages de Brie, de camemberts et de gruyères suisses. Une pièce montée avec glaçage de sucre de la taille d'un enfant de dix ans s'élevait, telle une apparition enneigée parmi une forêt de bouteilles de Moët et Chandon. Vêtus de noir et blanc, en chemise amidonnée et tablier de cuisinier, des chefs en toque se déplaçaient avec des plateaux de champagne et d'entrées, vol-au-vent, petits fours à la crème, éclairs au chocolat, olives farcies et caviar... Il ne manquait rien. Un seul mot me venait à l'esprit : «scandale», mais d'une certaine manière, cela faisait partie de la folie du pays, où les contradictions marchent main dans la main.

Pendant les trois jours suivants, nous nous occupâmes de notre équipement, ce qui nous laissait le temps de dormir et de récupérer dans des chambres à air conditionné, de nous plonger dans des bains parfumés pour éliminer la crasse que nous avions accumulée pendant le voyage.

Nous allâmes au célèbre marché aux artistes de Kinshasa, l'un des plus grands marchés de l'art africain : déploiement du tempérament artistique naïf et kitsch du pays jusqu'à de quelques rares pièces anciennes dignes de toute grande collection. C'est là aussi que tout l'ivoire du Zaïre s'amoncelle en une variété exceptionnelle de sculptures d'une dextérité impressionnante et d'un poli parfait : jeux d'échecs, bracelets, bustes miniatures... Nous discutâmes et marchandâmes avec certains graveurs. Leurs réactions étaient aussi intéressantes que révélatrices. Ils proposaient 2 000 dollars pour une défense gravée, nous offrîmes 500 dollars et au bout de dix minutes, nous nous mîmes d'accord sur 600. La deuxième proposition était de 5 000 dollars «à débattre». Les bracelets partaient pour 10 dollars, les jeux d'échecs pour 250. Pour eux, l'ivoire n'était qu'un minéral qu'on pouvait travailler et vendre, comme le bois, ils n'accordaient aucune pensée à sa provenance. Si nous leur demandions s'ils avaient déjà vu un éléphant, la plupart nous répondaient non : aucun n'avait jamais vu une défense sur un animal, pas plus qu'il n'avait accordé une pensée au massacre qu'imposait le commerce de l'ivoire.

On nous emmena dans le centre de la ville où les sculpteurs d'ivoire travaillaient les défenses brutes. On aurait dit un cimetière d'éléphants. Des centaines de défenses, petites pour la plupart, étaient empilées tels des tas de bois qui attendent d'être transformés en œuvres d'art. L'un des sculpteurs nous dit s'être lancé dans le commerce de l'ivoire en 1972 après avoir abandonné ses études.

— J'ai quitté l'école pour travailler avec mon oncle et, trois ans plus tard, je me

La première rencontre entre Stanley et le chef Ngalyema (qui a donné son nom au mont Galiema, siège du gouvernement actuel) avait tout le panache d'un grand événement.

suis consacré à l'ivoire. Je suis indépendant depuis dix ans et je gagne assez d'argent pour entretenir ma femme et mes cinq enfants. L'ivoire arrive de Kisangani, Bandundu et des régions de l'équateur. Maintenant, il y a de moins en moins d'ivoire. Il n'y a plus que les artistes qui ont le droit de le travailler. On n'a pas le droit d'avoir des défenses brutes, et la plupart des sculptures sont faites à Kisangani.

— Il est interdit d'acheter des défenses, mais on peut les vendre une fois qu'elles sont sculptées. Un peu étrange comme situation, fit remarquer ironiquement Lorenzo.

Plus ironique encore nous avait paru notre rencontre avec le frère Bernard, un vieux prêtre de Kisangani de quatre-vingts ans, qui possédait une collection impressionnante de figurines, bracelets et objets à vendre. Lorsque nous lui posâmes des questions, il répliqua d'un ton insouciant qu'il aidait ainsi les graveurs et procurait un peu d'argent à la paroisse. Ni lui ni les autres ne semblaient conscients des conséquences de ce commerce impitoyable.

A côté des graveurs d'ivoire, se trouvent les sculpteurs de bois avec leurs magnifiques figurines, leurs bols simples et élégants, leurs peignes décorés, leurs cuillères et leurs couteaux d'ébène. Ils vendent aussi des objets de terre cuite, des plateaux de cuivre, des épées d'argent et des amulettes. Des milliers de pièces sont exposées sur des stands individuels, accolées les unes aux autres, sous un toit de fer-blanc. Dehors,

Sur le marché aux artistes de Kinshasa, on trouve un immense étalage de l'art africain, qui va des objets les plus rococo et naïfs à quelques antiquités prestigieuses.

sous les arbres, des centaines de peintures, huiles et gouaches, décrivant la vie quoti-dienne au Zaïre se dressent contre des pierres ou sur des chevalets devant les visages affamés des artistes. Le Marché aux artistes est l'un des éléments les plus colorés de la métropole tentaculaire. La plupart des véritables œuvres d'art de l'Afrique, sinon toutes, viennent du Zaïre et de l'ouest de l'Afrique. C'est de là que Picasso a tiré une partie de son inspiration.

L'École des beaux-arts de Kisangani encourage les talents des Zaïrois, mais subit également l'influence des courants européens, ce qui est fort dommage car cela brime les formes d'expression instinctive, la fibre même de l'art africain, d'autant plus inté-ressant qu'il conserve son authenticité. L'inspiration se fonde sur les légendes, la musi-que et les luttes, mais il manque sérieusement de moteurs pour promulguer un art véritablement indigène. Il est regrettable qu'une telle ferveur artistique ne trouve pas un public plus large et plus compréhensif.

Sous la direction du frère Cornet, le conservateur de la collection personnelle du président Mobutu amassée depuis son arrivée au pouvoir vingt ans plus tôt, une équipe d'amateurs ont ratissé la jungle pour rassembler les œuvres les plus anciennes et les plus précieuses. Aujourd'hui, cataloguées, étiquetées, les pièces s'entassent à l'abri des regards dans deux hangars poussiéreux aux confins du domaine royal sur le mont Galiema.

Frère Cornet, lui-même grand amateur d'art zaïrois, avait passé quarante ans au Zaïre. En bavardant avec lui, nous avons découvert que c'était aussi un grand histo-rien qui dominait parfaitement l'histoire de la sorcellerie. Il nous dit que cette col-lection était la plus importante du monde ; elle contenait des masques anciens des Bandundu et des Bayaka, tribu très ancienne qui produisit les plus belles pièces du Zaïre. La plupart des coquilles de porcelaine incrustées sur les masques venaient de l'océan Indien, c'est pourquoi on en voyait si rarement à l'intérieur et qu'elles avaient tant de valeur. Ces coquilles de porcelaine étaient là depuis des siècles, on les avait retrouvées en fouillant les tombes de la région de Saba. Elles remontent à environ un millénaire. Les grands masques fétiches des Bayaka étaient réservés aux sorciers dotés de pouvoirs spéciaux.

Frère Cornet nous montra un fétiche d'une grande valeur aux pouvoirs surnatu-rels. Quand on demande au sorcier d'user de ses pouvoirs magiques pour se venger ou blesser quelqu'un, il se sert d'une statue dans laquelle on insère des morceaux de métal, des lames et des clous en particulier. C'est grâce aux lames que l'on déter-mine l'âge du fétiche. Si l'on veut la mort d'une personne, la lame est enfoncée à angle droit. Il est difficile de dire si ces fétiches étaient ou non efficaces, mais il sem-blait que ce fût souvent le cas, car la personne qui use un fétiche consacre ses efforts en ce sens, l'autosuggestion de la victime renforce sa vulnérabilité, et le poison fait le reste !

L'art nègre est fonctionnel : il représente souvent les éléments tangibles de la magie. La mystérieuse rencontre entre le divin et l'humain s'effectue à travers les masques, à travers les vivants et l'esprit des morts. Les fétiches, les statues et les masques sont des symboles mystiques du bien et du mal.

Nous quittâmes Kisangani une semaine plus tard et, grâce à l'aide de l'ambassade américaine, Lorenzo put obtenir un hélicoptère de la compagnie Inga-Shaba Construction qui possède un énorme centre hydroélectrique sur les rapides d'Inga. Ce fut dans ces rapides diaboliques qu'une equipe de sept Français disparut dramatiquement un mois avant notre arrivée.

Trois des cinq membres restants de notre équipe nous quittèrent à Kinshasa. Brian ramena le matériel par camion à Boma où nous devions prendre nos bateaux pour la dernière fois, et Lorenzo, le cameraman Mario et moi, partîmes par l'hélicoptère qui nous offrit une vue splendide sur la ville et le fleuve avec ses furieuses cataractes.

En allant à l'aéroport, nous passâmes devant un parking où rouillaient quelques voitures abandonnées. A côté, on voyait l'une des dernières embarcations de Stanley, l'*Ada*, toute rouillée, où l'on pouvait encore lire la date, toujours visible sous le nom. La rouille avait découpé des trous en filigrane sur toute la surface et de l'herbe poussait dans la terre qui s'était accumulée au fond au cours des ans. Visage face à terre, la

Sur la route de Matadi, un monument en mémoire de la tragique période de l'esclavage.

grande statue de métal qui se dressait autrefois fièrement sur le mont Galiema, dominant la chute de Livingstone, gisait, les jambes arrachées. Les pieds manquant lui conféraient une allure grotesque, traduisant l'ostracisme et la vengeance. Plus loin, la statue du roi Léopold sur son fier destrier, qui s'élevait autrefois sur la grand-place, se dressait sur une pile de pneus crevés et de détritus. Le visage hautain avec sa longue barbe conservait son air impérieux, malgré les toiles d'araignée et les feuilles tombées qui pourrissaient sur la selle. Le temps de sa grandeur était révolu, tout comme pour Stanley : le Zaïre ne les reconnaissait plus.

Une vingtaine de minutes après le décollage, nous survolâmes les chutes Zongo, parmi les plus spectaculaires et les plus puissantes du fleuve. On entendait le grondement de l'eau qui dévalait la falaise bien avant de la voir se précipiter vers la gorge :

Toute la joie de vivre africaine s'exprime dans les peintures zaïroises.

315

— Ci-dessus et à droite —

L'art nègre est fonctionnel : il représente souvent les éléments tangibles de la magie.

— Ci-contre —

La mystérieuse rencontre entre le divin et l'humain s'effectue à travers les masques, à travers les vivants et l'esprit des morts.

318

«Un vacarme assourdissant, pareil au grondement de tonnerre d'un train s'engouffrant dans un tunnel de pierre», écrivait Stanley. Nous atterrîmes à une centaine de mètres des chutes et nous promenâmes le long de l'Ingisi qui, à cet endroit, est enserré dans un lit de pierre d'une centaine de mètres de large avant de se précipiter dans une crevasse et de plonger dans la vallée, à 90 mètres en contrebas. Les flots s'écoulent à travers d'immenses blocs de pierre et des arbres s'enfonçant dans le canyon pendant trois kilomètres. Nous décrivîmes plusieurs cercles au-dessus des chutes qui disparaissaient et apparaissaient dans un nuage de gouttelettes, nous donnant l'impression d'être des oiseaux engloutis par les masses d'air. L'eau montait vers nous dans un immense jet transparent qui se confondait avec les nuages et retombait en une pluie de brume vers les arbres sombres de la vallée.

Des chutes Zongo, nous suivîmes la rivière le long de la falaise escarpée où d'immenses milans suivaient les eaux, tels des voiliers suspendus, et s'abritaient dans les cavernes ou au sommet des arbres sur la rive. «Cette partie de la rivière a été baptisée l'Enfant-la Mère-le Père, par un ancien chef de tribu», écrit Stanley :

Dans un parking abandonné des faubourgs de Kinshasa, l'une des dernières embarcations de Stanley, l'Ada, est livrée à la rouille ; la grande statue de métal de l'explorateur gît à terre, les jambes arrachées.

« ... *L'Enfant, c'est deux mètres d'eaux brisées, la Mère est formée de près de un kilomètre de dangereux rapides, mais le Père est le cours d'eau le plus formidable que j'aie jamais vu. Imaginez une bande de mer pendant l'ouragan, de six kilomètres de long et deux kilomètres de large, et vous aurez une image assez précise de la hauteur des vagues. Parfois, les creux des lames mesurent une centaine de mètres de longueur et, de l'une à l'autre, la rivière plonge. Il y eut une lame qui se brisa en un immense creux, puis, par la seule force des eaux, la vague remonta abruptement, formant une crête qui s'éleva à une quinzaine de mètres avant de se briser à nouveau... Le bateau à vapeur le plus puissant lancé en pleine vitesse serait aussi désemparé qu'une coque de noix. Par trois fois, j'ai essayé, en observant des troncs dériver et en notant le temps qu'ils mettaient entre deux points, d'évaluer la vitesse du courant, et j'en ai conclu qu'il devait se déverser à environ quarante-cinq kilomètres-heure.* »

Telle était la force de ce géant parmi les géants.

Les chutes Inga, à environ 150 kilomètres en aval de Matadi, le premier port fluvial important, méritent toujours la description de Stanley :

« *Tandis que je regardais ce paysage furieux, tous les cinquante ou cent mètres, il était marqué par une tour de vagues qui s'écroulait en un nuage de mousse et d'éclaboussures, véritables*

Le temps de la grandeur était révolu, pour le roi Léopold comme pour Stanley ; le Zaïre ne le reconnaissait plus. Mais le visage hautain avec sa longue barbe conservait son air impérieux malgré les toiles d'araignée.

321

— Page précédente —
Nous avons survolé les chutes Zongo, parmi les plus spectaculaires du fleuve. On entendait le grondement de l'eau qui dévalait la falaise bien avant de la voir se précipiter dans la gorge. Elle montait vers nous dans un immense jet transparent qui se confondait avec les nuages et retombait en une pluie de brume vers les arbres sombres de la vallée.

collines d'eau en furie, monticules rebondissants et soufflets gonflés, tandis que les rives, une longue ligne d'immenses rochers, étaient englouties par les vagues féroces. Le vacarme était assourdissant... Nous nous étions à peine aventurés à l'entrée des rapides que le courant nous arracha le bateau des mains. Emporté au milieu du furieux flot d'écume, entraînant un homme avec lui dans le courant. Jamais rochers n'avaient été aussi durs, aussi immenses, aussi solennels, aussi sinistres, jamais ils n'avaient inspiré une telle terreur, une telle admiration que lorsque nous étions la proie cruelle des vagues noires qui tourbillonnaient autour de nous comme une quenouille, nous engouffrant presque dans une lame pour nous jeter immédiatement sur la crête d'une autre... Les flots semblaient résolus à nous faire goûter l'odeur amère de la mort... Nous vîmes le fleuve se soulever comme si un volcan allait entrer en éruption tout autour de nous... J'allais me féliciter quand, à ma grande horreur, je vis l'immense pirogue que nous avions prise aux chutes de Stanley avec six hommes à l'intérieur, au beau milieu du courant qui dérivait à la vitesse d'une flèche, droit vers les chutes. La force humaine ne servait plus à rien, nous regardâmes horrifiés et vîmes l'embarcation tourbillonner trois ou quatre fois, puis plonger dans les profondeurs d'où le bateau ressortit, nez pointé en l'air. Nous savions que nos compagnons n'existaient plus. »

À présent, ces mots devenaient réalité, et nous pensâmes à la malheureuse équipe de Français qui avaient péri dans les mêmes circonstances que les hommes de Stanley, engloutis par les tourbillons et projetés par les vagues contre les rochers. À cet endroit, les eaux du Zaïre sont encaissées dans un passage d'environ 1 000 mètres, si bien que le courant défile à 45 kilomètres/heure dans une série de tourbillons, de vagues et de creux qui s'écrasent contre les rochers et emportent tout ce qui s'approche. Le danger est partout.

Nous atterrîmes au centre hydroélectrique américain, où nous fûmes invités à déjeuner par James Miller, le directeur. Il nous raconta qu'il se trouvait sur la terrasse au-dessus des turbines lors de l'accident et avait vu les Français se noyer sans pouvoir rien faire.

— Les canots se sont envolés comme des fétus de paille, ils sont restés un moment sur la crête et ont disparu. On les a revus une centaine de mètres plus loin, tête en bas, il n'y avait plus trace des hommes. Personne n'a retrouvé les corps. Ils ont été anéantis sous mes yeux, dit-il d'une voix émue.

James nous fit visiter les turbines géantes, en se plaignant amèrement du manque de soin et d'attention et de l'ignorance des responsables zaïrois. Une des turbines avait déjà dû s'arrêter, les trois autres ne tarderaient pas à suivre si la situation ne changeait pas. Ses investissements gigantesques, financés par un prêt d'une banque mondiale, n'étaient que l'un des projets similaires qui subissaient le même sort dans tout le pays. Comme dans beaucoup de pays du tiers monde, les chefs d'État n'ont pas encore compris qu'il ne suffisait pas de construire des machines si l'infrastructure et la maintenance ne suivaient pas. L'espoir de vie des machines, comme celui des gens, dépend du soin qu'on leur accorde, concept que les Zaïrois, et les Africains en général, n'ont pas encore assimilé.

D'Inga, nous nous rendîmes à Boma sur une magnifique route goudronnée dans une voiture que James mit à notre disposition. Brian était arrivé la veille au soir et avait installé notre dernier campement sur une petite corniche près de deux bateaux à vapeur rouillés qui attendaient d'être engloutis par la rivière, dans cent ans ou plus peut-être.

C'est à Boma que Stanley avec son équipe épuisée termina son voyage de six mille kilomètres à travers le continent africain. Là, le 31 juillet 1877, il dit adieu à son fidèle bateau, la *Lady Alice* et la laissa rouiller sur place au-dessus de la cataracte d'Isangila.

« Pendant trois jours, nous nous débattîmes dans les cruelles et impitoyables montagnes de cristal... par monts et par vaux. Triste et affamée, la colonne désolée défilait. Une blancheur d'herbe sèche, de rochers qui se dressent tristement dans leur grisaille, un maigre bouquet d'arbres de temps en temps sur les hauteurs ou dans les creux, tel était le paysage qui s'offrait à chaque crête sous nos yeux affamés. »

Le quatrième jour, ils atteignirent un village appelé Nsanda où ils s'arrêtèrent. La fête était terminée, les gens mouraient. « Au gentilhomme qui parle anglais à Boma », Stanley écrivit :

« Cher monsieur, je suis venu ici de Zanzibar avec cent quinze âmes, hommes, femmes et enfants. Nous sommes dans un état de famine avancé. Nous ne pouvons rien acheter aux indigènes car ils rient en voyant nos vêtements et nos perles... Je ne vous connais pas, mais on m'a dit qu'un Anglais vivait à Boma et que vous étiez chrétien et gentilhomme, je vous supplie de ne pas repousser ma requête... nous sommes dans un état de grande détresse, mais si vos provisions arrivent à temps, je parviendrai peut-être à atteindre Boma dans cinq jours... Il faut que nous ayons des provisions dans les deux jours, sinon, je risque de passer un mauvais moment parmi les mourants... ce dont nous avons besoin c'est de premier secours, et je vous prie de mettre toute votre énergie pour nous les faire parvenir... en attendant, j'espère que vous me croirez. »

Il signa « H.M. Stanley » et ajouta un post-scriptum pathétique : « Vous me

— Pages suivantes —
Les grands troncs élégants des mangliers s'élevaient vers le ciel et des lianes descendaient dans l'eau où elles s'enfonçaient dans la boue.

325

connaissez peut-être de nom, c'est pourquoi je précise que je suis celui qui a retrouvé Livingstone en 1871. » Deux jours plus tard, six hommes arrivèrent avec une caravane de provisions. « Que Dieu soit loué, la longue lutte que nous avons menée contre la famine et nos souffrances est terminée, mes hommes et moi nous nous réjouissons dans l'abondance… Le 9 août, 999 jours après notre départ de Zanzibar, nous nous préparâmes à saluer la caravane de la civilisation. »

A Boma, il y a un immense baobab, connu sous le nom de « baobab de Stanley », de soixante mètres d'envergure. Son tronc est creux ; la légende veut que Stanley y ait passé la première nuit lors de son arrivée. Ses Noirs fidèles auraient dormi à l'extérieur pour le protéger des bêtes sauvages. Une belle fin pour une telle épopée, même si elle n'a rien à voir avec la réalité.

Nous campâmes non loin du baobab de Stanley. Le lendemain, selon les calculs de Lorenzo, nous devions arriver à Banana sur le delta du Zaïre où le fleuve se jette dans l'Atlantique. Les jacinthes d'eau que nous avions vues à mille deux cents mètres en aval et qui nous avaient accompagnés un moment resurgirent avant d'être englouties dans notre sillage. Un habitant de la jungle vint nous offrir un ananas. Il se jeta à l'eau pour nous éviter de nous mouiller, geste touchant de celui qui vit dans la jungle envers celui qui vient de la traverser. A la fin d'un tel voyage, qui avait été toute notre vie pendant si longtemps, une sorte de mélancolie nous envahissait ; nous redoutions de retourner dans un monde plus terre à terre où l'inconnu n'existe pas.

Nous pénétrâmes dans un dernier labyrinthe de mangliers, dont les racines géantes blanchies par le soleil ressemblaient à des carcasses de gigantesques crabes préhistoriques enterrés dans une tombe liquide de boue noire. Les grands troncs élégants s'élevaient vers le ciel et des lianes descendaient jusqu'à l'eau où elles s'enfonçaient dans la boue.

De Matadi à Boma et Banana, le Zaïre s'étend sur une largeur de 12 à 15 kilomètres. Je sentis la présence de l'Atlantique avant de le voir. Pendant le dernier kilomètre, le fleuve coule entre l'Angola à gauche et le Zaïre à droite. Nous restâmes près de la rive droite, avec les drapeaux italiens et zaïrois levés. Nous arrivâmes au dernier méandre qui donne sur Banana et l'océan.

Une mince ligne de terres argentées apparut dans l'océan face à nous, on la discernait à peine. Une rangée de palmiers, silhouettes noires dans la lumière éclatante réfléchie par les vagues se détachaient contre le ciel limpide. C'était l'Atlantique, la fin de notre voyage de 6 000 kilomètres. Nous étions arrivés. « Je me sens perdu, comme lorsqu'un ami s'en va pour longtemps ou que je termine un bon livre », me confia Lorenzo dans la soirée.

Il était quatre heures de l'après-midi ; un soleil aveuglant se reflétait dans l'océan. Nous restions silencieux. Lorenzo paraissait à la fois triste et satisfait. Les rides profondes autour de ses yeux bleus, sa barbe emmêlée et son chapeau de paille nous racontait l'histoire de son aventure, de sa persévérance, de son courage, et, comme pour Stanley, de son grain de folie.

Avant de nous diriger vers la baie de Banana, où nous abandonnerions les bateaux, en pleine vitesse, nous parcourûmes quelques kilomètres dans l'océan. « J'étais heureux d'être avec Mirella ; nous avons vu l'Afrique comme peu de gens l'ont vue », a gribouillé Lorenzo dans son carnet de notes. Il passa son bras autour de mes épaules, sans prononcer une parole. Son silence en disait plus long que les mots.

Nous coupâmes les moteurs et nous laissâmes dériver sur les longues vagues de l'océan, tandis que Lorenzo cherchait sa gourde d'eau.

— L'océan Indien, l'océan Atlantique, dit-il solennellement, avec une pointe d'émotion dans la voix, tout en versant l'eau qu'il avait prise dans l'océan Indien dix-huit mois plus tôt, à la sortie du delta Rufiji où avait commencé notre voyage.

Il nous serra la main.

— Nous avons réussi, merci à tous, dit-il, le drapeau italien dans une main, le drapeau zaïrois dans l'autre.

Avant qu'il puisse en dire plus, Brian et Mario le saisirent joyeusement et le jetèrent à l'eau, sous les acclamations du reste de l'équipe.

— Page suivante —
A Banana, Lorenzo fut saisi joyeusement et jeté à l'eau, comme c'est la coutume.

REMERCIEMENTS

Notre expédition n'aurait pas été possible sans l'aide des personnes et des organismes suivants que nous tenons à remercier :

M. Bettino Craxi, Premier ministre italien ; M. Roberto Vallarino Gancia ; M. Massimo Pini ; M. Mario Raffaelli, ministre des Affaires étrangères d'Italie ; M. Paolo Pillitteri, maire de Milan ; Dr Stefano Rolando ; M. Nerio Nesi, président du BNL ; M. Gian Luigi Valenza, ambassadeur d'Italie au Kenya ; Mme la marquise F. Rossi Longhi, ambassadeur d'Italie en Tanzanie ; M. V. Farinelli, ambassadeur d'Italie au Zaïre ; M. Beyeye Djema, commissaire d'État, République du Zaïre ; M. Job M. Lusinde, ambassadeur de Tanzanie au Kenya ; M. John William Shirley, ambassadeur des États-Unis en Tanzanie ; M. Brandon Grove Jr, ambassadeur des États-Unis au Zaïre ; M. Alberto Pirelli, Pirelli SPA, Milan ; Dr Carlo Rivetti, Gruppo Finanziario Tessile, Turin ; Dr Cesare Romiti, Fiat, Turin ; M. Jean Henry de Saint-Marc, Total, Afrique ; M. Bill Garrett, *National Geographic Magazine*, États-Unis ; M. Massimo Osti, CP, Bologne ; M. le commandant Alberto Rusconi, Rusconi Editore, Milan ; Dr Franco Castoldi, Castoldijet, Abbiategrasso ; M. Struelens, Sabena Airlines, Bruxelles ; M. le professeur Muratori, C.P. Company, Rome : M.T. Davies, Mariner Outboard, Power Marine, Belgique et États-Unis ; M. Gian Ludovico Pennacchio, UNDP, Kenya ; M. Richard Morgan, Mme Mary Anne Fitzgerald et Mlle Cynthia Goodman de l'*International Herald Tribune* ; M. Lorenzo Berni, restaurant San Lorenzo, Londres ; M. Ludovico Gnecchi ; M. et Mme Michael Cunningham Reed ; Mme Rex Dobie ; M. Charles Dobie ; M. Julian Friedmann ; M. Marcello Lenghi ; M. Franco Rosso ; M. Guido Rosada ; M. Muni Gastel ; M. Filippo Panarello ; M. Stefano Mazzone ; M. Ari Gramatica ; M. John Powis ; M. Roberto Grazzini ; M. Thierry Marmouget ; M. Patrick Hays ; M. Viero Cognigni ; M. A. Fumagalli ; M. Lelio Picciotto ; M. le professeur Bohny ; ainsi que beaucoup d'autres...

Principaux sponsors
Presidenza del Consiglio dei Ministri della Republica Italiana ; Pirelli (Moldip), Superga, Italie ; Gruppo Finanziario Tessile, Italie ; Total, France ; Fiat, Italie ; Sabena Air Lines, Belgique ; Castoldijet, Italie ; Mariner-Power Marine, États-Unis ; Flli. Gancia, Italie ; RAI 2, Italie ; Télé-Hachette, France.

Sponsors et fournisseurs
National Geographic Magazine, États-Unis ; Banca Nazionale del Lavoro, Italie ; Rusconi Editore, Italie ; Marconi Radio, Eddystone, Royaume-Uni ; Pennel et Flipo, France ; Restaurant San Lorenzo, Londres ; Farmitalia, Italie ; Cameras Beaulieu, France ; Lake Naivasha Hotel, Kenya ; Amref-Flying Doctors, Kenya ; Star, Italie ; Mase Generators, Italie ; Ellebi Trailers, Italie ; Trapper-Pubblipull, Italie ; Motomec, Italie ; Tarpo, Kenya ; Camp du Gouverneur, Kenya ; Gifil, Italie ; Ditron Inno-Hit, Italie ; SGEEM, France ; DAI Frigoriferi, Italie ; TNI-Tapezzeria Nautica, Italie ; Aereotecnica Coltri, Italie ; SMC, Italie ; Dacor, Italie ; Lab-Line, Italie ; Air-Camping, Italie ; Eurovinil, Italie ; Italrope, Italie ; Uno Yachting, Italie ; Incar-Fiat, Tanzanie ; Autan Bayer, Italie ; Bonomelli, Italie ; Ponte Spaghetti, Italie ; Curti Riso, Italie ; Pirotecnica Industriale Mugnaoni, Italie ; Manfrotto, Italie ; et M. Steven Mills.

Membres de l'expédition
Richard Bonham, Lorenzo Camerana, Gianfranco Peroncini, Marco Fulvi, Shona McKinley, Elisabeth Ryeri, Byrdine Melton, Sally Dudmesh, Amina Ricciardi, Brian Larky, Hugo Douglas Dufresne, Charles Babault, Adam James, Juliette Westlake et Giovanni Mitcheunig.

Cinéastes attachés à l'expédition
Antonio Climati, Bruno Brunello, John Brunello et Mario Gianni.

Nous remercions également : Stephanie Powers, Jane Goodall, Shirley Strum, Richard Leakey, Kamau Kimeu, George Adamson, Maurice Krafft, James Ash, Frère Joseph Cornet, Alfred Liyolo, Hubert Wells, Dori Sitterley, Eddie McGee, Dr Philip Reece et le citoyen Mushenzi pour avoir bien voulu partager leurs connaissances avec nous et avoir accepté de paraître dans le film.

TABLE

31297